CONFESSIONS
SPORTIVES

DU MÊME AUTEUR

Game Over – L'histoire d'Éric Gagné, autobiographie, en collaboration avec Éric Gagné, Montréal, Hurtubise, 2012.

MARTIN LECLERC

CONFESSIONS
SPORTIVES

50 HISTOIRES INÉDITES

Récits biographiques

Hurtubise

Catalogage avant publication de Bibliothèque et Archives nationales du Québec et Bibliothèque et Archives Canada

Leclerc, Martin, 1967-

    Confessions sportives: 50 histoires inédites

    ISBN 978-2-89723-360-0

    1. Sports – Québec (Province) – Anecdotes. 2. Sportifs – Québec (Province) – Anecdotes I. Titre.

GV707.L42 2004   796.09714   C2013-942695-7

Les Éditions Hurtubise bénéficient du soutien financier des institutions suivantes pour leurs activités d'édition:

· Conseil des Arts du Canada;
· Gouvernement du Canada par l'entremise du Fonds du livre du Canada (FLC);
· Société de développement des entreprises culturelles du Québec (SODEC);
· Gouvernement du Québec par l'entremise du programme de crédit d'impôt pour l'édition de livres.

Conception graphique: René St-Amand
Photographie de la couverture: Martine Doyon
Maquette intérieure et mise en pages: Folio infographie

Copyright © 2014, Éditions Hurtubise inc.
ISBN (version imprimée) 978-2-89723-360-0
ISBN (version numérique PDF): 978-2-89723-361-7
ISBN (version numérique ePub): 978-2-89723-362-4

Dépôt légal: 2ᵉ trimestre 2014
Bibliothèque et Archives nationales du Québec
Bibliothèque et Archives du Canada

Diffusion-distribution au Canada:	Diffusion-distribution en Europe:
Distribution HMH	Librairie du Québec/DNM
1815, avenue De Lorimier,	30, rue Gay-Lussac
Montréal (Québec) H2K 3W6	75005 Paris FRANCE
www.distributionhmh.com	www.librairieduquebec.fr

Imprimé au Canada
www.editionshurtubise.com

Prologue

Pourquoi les meilleures histoires de sport ne sont-elles jamais publiées ? Venant de quelqu'un dont le métier consiste justement à écrire des histoires de sport, cette question peut paraître un brin étrange. Pourtant, elle me revient constamment à l'esprit depuis mes débuts dans le journalisme sportif, il y a près de 25 ans.

Jour après jour, les amateurs de sport sont gavés de milliers de pages et de reportages rapportant des résultats de matchs, des signatures de contrats, de brillantes performances individuelles, des rapports médicaux, des commentaires, des analyses et quelquefois des portraits un peu plus orientés sur l'aspect humain.

La presse sportive est une immense et vorace bête très axée sur les performances et les résultats des athlètes et des organisations auxquels elle s'intéresse. Ce n'est pas un blâme. La nature du business est ainsi faite.

Lorsque les athlètes, entraîneurs ou directeurs généraux rencontrent brièvement les journalistes après les matchs ou les séances d'entraînement (ou encore à l'occasion de conférences de presse), le contexte se prête très rarement à la confidence. Des deux côtés de la clôture, les points de presse rassemblent généralement des gens qui sont tenus par le temps et qui se concentrent sur le moment présent.

En plus, les vedettes et les dirigeants des grandes organisations sportives sont formés pour livrer aux représentants des médias des commentaires plutôt génériques, des clichés qui feront le moins de vagues possible. D'ailleurs, les rares fois où certains osent délaisser la langue de bois, ils sont rapidement mis à l'amende par les dirigeants de la ligue ou du circuit au sein duquel ils évoluent.

L'idée d'écrire ce livre me trottait dans la tête depuis très longtemps parce que l'expérience du terrain m'a très souvent permis de réaliser que le monde du sport est un milieu où l'on trouve l'une des plus grandes et des plus riches traditions orales. Les sportifs ne sont habituellement pas très éloquents lorsqu'on leur glisse un micro sous le nez au cours d'un point de presse. Mais il est renversant de constater à quel point ils deviennent de savoureux raconteurs quand le contexte s'y prête.

Les meilleurs récits sportifs ne sont donc pas ceux que l'on trouve dans les magazines ou dans la presse quotidienne. Les meilleures histoires de sport sont celles que les athlètes, les entraîneurs ou les dirigeants racontent à leurs proches et à leurs meilleurs amis. Les meilleures histoires sont aussi celles qu'ils ont eu le temps de mettre en perspective et qui se démarquent encore de toutes les autres, souvent bien des années après qu'elles se soient produites.

Derrière la vitrine que proposent les médias et les responsables des relations publiques, les principaux acteurs du monde du sport mènent des vies effrénées. L'inattendu fait en quelque sorte partie de leur quotidien. Sans compter le fait que leur métier les amène aussi à rencontrer et à côtoyer des personnages extrêmement singuliers.

Les personnalités sportives que j'ai rassemblées autour de cet ouvrage évoluent ou ont évolué au sein des plus grands et des plus prestigieux championnats. Quand je les ai sollicités pour ce projet extraordinaire, ils m'ont tous posé la même question :

Quel genre d'histoires veux-tu raconter dans ce livre ?

Je leur ai simplement suggéré un contexte :

— Imaginez-vous assis à une table de votre pub favori, en train de savourer une bière en compagnie de vos meilleurs amis. Et racontez-moi les histoires ou les anecdotes les plus marquantes que vous avez vécues. Mon but ne consiste pas à publier un recueil d'histoires drôles. Je veux simplement des histoires vraies. Ce livre est un cadeau que nous ferons aux amateurs de sport. Donnez-leur l'impression d'être assis autour de cette table et captivez-les !

Alors, voici ce que ça donne…

Alain Vigneault

Lorsqu'il était hockeyeur, Alain Vigneault n'était pas du genre à remplir le filet. En quatre saisons dans la LHJMQ (chez les Olympiques de Hull et les Draveurs de Trois-Rivières), il a marqué 42 buts et cumulé 663 minutes de pénalité. Au printemps 1981, séduits par son ardeur au jeu et sa robustesse, les Blues de Saint Louis l'ont sélectionné en huitième ronde au repêchage de la LNH.

La saison suivante (en 1981-1982) Vigneault a fait ses débuts dans la légendaire Ligue centrale, un circuit professionnel mineur où les joueurs échappaient très souvent leurs gants. En 64 rencontres, on lui a décerné 266 minutes de punition. Durant cette saison recrue, les Blues lui ont même permis de disputer 14 rencontres dans la LNH, essentiellement pour assumer le même genre de responsabilités.

Le même manège s'est produit en 1982-1983, saison au cours de laquelle il a disputé 28 rencontres dans la LNH. Toutefois, il n'a plus jamais foulé une patinoire de la LNH par la suite. Au terme de la campagne suivante, après s'être joyeusement éreinté les jointures dans la Ligue centrale, il a décidé que c'était terminé pour lui.

« Après ma longue carrière de 42 matchs, je me suis dit que j'étais destiné à passer toute ma carrière dans les ligues mineures. Il était temps que je fasse autre chose », admet-il.

Vigneault s'est donc marié. Puis il s'est inscrit à l'Université du Québec à Trois-Rivières, où il ambitionnait de compléter un baccalauréat en administration. Ça faisait six ans qu'il ne s'était pas assis dans une salle de cours.

« Puis, peu après le début de ma première session, un responsable de l'équipe junior AA de Trois-Rivières m'a demandé de diriger leurs jeunes. Il n'était parvenu à trouver personne pour occuper le poste d'entraîneur.

« Ma première réaction a été de penser aux nombreux bénévoles qui s'étaient occupés de moi quand j'étais plus jeune et qui m'avaient permis d'atteindre la LNH. Je trouvais que c'était une occasion de redonner à mon sport. Toutefois, je n'avais pas grand-chose à offrir. J'ai dit au type qui m'avait sollicité : "Je vais vous donner un coup de main pendant une couple de semaines mais trouvez-vous quelqu'un d'autre. Ça fait trop longtemps que je ne suis pas allé à l'école et je n'ai pas assez de temps pour m'occuper d'un club de hockey" », se souvient-il.

Vingt-neuf ans plus tard, il est encore entraîneur! Et il lui manque encore quelques crédits pour obtenir son diplôme universitaire.

Les deux semaines qu'il était censé consacrer aux négligés du junior AA ont finalement duré deux ans, au cours desquels cette formation a connu beaucoup de succès. Puis la boule de neige n'a jamais cessé de grossir.

Les Draveurs de Trois-Rivières, qui avaient contribué à sa formation en tant que joueur, l'ont d'abord rapatrié à titre d'entraîneur en chef. Un an plus tard, Vigneault a succédé au légendaire Pat Burns chez les Olympiques de Hull, son autre ancienne équipe junior. Il n'avait alors que 26 ans. Et pendant les cinq saisons suivantes, il s'est imposé à la barre des Olympiques comme l'un des plus brillants entraîneurs de sa génération.

En 1992, au début de la trentaine, ses succès constants lui ont permis de grimper un échelon de plus et de décrocher un poste d'adjoint chez les Sénateurs d'Ottawa. Puis en 1997, à l'âge de 36 ans, il est devenu l'entraîneur en chef du Canadien de Montréal, où il a passé plus de trois saisons.

Dans le milieu du hockey, Alain Vigneault est reconnu comme un homme affable et un très grand passionné du hockey. Outre ses talents de meneur et de stratège, cette indéniable passion – et une humilité certaine – lui valent un immense capital de respect dans la LNH.

Après avoir été renvoyé par le Canadien, il n'a pas hésité à retourner au bas de l'échelle et à recommencer à se taper des voyages en autobus dans les rangs juniors et dans la Ligue américaine. Impressionnés par sa détermination, les Canucks de Vancouver lui ont confié leur formation en 2006. Et il ne les a pas déçus : pendant sept ans (une éternité dans le monde du sport professionnel), cette équipe a constamment figuré parmi la fine élite de la LNH. Les Canucks n'ont raté les séries qu'une seule fois.

Depuis l'automne 2013, Alain Vigneault exerce son métier à Manhattan au sein de la prestigieuse organisation des Rangers de New York. Pour s'assurer ses services, qui étaient fort convoités, le directeur général Glen Sather lui a consenti un pacte de cinq ans d'une valeur de 10 millions.

Pour sa participation à ce livre, Vigneault a choisi de raconter une histoire absolument délirante qui est survenue alors qu'il dirigeait les Canucks. Très peu de gens la connaissent. Et elle illustre à quel point, dans la vie, l'imprévisible et le burlesque se synchronisent parfois de manière parfaite.

« Est-ce que tout va bien, Alain ? »

Nous sommes le 18 avril 2009. J'en suis à ma troisième saison à la barre des Canucks de Vancouver.

Depuis cinq ans, les Canucks appartiennent à Francesco Aquilini, un homme d'affaires de Vancouver qui dirige un holding familial avec ses frères, Roberto et Paolo. Ce holding, Aquilini Investment Group, vaut plusieurs milliards de dollars. Il a été fondé dans les années 1960 par leur père, Luigi, qui est toujours impliqué dans l'entreprise.

Aquilini Investment Group est un gros joueur dans les domaines de l'immobilier et de l'hôtellerie. La famille possède aussi, entre autres, une cinquantaine de restaurants ainsi que d'immenses superficies de terres agricoles.

Francesco Aquilini est un propriétaire intense.

L'année précédente, nous avons raté les séries éliminatoires par trois points. Plusieurs défenseurs importants sont sur la liste des blessés pour des périodes relativement longues et notre attaque a glissé jusqu'au 22ᵉ rang. Et Aquilini a immédiatement réagi en congédiant notre jeune directeur général, Dave Nonis, qui faisait pourtant du bon boulot.

Notre nouveau directeur général, Mike Gillis (un ancien agent), est donc en train de compléter sa première saison au sein de l'organisation.

Nous sommes à Saint Louis. Les séries éliminatoires sont commencées depuis quelques jours déjà et nous avons remporté nos deux premiers matchs (à Vancouver) face aux Blues par des scores de 2-1 et de 3-0. Ce furent deux rencontres d'une rare intensité, deux affrontements extrêmement serrés qui auraient pu pencher d'un bord comme de l'autre.

Chez les Canucks, nous avons développé au fil des ans un petit rituel du printemps. Quand l'équipe s'apprête à disputer son premier match dans une ville étrangère au cours d'une série éliminatoire, nous organisons un souper d'équipe dans un bon restaurant. Nous rassemblons tout le monde, nous demandons au restaurateur de syntoniser des matchs de hockey sur ses téléviseurs, et nous prenons notre repas en observant et en commentant ce qui se passe dans les autres séries.

Ce soir-là, nous invitons les joueurs au Mike Shannon's Steak & Seafood. Mike Shannon est un ancien baseballeur qui a porté les couleurs des Cards de Saint Louis pendant neuf saisons dans les années 1960. Son restaurant est situé à deux pâtés de maison du Westin, l'hôtel où nous séjournons.

Le souper est prévu à 19 h. Et vers 21 h, tout est déjà pas mal fini. Les joueurs de la LNH n'ont pas l'habitude de traîner trop longtemps dans les restaurants. Ils prennent généralement leur repas en une heure et demie environ puis ils retournent à la quiétude de leur chambre d'hôtel pour se reposer en vue du match du lendemain.

Pour ma part, j'ai encore du boulot à terminer. Vers 21 h 30, à mon tour, je retraite donc vers l'hôtel.

Au fil des ans, à force de constamment voyager, tout le monde développe ses petites habitudes à l'étranger. À l'époque, quand je retournais à ma chambre d'hôtel pour la dernière fois à la fin de la soirée, j'avais pris l'habitude de revêtir un chandail blanc que je trouvais confortable et que je possédais depuis longtemps. (Avec les années, on prend un peu de poids et le chandail était par conséquent devenu un peu plus serré. Mais il était resté aussi confortable et je le traînais toujours dans ma valise.)

Vêtu uniquement de ce chandail blanc, à moitié nu, je m'installais ensuite confortablement pour travailler sur mon ordinateur portable.

Ce soir-là, dans ma suite du Westin, je m'assois avec un oreiller sur le sofa du salon, en face du téléviseur, pour travailler. Dans le salon, il y a deux portes. L'une donne directement accès au corridor de l'hôtel. La seconde permet d'accéder à la chambre à coucher.

Je commence à travailler. Puis, sans m'en rendre compte, je m'endors sur le sofa avec l'ordinateur.

À un certain moment, j'entends «TOC! TOC! TOC!» et je me réveille en sursaut. Je suis désorienté. Je n'ai aucune idée de l'heure qu'il est. Rapidement, j'écarte l'ordinateur de mon chemin et je me lève. Avant d'aller répondre à la porte, je dois me rendre à ma chambre pour me couvrir.

Je franchis la porte en étant certain d'entrer dans la chambre à coucher. Puis j'entends «clonk!». La porte vient de se refermer derrière moi. Je suis dans le corridor de l'hôtel. À poil avec mon chandail blanc.

J'ignore quelle heure il est et je suis toujours à moitié endormi. Mais le bruit de la porte qui s'est refermée produit sur moi l'effet d'une douche froide.

« Tabarnac ! Qu'est-ce que je vais faire, hostie ? »

Tout se passe trop vite. Je suis confus. Sur le coup, je ne me rappelle pas qu'il y a un endroit pour s'asseoir près des ascenseurs et qu'un téléphone permet de communiquer avec la réception de l'hôtel. Je suis au beau milieu d'un très long corridor et c'est le silence total.

Tant bien que mal je tire mon chandail – trop petit – vers le bas pour essayer de me cacher un peu. Et je commence à arpenter le couloir afin de trouver de l'aide.

J'écoute un peu aux portes pour savoir si les gens qui s'y trouvent sont éveillés. C'est silencieux partout, sauf dans une chambre. Cependant, les gens qui s'y trouvent ne semblent pas en position de m'aider. C'est un couple. Et à en juger par les râles qu'émet la dame, il est clair que leurs ébats amoureux sont assez intenses, merci.

« Voyons donc ! Ça se peut pas que ce soit ma seule option », que je me dis. Et je continue à errer dans le corridor à la recherche de bons samaritains. Je ne sais toujours pas quelle heure il est.

Après avoir poussé mes recherches un peu plus loin, je me rends à l'évidence : le couple de tourtereaux est ma seule planche de salut. Alors je me présente devant leur porte, et je cogne.

Pas de réponse. Les occupants ont la tête ailleurs. Ils ne m'entendent pas.

Je prends mon courage à deux mains et cogne de nouveau.

J'entends la voix de la femme :

— *There's someone at the door* (Il y a quelqu'un à la porte), dit-elle à son partenaire.

J'entends quelqu'un se lever et se diriger vers la porte. Je ne sais pas à qui j'aurai affaire. L'homme ou la femme ? C'est finalement la femme qui se présente. La situation est extrêmement gênante. J'essaie de la rassurer :

— *Don't be scared ! Listen. My name is Coach Vigneault, I'm with the Vancouver Canucks. I locked myself out of my room. Could you please have security come and bring somebody here ? I'm really sorry to bother you.* (Ne soyez pas effrayée ! Écoutez, je suis le coach Vigneault. Je suis avec les Canucks de Vancouver et je suis enfermé à l'extérieur de ma chambre. Pouvez-vous demander à la sécurité d'envoyer quelqu'un pour m'aider ? Je suis désolé de vous déranger ainsi.)

— *It's OK*, répond-elle, à mon grand soulagement.

En m'éloignant de leur chambre, je me rends compte que je ne suis pas encore totalement éveillé. J'aurais pu lui demander une serviette pour me couvrir, mais je n'y ai pas pensé. Alors je suis toujours planté dans le corridor, à moitié nu. Mais soudainement, je me rappelle qu'il y a une aire d'attente près des ascenseurs. Je me rends donc à cet endroit et je m'assois. Et je tire sur mon chandail pour me couvrir le plus possible en attendant que le gardien de sécurité arrive. Je suis tout nu, crisse!

Quelques minutes plus tard, les portes de l'ascenseur s'ouvrent, mais c'est un client qui en sort. Il passe devant moi sans trop se soucier de ma présence.

Encore un peu plus tard, les portes s'ouvrent de nouveau. Cette fois, c'est un couple. Le gars trouve que j'ai l'air louche. Il me dévisage. La situation est extrêmement gênante. Je tire encore un peu plus sur mon chandail pour ne pas avoir l'air trop indécent. Le couple s'éloigne et se dirige vers sa chambre.

Le temps continue de filer. Ça fait longtemps que j'attends et aucun gardien de sécurité n'est encore venu à ma rescousse. Je fulmine!

Finalement, les portes de l'ascenseur s'ouvrent encore et c'est un représentant de l'hôtel qui les franchit. Je me lève d'un bond et je pars après lui. Je marche à ses côtés en l'invectivant :

— J'attends ici depuis longtemps! Voulez-vous bien me dire ce que vous faisiez?

Je marche à ses côtés dans le corridor et je tire toujours sur l'avant de mon chandail pour me cacher. Cela fait en sorte que j'ai les fesses complètement à l'air. Puis soudain, une voix retentit derrière moi. Il y avait quelqu'un d'autre dans l'ascenseur…

— *Alaauin! Alaaain! Is everything all right?*

Je me retourne et, hostie, c'est mon propriétaire, Francesco Aquilini!

Je me retourne vers lui. Je ne sais plus comment me tenir. J'essaie maintenant de pencher de l'autre bord pour ne pas qu'il voit mes fesses. Et je lui lance :

— *Francesco, don't worry. Everything is all right!* (Ne t'inquiète pas Francesco. Tout va très bien!)

Je n'ai encore aucune idée de l'heure qu'il est. Et chemin faisant vers ma chambre, je paye la traite au représentant de la sécurité :

— Tabarnac ! Ça fait longtemps que j'attends ! Des gens vous ont appelé pour signaler que j'étais pris dans le corridor. Nous louons 50 chambres dans votre hôtel ! Il me semble que vous devriez mieux vous occuper de nous autres !

Je l'engueule jusqu'à ma porte. Quand je réintègre finalement mes quartiers, je jette un coup d'œil au cadran et il est 3 h 30. Et je me dis : « Ouais, le propriétaire sort pas mal tard. » Je m'installe dans mon lit et je complète ma nuit.

Pendant ce temps, Francesco Aquilini saute sur le téléphone. Un peu éméché, il tire Mike Gillis du lit :

— *The coach has lost it ! The pressure is getting to him ! He can't handle it anymore !* (L'entraîneur a perdu la carte ! Il ne supporte plus la pression ! Il n'est plus l'homme de la situation !)

Notre directeur général, qui en a vu d'autres, croit que j'étais tout simplement somnambule.

Au matin, je descends dans le lobby, où je rencontre Roberto et Paolo Aquilini. Avant de me rendre à l'aréna, je leur raconte brièvement ma mésaventure et mon étrange rencontre avec leur frère.

Le soir venu, comme à l'accoutumée, j'entre dans le vestiaire exactement dix minutes avant le début de la partie. Et au lieu de passer le plan de match en revue, je décide de raconter aux joueurs ce qui m'est arrivé durant la nuit.

Les gars rigolent. De toute évidence, ils sont en train de me visualiser, à moitié nu avec mon chandail blanc trop serré, dans le corridor de l'hôtel. L'atmosphère est détendue.

— Les gars, il n'y a rien qui aurait pu me préparer à ce qui m'est arrivé dans ce corridor. Mais ce que vous allez voir sur la glace ce soir, vous êtes prêts pour ça. On s'est préparés toute la saison pour jouer ce genre de rencontre. Oui, nous sommes sur la route pour un match des séries. Mais on va jouer sur une patinoire qui fait encore 200 pieds de long et 85 pieds de large. Il n'y a rien de changé…

La série que nous étions en train de disputer était extrêmement serrée. Je me disais que c'était une façon différente de faire comprendre aux joueurs qu'ils étaient fin prêts à battre les Blues sur leur patinoire.

Nous avons ensuite disputé un match impeccable, que nous avons remporté par la marque de 3 à 2. Et deux jours plus tard, nous avons éliminé les Blues en les battant par le même pointage, mais en prolongation.

En octobre 2013, alors que nous traversions une période très difficile, j'ai raconté cette histoire à mes nouveaux joueurs chez les Rangers de New York :

— Il n'y a rien qui pouvait me préparer à cette soirée. Mais vous autres, vous jouez au hockey depuis que vous êtes enfants. Faites donc confiance à votre instinct. *Go out and play*, et ayez du plaisir, hostie !

Dans ce match, nous avons disputé l'une de nos meilleures périodes de la saison et nous n'avons cessé de remonter au classement par la suite.

Stéphane Dubé

Quand Stéphane Dubé a été admis à l'université afin de devenir préparateur physique en 1990, son père, électricien de métier, lui a demandé de lui expliquer concrètement de quelle manière il allait un jour pouvoir gagner sa vie avec un tel diplôme en poche.

Après avoir entendu en quoi consistaient les tâches et les responsabilités d'un préparateur physique, Paul Dubé a résumé les perspectives d'emplois de son fils en une phrase prémonitoire :

— Donc, par exemple, tu pourrais entraîner le Canadien de Montréal ?

« Quand mon père m'a dit ça, je suis parti à rire et je lui ai répondu que c'était un objectif inatteignable », se rappelle Stéphane Dubé.

Sept ans après cette conversation père-fils, le jeune préparateur physique jouissait d'une réputation enviable dans le monde du hockey. Après avoir fait sa marque dans la Ligue de hockey midget AAA (avec le Canadien de Montréal-Bourassa), Dubé s'est retrouvé dans la LHJMQ chez le Titan de Laval, et ensuite chez les Prédateurs de Granby, aux côtés de Michel Therrien. En 1996, les Prédateurs ont d'ailleurs remporté la coupe Memorial, un exploit qu'aucune équipe québécoise n'avait réalisé depuis… 1970 !

En plus de travailler avec ces équipes de hockey durant l'hiver, Dubé chapeautait l'entraînement d'une dizaine de jeunes joueurs québécois pendant la saison estivale. Et plusieurs de ces joueurs, comme Joël Bouchard, Éric Fichaud et Ian Laperrière, se sont rapidement distingués dans les rangs professionnels, ce qui a eu pour effet de donner encore plus de lustre à sa feuille de route.

Durant l'été 1997, sept ans après la prophétie de son père, Stéphane supervisait des athlètes dans son local de Saint-Léonard quand un de ses associés lui a tendu le téléphone en lui annonçant que Réjean Houle, alors directeur général du Canadien, était au bout du fil.

« À l'époque, je faisais souvent des imitations et le personnage de Réjean Houle était mon préféré. Alors quand on m'a dit que le DG du Canadien voulait me parler, j'étais certain qu'il s'agissait d'un canular. Même après avoir pris rendez-vous avec Réjean, je n'étais pas tout à fait certain de lui avoir parlé pour vrai », raconte Dubé en riant.

Pourtant, le lendemain, après 45 minutes de conversation au septième étage du Centre Molson (l'ancien nom du Centre Bell), Stéphane Dubé recevait une offre de contrat en bonne et due forme de la part du patron du Canadien.

« Quand Réjean m'a offert ce premier contrat, je suis devenu émotif. J'ai d'abord pensé à cette conversation que j'avais eue avec mon père. Ensuite, j'ai raconté à Réjean la parade de la coupe Stanley de 1979, à laquelle ma mère avait tenu à m'emmener, décidant elle-même de me faire faire l'école buissonnière.

« J'avais huit ans le jour de cette parade, et j'étais assis sur les épaules de ma mère quand la plate-forme transportant Doug Jarvis était arrivée à notre hauteur. Jarvis avait demandé mon prénom à ma mère et il m'avait ensuite lancé : "Bonjour Stéphane ! Un jour, j'espère que tu seras avec le Canadien de Montréal !" J'étais abasourdi qu'il connaisse mon nom. Et je ne cessais de taper sur la tête de ma mère tellement j'étais excité. Au point où je ne me préoccupais même plus de voir passer Yvan Cournoyer, qui était pourtant ma grande idole. »

En entendant cette histoire dans son bureau, Réjean Houle a paru fort ému.

— C'est exactement ce que représente le Canadien pour les gens. Stéphane, quand je te parlais de la famille du Canadien tout à l'heure, je parlais de ça. Souvent, les gens ne réalisent pas l'impact que nous avons dans la société, a expliqué le directeur général du Canadien à son nouvel employé.

Stéphane Dubé a finalement passé quatre années dans l'organisation du Canadien. Et peu après, il a rejoint Michel Therrien dans l'organisation des Penguins de Pittsburgh, où il est resté jusqu'en 2007.

Il dirige maintenant le Centre Performe Plus, à Boisbriand, qui est sans contredit l'un des centres d'entraînement les plus en vogue auprès des hockeyeurs professionnels et des jeunes espoirs du monde du hockey québécois.

Stéphane a choisi de présenter une facette cachée de la personnalité de Sidney Crosby et de raconter une expérience fascinante qu'il a vécue au camp d'entraînement de 2006 dans l'organisation des Penguins.

« Il est comment, Sidney Crosby ? »

J'ai quitté l'organisation des Penguins de Pittsburgh en 2007. Et malgré le fait que bien de l'eau ait coulé sous les ponts depuis ce temps, la plupart des gens que je rencontre me posent encore et toujours la même question : « Quel genre de gars Sidney Crosby est-il ? »

C'est tellement fréquent que j'ai parfois l'impression que je ne pourrai jamais me détacher de cette fascination qu'exerce Crosby auprès des amateurs de hockey. Avec les années, j'ai fini par présumer que les gens sont sans doute aussi curieux à son endroit parce que Sid est un jeune homme qui, sans être très réservé, laisse entrer assez peu de gens dans sa bulle ou dans son cercle d'amis.

Ainsi, tout le monde connaît et admire le hockeyeur, mais assez peu de gens savent quel genre d'être humain il est dans la vie de tous les jours.

Lorsqu'on me pose cette question, je réponds aux gens que Sidney Crosby – le hockeyeur – est le meilleur joueur au monde. Cela reste bien sûr un débat, et l'appréciation de tous et chacun peut varier. Mais à mes yeux, il est simplement le meilleur. Ce que les gens ne savent pas, par contre, c'est que Sidney Crosby – l'être humain – est encore meilleur que le hockeyeur. Je me suis rendu compte de cela dès la première année où j'ai été appelé à travailler à ses côtés et c'est encore vrai aujourd'hui.

L'histoire que je m'apprête à raconter a débuté le 3 janvier 2006, et elle illustre parfaitement le genre de valeurs qui animaient ce jeune homme quand il a fait ses premiers pas dans la LNH. Auparavant, je ne peux toutefois m'empêcher d'y aller d'une petite anecdote au sujet de Sidney Crosby – le hockeyeur – et de la très grande minutie avec laquelle il pratique son métier.

Lorsqu'une supervedette obtient un succès aussi éclatant, un peu tout le monde cherche à copier sa recette ou à savoir comment il se prépare. Or, à l'époque où l'on se côtoyait quotidiennement, Crosby protégeait jalousement les nouveaux exercices ou les mouvements particuliers qu'il aimait ajouter à son programme d'entraînement personnel.

— Hé, Steph, les exercices que nous sommes en train de faire, ça reste entre toi et moi, hein? C'est notre affaire. On garde ça pour nous.

Il ne voulait pas que les ajouts qu'il faisait à son programme personnel se retrouvent dans le programme général de l'équipe. Et je respectais cela.

Je me rappelle qu'à un certain moment, Sid était venu me voir en disant:

— J'analyse mon coup de patin et je pense qu'il y a un 4 % ou 5 % d'inefficacité à corriger. J'aimerais qu'on trouve une façon de renforcer ma poussée dans un angle bien spécifique.

Quand un jeune de moins de 20 ans se présente devant toi avec des affaires de même, tu restes bouche bée! Mais Sid avait sa façon de travailler. Il voyait les choses d'une façon bien particulière et j'adhérais totalement à cela. J'étais toujours prêt à embarquer dans son monde, à me casser la tête et à lui revenir avec des solutions lorsqu'il me lançait des défis de ce genre.

Peu importe le domaine au sein duquel ils se démarquent, les virtuoses ne surgissent pas par accident. Ils accordent une importance particulière à des détails que d'autres ne voient même pas.

Mais revenons un peu à ce fameux mardi 3 janvier 2006, qui marquait la toute première visite de Sidney Crosby au Centre Bell dans l'uniforme des Penguins de Pittsburgh.

La veille, nous avions disputé un match à Toronto (qui constituait aussi la première rencontre de Sid dans la Ville Reine) et toute l'attention médiatique entourant cet événement avait transformé notre journée en véritable zoo. Le lendemain matin, nous arrivons au Centre Bell et c'est un autre zoo!

C'est l'entraînement matinal le plus achalandé et le plus chaotique dont j'ai été témoin au cours de ma vie. Ça n'avait aucun sens! Avant et après l'entraînement, Sid a dû signer au moins 500 photos que les gens lui apportaient. Sans compter les journalistes et caméramans, qui étaient tellement nombreux qu'il a fallu organiser un point de presse dans un autre vestiaire que celui de l'équipe pour laisser de l'espace aux autres joueurs.

Il régnait ce matin-là une sorte de folie furieuse: tout le monde s'arrachait Sidney Crosby.

Pour cette journée spéciale, j'avais invité le fils de mes voisins, Maxime Lépine, à venir assister à l'entraînement matinal et au match.

Maxime avait 12 ou 13 ans à l'époque et je le connaissais depuis sa naissance. Ma femme et moi n'avons pas d'enfant. Mais nous connaissions déjà ses parents quand sa mère est tombée enceinte. Nous l'avons ensuite vu grandir à côté de chez nous à Lachenaie. Et au fil des ans, nous avons développé une belle complicité avec lui. Au point où, après sa journée d'école, il n'était pas rare qu'il s'arrête à la maison pour jaser de choses et d'autres pendant 15 ou 20 minutes avant de rentrer chez lui.

En somme, le petit Lépine était en quelque sorte devenu un membre de notre famille. Alors, quand nous avons quitté la maison parce que je me joignais à l'organisation des Penguins, Maxime avait trouvé cela difficile.

Quand nous sommes venus jouer à Montréal, Maxime est évidemment passé nous voir à la maison et il ne tenait plus en place. Je l'ai donc invité à passer la journée au Centre Bell.

Durant cette séance matinale complètement folle, il y avait du monde partout. Maxime restait prudemment à mes côtés et il me suivait. À un certain moment, nous entrons dans le vestiaire et Sid voit qu'il y a un jeune garçon avec moi.

— Sid, je te présente Max.

J'explique ensuite rapidement à Sidney qui est Maxime puis, chacun de notre côté, nous retournons vaquer à nos affaires. Maxime jubile.

Il ne porte plus à terre d'avoir été présenté à Sid. Mais les choses en restent là.

Nous disputons le match en soirée (Sidney marque deux buts dans une victoire de 6 à 4 sur le Canadien) puis Maxime vient me rejoindre après la rencontre et il m'accompagne jusqu'à ce que l'équipe remonte à bord de l'autobus pour rentrer à Pittsburgh.

Trois mois et demi plus tard, le samedi 18 mars 2006, les Penguins sont de retour à Montréal. Cette fois, le responsable des communications de l'équipe demande à tous les membres de l'organisation de limiter au maximum la présence de membres des familles et d'amis autour du vestiaire afin d'éviter que le zoo du mois de janvier se répète.

Je préviens donc Maxime.

— Tu ne pourras pas entrer dans le vestiaire ce matin parce que c'est l'enfer. Il y a trop de monde. Tu pourras toutefois t'asseoir près de la porte qu'utilisent les joueurs pour entrer sur la patinoire et tu pourras regarder la pratique.

— C'est correct, répond Maxime, qui n'en fait pas de cas.

Quelques minutes plus tard, comme c'est son habitude, Sidney Crosby figure parmi les premiers joueurs à se présenter sur la patinoire pour l'entraînement matinal. Sid fait un tour de patinoire et, en repassant devant la porte qui donne accès à la patinoire, il aperçoit Max qui est assis avec sa mère. Il freine devant la porte.

— Salut Max, comment ça va? Est-ce que tu viens au match ce soir?

— Non, je ne pourrai pas. Mon équipe joue dans un tournoi ce soir, répond le *kid*, abasourdi.

— Ah! C'est dommage. Mais en tous cas, bonne chance ce soir, Max! réplique Crosby, qui retourne alors faire ses affaires sur la patinoire.

Non seulement Sidney se rappelait-il d'avoir rencontré cet enfant 100 jours plus tôt, mais il se souvenait aussi de son prénom! On parle ici d'un joueur de la LNH âgé de 19 ans qui en était à sa deuxième visite à Montréal, pas d'un vétéran de 30 ans qui débarquait en ville pour la quarantième fois.

Je n'ai pas assisté à cette scène parce que je travaillais près du vestiaire quand elle s'est produite. Mais quand j'ai recroisé Maxime un peu plus tard, il s'est bien sûr fait un devoir de me la raconter.

— Il a dit mon nom ! Sidney Crosby savait mon nom ! répétait-il, incrédule.

— Je peux te jurer qu'il se souvenait vraiment de ton nom, Max. Tu étais assis avec ta mère et j'étais dans le vestiaire pour superviser la rééducation des joueurs blessés. Je n'ai jamais dit à Sidney que tu étais ici. Il ne le savait pas.

Nous disputons le match en soirée. Un but d'André Roy, sur une passe de Sidney Crosby, nous permet de vaincre le Canadien par la marque de 5 à 4.

Après la rencontre, nous remontons dans l'autobus et nous mettons le cap sur l'aéroport pour rentrer à la maison. Je suis assis à bord de l'avion et Sid passe dans l'allée pour se rendre à son siège, qui est situé un peu plus loin dans l'appareil. En me croisant, il me donne une petite tape sur l'épaule.

— Dis-moi, est-ce que Max a remporté son match ce soir ?

La mâchoire me tombe par terre. Nous sommes en train de nous battre pour une place en séries éliminatoires. Je m'attendais à toutes les questions, sauf à celle-là ! En fait, je suis tellement abasourdi que je me dis : « Sacrament, je peux pas croire qu'il pense à une *game* de niveau pee-wee ! »

— Oui, Sid. Ils ont gagné !

— Cool. Tu lui enverras un message de félicitations de ma part, répond-il.

Quand cette affaire est survenue, je me suis rendu compte à quel point Sid se situait à un niveau complètement différent par rapport aux autres joueurs de son âge. Par rapport à tous les autres joueurs, en fait.

◎

L'année suivante, Maxime Lépine est venu passer une semaine chez moi à Pittsburgh. Je lui ai alors conseillé d'apporter ses patins et son équipement de hockey au cas où nous aurions un peu de temps pour utiliser la patinoire.

Un bon matin, Maxime arrive avec son père et son frère au Mellon Arena. Et j'en profite pour leur faire visiter le vestiaire de l'équipe. Juste comme nous entrons dans la pièce, on aperçoit Sid qui se dirige vers la cuisine pour se préparer un bol de céréales.

— Hey, Max! Comment ça va? lance-t-il le plus naturellement du monde.

C'était comme si Max avait toujours fait partie de l'environnement de l'équipe. Cette séquence d'événements m'a marqué presque autant qu'elle a marqué cet enfant, je crois.

Maxime a continué de grandir et il est aujourd'hui pompier. Il n'y a pas si longtemps, je suis allé chez ses parents pour célébrer son dix-huitième anniversaire et nous reparlions de cette histoire.

— Steph, je vais me rappeler de ça toute ma vie. Même si je souffre un jour de la maladie d'Alzheimer, je me souviendrai encore de ces moments-là.

Quand les gens me demandent de leur décrire Sidney Crosby, je leur raconte simplement l'histoire de Max. Elle illustre parfaitement le genre d'homme qu'il est.

L'opération Arctic Strike

En 2005-2006, durant une réunion du groupe d'entraîneurs des Penguins de Pittsburgh, nous avons pour la première fois évoqué la possibilité de faire séjourner l'équipe à l'Académie militaire de West Point lors du camp d'entraînement suivant.

Les Rangers et les Flyers avaient pris part à cette activité de *team bonding* au cours des années précédentes et nous en avions entendu parler. À cette époque, la composition de notre équipe était assez particulière. Notre alignement était composé de vétérans de longue date (comme Mark Recchi, John LeClair et Sergei Gonchar) et de jeunes comme Sidney Crosby, Evgeni Malkin, Colby Armstrong et Marc-André Fleury, qui en étaient à leurs premiers pas dans la LNH.

Nous percevions une sorte de vide générationnel entre les deux groupes, et nous cherchions un moyen d'organiser un séjour qui allait permettre à nos joueurs de tisser des liens plus serrés. C'est ainsi que nous nous sommes retrouvés, durant le camp d'entraînement de la saison 2006-2007, à séjourner pendant quatre jours entre les murs de l'Académie militaire des États-Unis, qu'on peut sans doute identifier comme la plus prestigieuse école militaire au monde.

Pourquoi West Point accueille-t-elle des équipes de sport sur son campus ?

Il y a sans doute une part de relations publiques là-dedans. Mais surtout, je crois qu'il s'agit d'un échange de bons procédés pour les deux parties. Les activités militaires auxquelles les athlètes professionnels participent leur permettent de développer des habiletés, des réflexes et des liens dans un contexte tout à fait particulier. Et de l'autre côté, comme West Point aligne sa propre équipe de hockey dans la NCAA, ça devenait une expérience enrichissante pour eux aussi. Les joueurs de West Point côtoyaient les joueurs des Penguins et nous nous entraînions dans leur aréna. Alors ils étaient très contents.

L'académie de West Point se trouve dans l'État de New York, à un peu moins d'une heure de route de la ville de New York. Le majestueux campus de l'académie surplombe la rivière Hudson. Tous les bâtiments sont construits en pierre grise ou très foncée, ce qui donne un cachet tout à fait particulier à l'endroit.

Le jour de notre arrivée, notre autobus s'est pointé à la barrière donnant accès au campus à 8 h du matin. Trois militaires armés ont alors quitté leur poste de garde et sont montés à bord de notre autobus pour procéder à une fouille très détaillée. Ceux qui, comme moi, n'avaient pas l'habitude de l'armée ou d'opérations militaires ont écarquillé les yeux bien grands. Nous nous apprêtions à entrer dans un autre monde.

Une fois à l'intérieur de l'enceinte, nous avons fait connaissance avec JD (prononcer « Jay-Dee ») qui était l'un des instructeurs en chef de la base. West Point forme les officiers de l'armée américaine. Plusieurs généraux et quelques présidents américains ont étudié à cet endroit.

JD nous a appris qu'il était revenu d'Afghanistan depuis peu de temps et qu'il avait été déployé dans des zones de combats à plusieurs endroits dans le monde. Les histoires qu'il nous a racontées plus tard durant notre séjour étaient tout simplement hallucinantes.

— Vous avez eu droit à une "petite fouille" quand votre autobus s'est présenté à la barrière parce que nous savions qui vous étiez. En temps normal, ça prend beaucoup de temps avant de procéder aux vérifications nécessaires pour faire entrer un autobus sur le campus. Depuis les attentats du 11 septembre 2001, le niveau de sécurité est passablement plus élevé qu'avant, nous a-t-il expliqué.

Les responsables de l'équipement des joueurs suivaient notre autobus dans leur camion. Après les présentations d'usage, je les ai accompagnés pour les aider à installer l'équipement dans un des vestiaires de l'aréna. En me rendant compte qu'il fallait garer le camion à une bonne distance de marche de la porte d'entrée, j'ai suggéré à un responsable de l'équipement de l'équipe de l'Army qu'il serait peut-être plus sage de fermer les portes du camion quand nous allions nous trouver dans l'amphithéâtre.

— Tu n'as pas besoin de te casser la tête. Il n'y a rien de barré ici. Vous vous trouvez présentement à l'endroit le plus sécuritaire sur la planète, m'a-t-il répondu.

Un peu plus tard, j'ai eu l'occasion de discuter avec l'entraîneur de l'équipe de hockey de l'Army, et il a renchéri sur le caractère singulier de West Point :

— Il n'y a personne qui barre les portes de sa maison sur la base. Nous avons des clés pour le fun. Parce que la dernière place sur la Terre où quelqu'un peut avoir envie de voler quelque chose, c'est ici.

En plus d'être soumis au système judiciaire militaire, qui est beaucoup plus sévère que la justice criminelle civile, les cadets de West Point adhèrent à un code de conduite très strict (et très simple) selon lequel ils ne doivent pas « mentir, tricher, voler ou tolérer ceux qui le font ». Simplement pour avoir menti, un cadet peut être forcé de refaire une année complète de formation à West Point. Un mensonge peut même suffire pour être expulsé.

◉

Quand nous sommes arrivés à West Point, nos joueurs étaient pour la plupart très excités. Dans leur esprit, nous débarquions là-bas pour nous entraîner et pour jouer au *paintball* pendant quatre jours. Nos gars étaient jeunes et vraiment prêts à se salir, contrairement aux joueurs des Rangers et des Flyers, qui avaient séjourné à l'Académie au cours des années précédentes. À mots couverts, certains militaires nous ont raconté que les Rangers et les Flyers s'étaient pointés là-bas un peu sur le bout des pieds, avec leurs souliers Armani.

À cette époque, nous avions deux joueurs, Dominic Moore et Noah Welch, qui avaient étudié à Harvard, et c'était leur réaction qui m'avait le plus marqué. Les deux étaient vraiment impressionnés de se trouver sur le campus de West Point, alors que de notre point de vue québécois, Harvard est sans contredit l'une des plus prestigieuses institutions universitaires au monde.

— Voyons, "Moorsie", tu as fréquenté une école pas mal mieux cotée que celle-là ! ai-je lancé à Dominic Moore.

— T'es malade ? Il y a West Point au sommet. Et en bas, on trouve toutes les autres universités, a-t-il répondu.

— Ben voyons donc !

Moore m'a expliqué que pour entrer à West Point, il ne suffit pas d'être un génie et d'avoir des parents qui ont les moyens de payer :

— À West Point, même si tes parents sont milliardaires, ce sont les dirigeants qui choisissent ceux qui sont admis. En plus de performer à l'école, il faut avoir une réputation sans tache. Tes anciens directeurs d'école, le maire de ta ville et le gouverneur de ton État (ou un sénateur) doivent t'écrire une lettre de recommandation. Même les athlètes qui sont admis ici doivent être des athlètes de très haut niveau.

Les propos admiratifs de Moore me faisaient découvrir une facette de West Point que je ne connaissais absolument pas.

Michel Therrien aimait beaucoup exploiter des thèmes inspirants au cours d'une saison de hockey. Des thèmes du genre *Keep climbing!* (Continuons à monter !), *Take the next step!* (Franchissons l'étape suivante !) ou encore *Pay attention to details* (Soucions-nous des détails).

Cette saison-là, c'était le thème *Pay attention to details* qui avait été retenu. Et assez formidablement, sans le savoir, JD et les cadets de West Point renforçaient ce message chaque jour.

Alors qu'il s'adressait à toute l'équipe, JD avait expliqué le fonctionnement de la chaîne de commandement militaire. Et il avait bien démontré, à l'aide d'exemples, à quel point une opération importante pouvait s'effondrer et échouer si une seule personne ne respectait pas la chaîne de commandement ou si elle effectuait mal la tâche qui lui avait été confiée.

En clair, le message de JD était : « Si tu as un job à faire, c'est toi qui en es responsable. Et si tu ne fais pas bien ton job, tu empêches ton coéquipier de faire le sien. » En termes de renforcement de message et de renforcement des liens au sein de l'équipe, c'était tout simplement extraordinaire.

Nous n'avons, bien sûr, pas eu l'occasion de voir les cadets se déployer et coopérer sur le terrain. Mais le simple fait de dîner en leur compagnie dans l'une des ailes du Washington Hall constituait toute une leçon de savoir-faire !

Il y a environ 5 000 étudiants à West Point. Ils dînent tous en même temps et ils n'ont qu'une heure pour manger. En soi, cela constitue toute une opération logistique.

Eh bien ! Nous avons vu 5 000 cadets converger vers les salles à manger, s'asseoir à une table et prendre leur lunch. Et quand ils sont tous repartis 50 minutes plus tard, la salle était absolument impeccable. Comme si personne n'y avait mis les pieds !

Nous regardions ça et nous nous disions « Wow ! Le niveau d'organisation et le souci du détail de ces gars-là se situent à un autre niveau. »

Au-delà du choc culturel que nous avons vécu et de l'ébahissement que nous avons ressenti à West Point, ce sont les trois entraînements auxquels nous avons été soumis durant ce séjour qui ont été les plus marquants. L'un de ces entraînements, qui avait été baptisé opération Arctic Strike, reste à ce jour l'épreuve la plus difficile à laquelle j'ai participé au cours de ma vie. Il m'a fallu une semaine pour m'en remettre.

L'opération Arctic Strike était prévue en soirée, la veill|
départ de West Point. Ce soir-là, toute l'équipe allait mange
restaurant italien. Mais comme j'avais une idée de ce qu|
passer plus tard, j'avais laissé de côté le pain et les pâtes, et j'avais plutôt
opté pour une soupe et une salade.

Nous sommes ensuite retournés nous changer. On nous avait bien
prévenus de choisir des vêtements que nous n'allions plus jamais
porter par la suite.

Le départ de l'épreuve était prévu à 18 h, et quand nous nous
sommes tous pointés au lieu de rendez-vous, un commandant nous
criait des ordres à tue-tête. C'était presque une scène de film. Les gars
se regardaient entre eux.

— Ayoye! Dans quoi vient-on de s'embarquer?

L'équipe a alors été divisée en quelques sous-groupes. Et on nous
a remis des chandails aux couleurs de l'Army qui nous identifiaient à
notre sous-groupe. L'un d'eux s'appelait Opportunity et un autre portait le nom de Loyalty. Sidney Crosby faisait partie de l'équipe
Leadership. Il s'agissait de mots-clés que l'équipe d'entraîneurs des
Penguins avait décidé d'exploiter durant la saison.

Quand tout le monde a reçu son uniforme et son arme, on nous a
annoncé que le départ de l'épreuve allait se donner trois kilomètres
plus loin, en haut de la montagne. Les gars avaient fini de manger
environ 30 minutes auparavant. Sans période d'échauffement, rien,
nous sommes donc partis au pas de course, à l'assaut de cette mon
tagne abrupte. J'entendais les gars roter à l'arrière! L'opération Arctic
Strike commençait plutôt raide.

Une fois arrivés au sommet, il nous a fallu traverser le lac à pied,
question d'être bien mouillés et très mal à l'aise dès le départ.

Chacune de nos unités était accompagnée par un *ranger* de l'Army
et nous avions tous différentes épreuves à compléter. Entre chaque
épreuve, il nous fallait courir trois ou quatre kilomètres en forêt. Plus
la soirée avançait, plus la noirceur s'installait et plus les transitions
entre les différentes épreuves devenaient difficiles.

Le *ranger* qui guidait notre groupe portait une petite lampe frontale
et il courait devant nous. Il fallait le suivre et nous avions intérêt à ne
pas le perdre. Je me souviens d'un arrêt que nous avons fait en plein

bois alors que la nuit était tombée. Je passais ma main devant mon visage et je ne la voyais même pas. Et je me disais :

« Tabarnac, c'est pas le temps de se perdre ici ! »

Heureusement, notre épreuve se déroulait un soir de pleine lune. Quand nous sortions de la forêt, il y avait quand même moyen de s'orienter.

Des joueurs comme Jarkko Ruutu et Sergei Gonchar avaient complété leur service militaire en Finlande et en Russie. Ils évoluaient là-dedans comme des poissons dans l'eau. Ils étaient clairement dans leur élément et ils savaient à quoi s'attendre avant que l'opération débute.

À chaque station, une nouvelle surprise nous accueillait. Par exemple, on nous apprenait qu'un pilote venait de s'écraser et que notre mission consistait à le retrouver et à le ramener sur un site sécuritaire. C'est à ce moment que le travail d'équipe entrait en jeu. Dans quelle direction allions-nous partir pour le retrouver ? Comment allions-nous nous diviser ?

Dans ces circonstances, le leadership remonte inévitablement à la surface. Il y a un joueur qui prend naturellement les choses en main et qui tranche : « Vous autres, dirigez-vous dans cette direction et de notre côté, nous allons fouiller ce terrain-là. »

Après avoir retrouvé le « pilote » (qui était un véritable soldat et non un mannequin), nous devions le transporter au-dessus d'une rivière. Encore là, le leadership et le sens de l'organisation des joueurs étaient mis à l'épreuve. Comment fallait-il déployer nos câbles ? Qui allait accomplir telle ou telle tâche ?

Nous avions entre 45 minutes et une heure pour compléter chaque épreuve. Nous étions chronométrés. Et quand nous avions fini, on nous accordait cinq minutes pour boire. Puis nous repartions au pas de course à la station suivante, trois ou quatre kilomètres plus loin.

Lorsqu'on nous avait remis nos carabines, au début de l'opération, on nous avait bien prévenus que nous n'avions pas le droit de les poser au sol. Comme nous n'étions pas de vrais soldats, nous étions constamment embarrassés par nos armes au début. Cela avait pour effet de rendre les épreuves encore plus difficiles.

Une autre épreuve consistait à prendre un Hummer au bas d'une côte d'environ un kilomètre et de le monter jusqu'au sommet. On pouvait le tirer, le pousser… employer la méthode de notre choix. En bout de ligne, il fallait que le Hummer soit arrivé en haut de la côte après une période de temps prédéterminée.

À bord du Hummer, il y avait une *ranger* à qui nous avions le droit de demander une seule pause de 30 secondes. Si on lui disait « *OK, time!* », elle appuyait sur les freins pendant exactement 30 secondes. Après cela, bonne chance! Il fallait continuer de hisser le Hummer jusqu'au sommet. Nous étions huit gars en excellente condition physique dans mon équipe. Et je peux aujourd'hui témoigner du fait qu'un Hummer, c'est vraiment lourd!

En plus, il y avait un virage dans la côte que nous devions faire escalader au véhicule. Et le niveau de résistance était décuplé quand la *ranger* tournait le volant. C'était l'enfer!

Je n'ai jamais autant souffert que lorsque nous avons monté ce camion. Quand nous avons finalement atteint le sommet, les gars étaient couchés par terre, à moitié morts.

Après notre pause de cinq minutes, la voix de notre officier accompagnateur s'est fait entendre :

— OK, les gars! On s'en va à la prochaine station!

— T'es pas sérieux?

C'était épouvantable.

À une autre station, nous avions trouvé une jeep qui était passée au feu en terrain très accidenté. Il nous fallait déplacer le véhicule sur 100 verges, soit la longueur d'un terrain de football. Le véhicule était vraiment très endommagé et il était impossible d'utiliser ses roues. Il fallait donc le faire culbuter dans tous les sens ou le soulever pour parvenir à nos fins.

L'un des autres groupes avait fait tomber la jeep dans un fossé profond et les gars avaient dû aller la récupérer pour compléter leur mission. Encore là, quand des imprévus survenaient en cours de route, les caractères dominants se distinguaient. Un gars comme Brooks Orpik pouvait s'avancer et dire :

— OK, les gars. Je pense qu'on devrait procéder de telle manière.

Il était environ 1 h du matin quand l'opération Arctic Strike a pris fin. Nous avions froid. Nous étions crottés et nous sentions le vomi. Nos vêtements étaient bons pour la poubelle. Et surtout, nous étions vidés de toute notre énergie et courbaturés. Plus personne ne s'amusait. Nous en avions plein le cul.

Quand nous avons rejoint notre autobus à la toute fin, on nous a donné les pointages cumulés par chacun des sous-groupes. Ceux qui ont terminé au dernier rang ont malheureusement eu droit à une épreuve supplémentaire : ils ont dû tirer notre autobus sur une distance équivalant à trois terrains de football.

Nous devions disputer un match préparatoire deux jours plus tard. Je ne pouvais même pas m'imaginer comment les joueurs allaient avoir le temps de récupérer suffisamment pour être en mesure de jouer.

◉

Lors de notre dernier jour à West Point, les joueurs ont finalement eu droit à leur partie de *paintball*. Et cette dernière épreuve a certainement eu pour effet de cimenter, dans chacun de nos esprits, l'immense respect que nous éprouvions déjà envers JD, qui nous avait chaperonnés depuis notre arrivée sur la base.

Notre séjour avait été marqué par quelques séances d'information durant lesquelles JD nous plaçait dans des contextes de missions tactiques, et nous faisions des *debriefings* qui nous faisaient réaliser à quel point le métier de soldat peut être dur et exigeant.

Ces séances se terminaient par des discussions ouvertes au cours desquelles JD répondait franchement à toutes les questions imaginables. Il nous racontait son cheminement en détail, il remettait les choses en contexte et décrivait ce qu'il avait vécu. Nous étions tous pendus à ses lèvres.

— Je ne suis pas différent de vous. Je suis un gars qui voulait devenir militaire, un peu comme vous qui rêviez d'accéder à la LNH. Je suis entré dans l'armée en espérant devenir membre de l'élite des *rangers*. Et s'il fallait aller à la guerre pour y parvenir, si c'était ce que ça prenait, alors ainsi soit-il, avait-il raconté.

Pour les joueurs et les membres de l'équipe qui (comme moi) n'étaient pas Américains, il s'agissait déjà d'une expérience très particulière. Mais auprès des Américains, le discours et le parcours de JD touchaient de toute évidence une corde très sensible, une fibre patriotique.

Brooks Orpik, qui était loin d'être un émotif, était intervenu à un certain moment. Sa voix était chevrotante. Il était clairement ému.

— En tant qu'Américain, je voudrais vous remercier pour ce que vous faites pour nous, a tenu à souligner « Brooksie ».

À elle seule, cette scène illustrait parfaitement à quel point l'appareil militaire est valorisé chez nos voisins du sud, comparativement à la perception que nous en avons au Canada.

◎

En une autre occasion, l'une des séances d'information auxquelles nous assistions a pris une tournure tout à fait inattendue.

J'étais assis en compagnie d'André Roy, qui est sans contredit le type le plus drôle qu'il m'ait été donné de rencontrer.

Cette journée-là, les entraîneurs des Penguins avaient organisé une séance de visionnement qui concernait l'aspect tactique de notre système de jeu. Quand les entraîneurs ont complété leur analyse, des gars de l'armée nous ont présenté une vidéo qui constituait un compte rendu de certaines missions qu'ils avaient complétées en Afghanistan. Le document était très bien fait. Les soldats nous ont raconté qu'ils se servaient de cette vidéo comme outil de motivation. La musique était enlevante, on y voyait des missions nocturnes. C'était très rythmé.

Mais soudain, le système d'alarme retentit sur la base.

— Code rouge, des individus sont entrés par effraction sur le territoire de West Point! annonce-t-on dans les haut-parleurs du pavillon au sein duquel nous étions rassemblés.

Je regarde André Roy et nous sourions de toutes nos dents.

— C'est impossible. On se trouve à l'endroit le plus sécuritaire sur la planète.

Ça reste comme ça. Le film se termine et l'officier qui nous le présentait éteint le lecteur vidéo et continue à discuter avec nous.

Puis tout d'un coup: BANG! BA-DANG! Des pseudo-terroristes font irruption dans la salle. Ils crient en arabe et prennent en otage les officiers qui faisaient la présentation.

André Roy regarde la scène et il rigole. Nous sommes un peu stupéfaits par ce qui se déroule devant nous, mais nous savons que nous ne sommes pas en danger. Nous avons l'impression qu'il s'agit d'une sorte de pièce de théâtre.

Il y a six terroristes dans la pièce. Leur leader s'empare d'un émetteur radio (un bon vieux CB) et il commence à faire des revendications.

Puis, à un certain moment, le tonnerre s'abat sur nous : BA-BOOM ! BA-BOOM ! Le bruit est assourdissant. Les portes explosent, littéralement.

« Tabarouette, qu'est-ce que c'est que ça ? », que je me dis.

En entendant cette détonation de fin du monde, Roy plonge directement dans les chaises qui se trouvent près de nous, puis il se garroche par terre.

Nous étions convaincus que l'édifice était en train de sauter.

Après ces incroyables détonations, nous entendons de nombreux coups de feu. Ça fait « tic, tic, tic » à répétition. Puis environ cinq secondes plus tard, nous entendons : « *CLEAR ! CLEAR ! CLEAR !* »

Trois *rangers* ont forcé leur entrée dans la pièce et ils viennent d'« éliminer » les terroristes avec des balles de peinture. Ils alignent les six terroristes les uns à côté des autres et chacun d'entre eux a été atteint par trois balles : une à la tête, et deux autres de chaque côté du cœur. Aucune balle n'a atteint un mur de la pièce et aucun otage n'a été touché.

Nous sommes tous bouche bée. Ahuris.

Après un instant, Sidney Crosby résume la scène à laquelle nous venons d'assister :

— Je pense que je sais quoi faire avec une rondelle. Mais eux, ils savent quoi faire avec un *gun* !

Et nous éclatons tous de rire.

La partie de *paintball* que nous avons disputée avant de quitter West Point était spéciale en ce sens qu'elle opposait JD à toute l'équipe des Penguins.

— Il y a une forteresse là-bas. Allez vous y installer et je me battrai seul contre vous tous, avait décrété JD.

Nous nous sommes tous regardés en nous disant que notre hôte avait l'avantage de connaître l'intérieur de la maison où nous allions nous réfugier. Mais nous avions tout de même l'impression d'avoir une bonne chance de l'emporter.

Nous sommes donc allés nous barricader dans ladite forteresse. Puis un à un, nos hommes ont commencé à se faire tuer. Nous recevions des balles et nous sursautions.

— Hein! Kessé ça? Il est où?

Vingt minutes plus tard, nous étions tous «morts». C'était complètement surréaliste.

Plus tard, sans doute pour nous remonter le moral, JD nous a montré des photographies de Camp Smith. Cet endroit est un immense territoire d'entraînement pour les élèves-officiers de West Point. C'est aussi à cet endroit que le président des États-Unis atterrit lorsqu'il visite l'Académie de West Point.

JD nous a ensuite expliqué qu'environ 90 officiers graduent à West Point chaque année et que la dernière épreuve que les cadets traversent ressemble beaucoup à celle nous venions de vivre.

— Le territoire de Camp Smith couvre environ 1 900 acres. Nous demandons à tous les finissants de se déployer sur le terrain et je les affronte seul. Nous déclenchons une sirène et, à partir de ce moment, le combat commence. Je suis de retour à West Point depuis quatre ans et je ne me suis jamais fait "tuer" par un de nos finissants. Et je n'ai jamais laissé un seul survivant, a-t-il raconté

Jean-Philippe Darche

En mai 2014, quelques semaines après la parution de ce livre, Jean-Philippe Darche complétera officiellement son doctorat en médecine. Il aura alors 39 ans.

En 1998, le docteur Darche avait deux années de médecine de faites lorsqu'il a disputé son dernier match de football universitaire dans l'uniforme des Redmen de McGill. Son plan de carrière était alors clairement établi. Mais le football s'est soudainement mis à brouiller les cartes.

« Vers la fin de ma dernière année chez les Redmen, notre entraîneur Charlie Baillie m'a annoncé que plusieurs équipes de la Ligue canadienne de football étaient impressionnées par la façon dont j'effectuais les longues remises dans les situations de bottés. Je me suis alors dit que ça pouvait être une bonne manière de m'aider à accéder à la LCF, et j'ai commencé à travailler un petit peu là-dessus », raconte-t-il.

Le printemps suivant, en 1999, Darche s'est fait repêcher par les Argonauts de Toronto, avec lesquels il a disputé une seule campagne.

« Après cette première saison, j'étais certain que ma carrière de footballeur était terminée. J'avais pris une année sabbatique à l'université et il fallait que je complète mes études. En plus, je m'étais cassé une jambe lors du dernier match de la saison et j'avais subi une commotion cérébrale un peu plus tôt durant le calendrier. Alors, je m'étais dit : *"That's it."* »

Il n'a cependant jamais eu la chance de prendre sa retraite. Un autre appel, qui provenait cette fois des Seahawks de Seattle de la NFL, est venu ébranler son désir de raccrocher ses épaulières. Les Seahawks étaient aux prises avec la limite du plafond salarial et ils cherchaient une recrue à qui ils allaient pouvoir verser le salaire minimum durant la saison suivante.

« En compagnie de sept ou huit gars, j'ai été invité à Seattle pour "snapper" le ballon pendant une demi-heure. Puis quand je suis revenu chez moi, j'ai reçu un appel m'annonçant que les Seahawks voulaient m'accorder un contrat », relate-t-il.

Les contrats de la NFL ne sont toutefois pas garantis. Jean-Philippe Darche avait-il une chance réelle de percer l'alignement et de se retrouver dans la NFL ? Il n'en avait aucune idée. Mais juste pour participer au camp d'entraînement, il lui fallait renoncer à une autre année d'études. Ne sachant trop que faire, il est allé demander conseil aux médecins qu'il considérait comme ses mentors à McGill.

« Ça peut sembler anodin comme dilemme aujourd'hui. Mais à l'époque, c'était une très grosse décision à prendre. Les médecins m'ont toutefois conseillé de prendre le risque et de participer au camp des Seahawks. Ils m'ont dit : "Tu as toute la vie devant toi pour terminer ta médecine. Si tu participes à ce camp, tu n'auras pas de regret dans dix ans et tu ne te demanderas pas ce qui se serait produit si tu avais tenté ta chance." »

Jean-Philippe Darche a donc suivi le sage conseil de ses professeurs.

« Nous étions deux à nous battre pour obtenir le poste de spécialiste des longues remises et c'est moi qui l'ai obtenu. À partir de là, je suis parvenu à jouer dans la NFL pendant neuf ans. C'est neuf années de plus que ce que je pensais faire à mes débuts », avoue-t-il, amusé.

Ce n'est pas trop mal pour un garçon ayant grandi à Saint-Laurent et qui ne connaissait absolument rien au football, en secondaire 3, quand il s'est joint au rigoureux programme du collège Notre-Dame.

Dans le cadre de sa participation à cet ouvrage, Jean-Philippe a choisi de raconter son premier face-à-face avec le légendaire Reggie White. Cette confrontation mémorable est en quelque sorte devenue son moment de « bienvenue dans la NFL ».

Sa seconde histoire nous transporte dans le vestiaire des Seahawks quelques minutes avant le Super Bowl de 2006, au moment où plus d'un milliard d'amateurs de sport s'installent devant leur téléviseur et que le mot « pression » prend toute sa signification. Et il conclut en révélant à quoi les joueurs des Seahawks consacraient tout leur temps libre au début des années 2000, durant les longs et exténuants camps d'entraînement de l'équipe.

« Tu vas te faire blesser... »

Nous sommes le 8 octobre 2000. C'est un dimanche après-midi plutôt frais – il doit faire à peu près 10 degrés sur le terrain – et nous sommes à Charlotte, où nous nous préparons à affronter les Panthers de la Caroline.

Je suis encore nouveau chez les Seahawks. J'en suis seulement à mon sixième match dans la NFL. De l'autre côté du terrain, il y a Reggie White qui est en train de s'échauffer. Et j'ai presque envie de me pincer.

Je regardais jouer Reggie White quand j'étais jeune. Ce gars-là est la légende de toutes les légendes ! C'est un vrai géant, un ailier défensif qui fait 6 pieds 5 pouces et qui pèse près de 300 livres.

White a passé les huit premières saisons de sa carrière dans l'uniforme des Eagles de Philadelphie et les six suivantes chez les Packers de Green Bay. À 38 ans, il a quitté la NFL pendant une saison complète. Mais le voilà de retour dans l'uniforme des Panthers.

Au propre comme au figuré, Reggie White est un monument. Il a été élu huit fois au sein de la première équipe d'étoiles de la NFL. Il a été élu au sein de la première équipe d'étoiles des années 1980 *et* de la première équipe d'étoiles des années 1990. Il a été proclamé le joueur défensif de l'année à deux reprises... à 11 ans d'intervalle ! Et hormis sa saison recrue, il a pris part au Pro Bowl chaque année.

Je l'observe et je suis impressionné. Je sais très bien qu'il sera probablement devant moi dès que nous nous retrouverons en position d'effectuer un placement ou de convertir un touché.

Le match commence. Il ne se déroule pas très bien.

Le quart-arrière des Panthers, Steve Beuerlein, complète des passes de touché dans chacun des deux premiers quarts. Puis leur botteur

Joe Nedney enchaîne avec des placements de 44 et 42 verges. Quand nous retraitons au vestiaire à la demie, c'est 20 à 0 pour la Caroline.

Avec quatre minutes à disputer au troisième quart, Nedney remet ça avec un autre placement : 23-0 Caroline.

Après ce placement, notre unité offensive entreprend une séquence de huit jeux qui nous mène jusqu'à la ligne de 24 des Panthers. Et à cet endroit, nous nous retrouvons dans une situation de troisième essai avec 15 verges à franchir. La passe que tente notre quart, Brock Huard, est cependant jugée incomplète.

Notre unité spéciale des bottés de placement est donc dépêchée sur le terrain. Mais nous ne pouvons pas procéder immédiatement parce que les officiels visionnent la reprise du jeu précédent. Il y a un doute à savoir si la dernière passe de Huard était vraiment incomplète.

Alors nous sommes tous là, plantés devant le ballon, et ça fait trois ou quatre minutes que nous attendons le verdict. La passe a-t-elle été captée ou pas ? Allons-nous tenter ce placement ou non ?

Pendant ce délai, l'intensité du moment se dissipe et je deviens nerveux. Je suis nouveau dans cette ligue, et tout ce qui m'entoure m'éblouit encore un peu. À ce moment, je jette un coup d'œil autour de moi. Et juste devant, à quelques pas, il y a Reggie White ! "The Minister of Defense" est là, en personne !

Il est encore plus gros que je l'avais cru en l'observant de loin avant la rencontre. Ça n'a aucun sens à quel point il est gigantesque ! Ses mains sont disproportionnées. En même temps, ses épaulières et son casque ont l'air beaucoup trop petits pour lui.

Je savoure le moment. Je le regarde du coin de l'œil et j'ai peine à croire qu'il soit vraiment là.

Lui aussi semble avoir remarqué ma présence. Mais j'ignore si j'ai attiré son attention parce que je suis une recrue ou parce que je suis – de loin – le plus petit joueur de notre ligne. Je fais 6 pieds 1 pouce et 245 livres alors que tous mes compagnons de ligne sont presque aussi imposants que White. À côté d'eux, j'ai l'air d'un courtaud.

Alors je sais que White me regarde. Et quand il donne un coup de coude à l'un de ses coéquipiers en lui murmurant quelque chose, je comprends que je suis sur le point de me faire niaiser. Et je me dis : « Ah *shit* ! Ça me tente pas. »

White me regarde encore. Puis, avec sa voix caverneuse, il se met à crier mon numéro :

— *Fifty-two ! Fifty-two !*

Je fais comme si je ne l'entendais pas. Mais il ne se décourage pas. Et il persiste, en criant encore plus fort :

— *FIFTY-TWO ! FIFTY-TWO !*

Je finis par lever les yeux pour savoir ce qu'il peut bien me vouloir.

— *Hey ! What are you doing with all the big boys ? You're gonna get hurt !* (Que fais-tu avec les gros garçons ? Tu vas te faire faire mal !)

Intérieurement, je suis un peu embarrassé par cette situation. Mais j'essaie de ne rien laisser paraître. Reggie White redonne alors un coup de coude à son acolyte. Ils ont visiblement beaucoup de plaisir. Et White se met à en beurrer encore plus épais.

— *You're gonna get hurt ! The big boys are commin' !* (Tu vas te faire blesser ! Les gros garçons s'en viennent !)

Je l'écoute et je n'en reviens pas. Je suis en train de me faire « trash-talker » par Reggie White !

Nous ne savons toujours pas si nous allons botter ou pas. Les officiels n'ont pas complété leur révision. Mon niveau d'énervement grimpe en flèche. Je suis nerveux comme je ne l'ai jamais été.

Environ une minute plus tard, nous apprenons que nous pouvons tenter le botté de placement.

Je m'installe, le ballon entre les mains. Les Panthers sont alignés devant nous et le joueur qui m'est assigné est… Reggie White.

À cette époque, il n'y a pas de règle empêchant l'équipe défensive de positionner un joueur directement en face du centre. Cette règle a été instituée plus tard parce que les centres étaient incroyablement vulnérables lorsqu'ils étaient penchés, la tête entre les jambes, pour effectuer leurs remises. Ils étaient pour ainsi dire sans défense.

Les entraîneurs des Panthers essaient donc de tirer avantage de cette situation. Ils placent leur plus gros joueur devant moi et lui donnent le mandat de me pousser et de lever les mains pour essayer de bloquer le botté.

Je suis en position, prêt à « snapper » le ballon. Et tout près, j'entends encore la voix de Reggie White, qui ne me lâche pas :

— *I will knock you down, fifty-two! I will knock you back!* (Je vais te renverser, cinquante-deux! Je vais t'aplatir!)

Habituellement, ces choses-là n'arrivent tout simplement pas. En neuf ans de carrière dans la NFL, c'est peut-être arrivé cinq fois que quelqu'un se soit adressé à moi alors que je me préparais à faire une remise.

Pour éviter de me faire tuer par Reggie White, j'ai rapidement échafaudé un plan: immédiatement après la remise du ballon, je vais me lancer vers l'avant et je vais plonger dans ses chevilles. Ainsi, il ne pourra pas me malmener.

Le grand moment est venu. Je suis hyper nerveux.

Je remets le ballon vers l'arrière et je plonge spontanément vers l'avant comme je l'avais prévu. Mais au lieu d'atteindre les chevilles de White, je touche le vide. Je me retourne pour comprendre ce qui vient de se produire, et je me rends compte que White a simplement fait une feinte et qu'il s'est faufilé à mes côtés. Il ne m'a pas touché. Il ne s'est rien passé.

Je me relève, et Reggie White repasse devant moi. Il me sert un clin d'œil et il repart.

Je viens de vivre mon moment de bienvenue dans la NFL. J'ai eu la chienne, il n'y a pas de doute. Mais j'ai quand même effectué une bonne remise et nous avons réussi notre placement!

Je n'ai plus jamais eu la chance d'affronter Reggie White par la suite, car il a pris sa retraite au terme de cette saison de l'année 2000.

The Minister of Defense est malheureusement décédé seulement quatre ans après cette rencontre, à la suite de complications qui ont été attribuées à l'apnée du sommeil.

Quelques minutes avant le Super Bowl

Mes neuf saisons dans la NFL m'ont donné l'impression d'avoir filé très rapidement, mais je pense tout de même être parvenu à les savourer. J'aurais peut-être préféré prendre plus de temps pour apprécier ce que je vivais pendant mes deux ou trois premières saisons, et ça semble facile à dire aujourd'hui. Le fait est que le contexte ne s'y prêtait pas tellement.

Les contrats de la NFL n'étant pas garantis, comme je l'ai dit plus tôt, un seul mauvais match peut signifier un congédiement. Alors naturellement, lorsqu'on est nouveau dans cette ligue, on est porté à être sur ses gardes et on se sent moins à l'aise. Et cela a sans doute contribué au fait que j'aie moins pris le temps de m'attarder à tout ce qui m'entourait lors de mes premières années dans ce nouvel environnement.

Quand j'ai fait mes premiers pas dans cette ligue, ma nervosité n'était pas reliée à la peur d'échouer. J'étais simplement impressionné de me retrouver dans cet univers. Toutefois, j'ai assez vite réalisé que la NFL paraît bien plus grosse de l'extérieur que lorsqu'on la vit de l'intérieur.

Quand le jeu commence, on cesse rapidement de s'attarder à l'identité et au statut des supervedettes qui nous entourent. On se met à jouer au football exactement de la même manière qu'on le faisait à l'école secondaire ou quand nous étions enfants. Ça rend les joueurs qui nous entourent plus humains. Et on finit par se rendre compte qu'ils ne sont pas différents des autres, sauf qu'ils sont simplement d'excellents athlètes.

Dans n'importe quel milieu où l'on fait carrière, et aussi dans n'importe quel sport, l'expérience nous rend plus compétents et plus à l'aise, et ça nous permet certainement d'apprécier davantage ce que l'on fait.

Le 5 février 2006, au beau milieu de ma carrière, j'étais parvenu à atteindre cette zone de confort. Mais je l'ai vue disparaître subitement dans les minutes précédant le Super Bowl XL.

Je me revois dans un vestiaire du Ford Stadium de Detroit. Nous sommes en train de revêtir nos uniformes pour le plus grand match de l'année. Le Super Bowl, qui nous opposera aux Steelers de Pittsburgh, sera télédiffusé en 32 langues et sera regardé par plus d'un milliard de personnes à travers le monde.

Je suis vraiment content d'être là. Les Seahawks de Seattle viennent de connaître la meilleure saison de leur histoire en se forgeant une fiche de 13-3. En 30 années d'existence, c'est aussi la première fois que les Seahawks participent au Super Bowl. À Seattle, notre équipe est portée aux nues et tout le monde espère nous voir remporter le titre.

Dès que notre participation au Super Bowl a été confirmée (par une victoire de 34-14 sur les Panthers de la Caroline en finale de la Conférence nationale), je me suis promis de prendre le temps d'apprécier chaque moment de cette expérience unique. Et jusqu'à présent, je suis parvenu à le faire, même si j'ai été estomaqué par l'ampleur de la couverture médiatique au cours de la semaine précédant le match. Il est impossible de réaliser à quel point le Super Bowl est gros tant qu'on n'y participe pas. C'est franchement impressionnant.

Je suis assis à ma place, donc, et je constate que notre vestiaire est un peu plus silencieux que d'habitude. Et tout ce que je ressens, c'est l'intensité du moment et la nervosité qui semble discrètement ronger tous ceux qui m'entourent.

Les gens seraient surpris de constater à quel point un vestiaire de la NFL est tranquille avant un match de saison régulière. Dans les films, on voit souvent des joueurs et des entraîneurs crier, mais la réalité est bien différente. Tout le monde pense à ses responsabilités. Chaque joueur réfléchit à ce qu'il devra accomplir sur le terrain. Et tous ressentent une certaine tension.

Peu importe à quel point on est bon ou à quel point on est établi dans cette ligue, on ressent de l'anxiété avant de fouler le terrain. Même ceux qui seront admis au Panthéon du football doivent offrir leur meilleure performance pour battre le joueur qui se trouvera devant eux. Il n'y a jamais de répit.

Ce qui me frappe, donc, avant ce match du Super Bowl, c'est que les joueurs qui camouflaient bien leur énervement avant les matchs de la saison régulière ou durant les séries éliminatoires ont l'air inquiet. Même nos joueurs les plus confiants, nos vétérans comme nos supervedettes, semblent plongés dans l'incertitude.

Je ne les ai jamais vus dans cet état.

Et tout d'un coup, la panique s'empare de moi. Je me dis : « Je ne suis pas capable de faire face à ça ! Je vais faire dans mes culottes. Je ne peux pas croire que je m'en vais jouer au Super Bowl ! »

Pendant trente secondes, je n'ai plus de repères. Je me demande si je serai à la hauteur. Je me demande si nous serons à la hauteur. Je ne sais plus.

Puis, peu à peu, la raison et les vieux réflexes reprennent le dessus. « Voyons, calme-toi. Tu le sais, ce match-là ne sera pas différent des autres. »

◉

Nous finissons par quitter le tunnel et le match commence. Et à ma grande surprise, le Super Bowl est encore moins stressant que n'importe quel match de saison régulière.

Nous sommes les Seahawks de Seattle et nous affrontons les Steelers de Pittsburgh dans un stade de Detroit. La foule ne manifeste ni pour une équipe ni pour l'autre. Elle est beaucoup moins bruyante qu'à l'accoutumée.

Les gradins sont remplis de commanditaires et d'amateurs de football qui viennent d'un peu partout. Et il n'y a pas d'annonceur-maison pour les haranguer et les inciter à faire du bruit.

De tous les matchs que j'ai disputés au cours de ma carrière, le Super Bowl XL a de loin été le moins bruyant. Un joueur qui avait participé au Super Bowl au cours des années précédentes m'avait déjà raconté exactement la même chose. Je ne l'avais pas cru, mais il avait totalement raison.

Pour ceux qui ne s'en souviennent pas, nous avons perdu le Super Bowl XL au compte de 21-10. J'aurais vraiment aimé remporter ce match. Mais au moins, j'ai tenu la promesse que je m'étais faite : j'en ai savouré chaque instant.

Figés en 1995

Au début des années 2000, le camp d'entraînement des Seahawks se déroulait à l'Université Eastern Washington, qui est située dans la petite ville de Cheney, à environ quatre heures de route de Seattle. Toute l'équipe vivait sur le campus, et chaque joueur avait sa chambre dans l'une des résidences étudiantes de l'université.

Le camp durait de longues semaines au cours desquelles nous participions quotidiennement à plusieurs séances d'entraînement. C'était très exigeant et, en même temps, la routine finissait par rendre les choses assez monotones. Alors il nous fallait bien trouver quelque chose pour nous détendre et avoir un peu de plaisir.

Et pour nous divertir, aussi incroyable que cela puisse sembler (pour des joueurs de la NFL), nous passions notre temps à disputer des matchs de hockey électronique.

Le quart Matt Hasselbeck, qui s'est joint à notre équipe en 2001, est rapidement devenu l'un de mes bons amis au sein de l'équipe. Et Matt traînait toujours sa bonne vieille console SEGA Genesis, qui était en quelque sorte l'ancêtre des consoles PlayStation et Xbox. Et sur cette console, notre jeu fétiche était le *NHL '95*.

C'était curieux parce que les gars des Seahawks ne connaissaient rien au hockey. Hasselbeck était un peu accoutumé à ce sport parce qu'il avait grandi à Boston. Mais ceux qui provenaient du sud des États-Unis étaient pour la plupart incapables de nommer deux joueurs de la LNH, un peu comme si on demandait aux partisans du Canadien d'identifier des pilotes de la série NASCAR.

Entre 2002 et 2005, plus personne ne jouait sur une console SEGA Genesis. Tout le monde avait bifurqué vers les consoles plus modernes. Mais chez les Seahawks, nous étions figés dans le temps et nous persistions à user notre vieux jeu de hockey jusqu'à la corde.

Cette obstination à jouer à *NHL '95* avait ses avantages parce que les joueurs qui ne connaissaient rien au hockey et qui ne suivaient pas les activités de la LNH finissaient par savoir par cœur qui étaient les meilleurs joueurs de la saison 1995.

Par exemple, pour avoir du succès à ce jeu, il fallait choisir des joueurs comme Pavel Bure (Canucks de Vancouver), ou encore Mats Sundin et Peter Forsberg, des Nordiques de Québec. Brett Hull (Blues de Saint Louis) était aussi une valeur sûre. Si on lui refilait la rondelle, c'était en quelque sorte un but garanti. Il effectuait un tir sur réception qui aboutissait presque invariablement dans la partie supérieure du filet.

Pour moi, c'était aussi fascinant de jouer que de voir à quel point mes coéquipiers assimilaient ces subtilités alors qu'ils ne connaissaient rien à ce sport.

◉

Les parents de nombreux *gamers* auront peut-être une impression de déjà-vu en lisant la suite de cette histoire : de fil en aiguille, d'années en années, *NHL '95* est devenu une véritable obsession au sein de notre petit groupe d'adeptes.

Au départ, nous passions toutes nos soirées à nous affronter dans ces matchs de hockey virtuels. Aussitôt que nos réunions d'équipe prenaient fin, nous nous précipitions à la chambre de Matt Hasselbeck pour jouer. Mais je me suis vraiment rendu compte que nous avions la piqûre quand nous avons commencé à consacrer toutes nos pauses à ces compétitions.

Entre nos deux séances d'entraînement de la journée, nous avions trois heures de repos. Et parce que nous étions crevés, nous avions l'habitude de rentrer chacun à nos chambres pour dormir. Mais nos matchs de *NHL '95* étaient devenus tellement compétitifs et intenses que nous ne dormions plus. Dès que nous avions un peu de temps devant nous, ne serait-ce qu'une heure, nous nous précipitions à la chambre de Hasselbeck.

En bout de ligne, c'était devenu tellement intense, notre affaire, que nous commencions presque à nous chicaner. C'est ce qui arrive souvent quand plusieurs gars passent trop de temps ensemble dans un environnement compétitif et qu'ils sont obnubilés par la victoire.

◉

Outre Hasselbeck et moi, notre groupe de hockeyeurs virtuels réguliers était composé de Trent Dilfer (le deuxième quart-arrière de l'équipe), de Chris Gray (un joueur de ligne offensive) et de Isiah Kacyvenski, un secondeur qui était aussi l'un de mes très bons amis.

Trent Dilfer avait grandi en Californie et il ne connaissait absolument rien au hockey. Mais au sein de notre groupe, il était LE joueur à battre. Il était à peu près impossible de le vaincre. Son règne a d'ailleurs duré près de trois ans.

Puis à un certain moment, vers la fin du camp, j'ai fini par prendre le dessus et j'ai commencé à le battre régulièrement. Fier comme un paon, je passais mon temps à le narguer. Je lui rappelais constamment qu'il ne dominait plus. Je ne le lâchais pas d'une semelle.

À un certain moment, alors que je persistais à le « picosser » durant un match de *NHL' 95*, Dilfer s'est levé tout d'un coup et il a quitté la chambre de Hasselbeck. Il est toutefois venu nous rejoindre un peu plus tard au cours de la soirée et il avait vraiment l'air de bonne humeur. Je me suis alors dit qu'il avait probablement passé l'éponge sur l'épisode précédent.

Nous nous sommes quittés à la fin de la soirée et chacun est rentré à sa chambre. Nous nous couchions habituellement vers 23 h et nous nous levions vers 7 h, ce qui nous permettait d'aller prendre le petit déjeuner et de nous préparer avant la première séance d'entraînement de la journée.

Je règle donc mon réveil pour 7 h et j'éteins la lumière.

Vers minuit : BIP ! BIP ! BIP ! Je me réveille en maugréant et en me demandant si mon réveil n'est pas défectueux. Mais ce n'est pas le mien qui sonne. Je me lève donc pour identifier l'origine du bruit, et je trouve un second réveil dans le placard. Je l'éteins et je retourne me coucher en me disant que Trent Dilfer m'a joué un sapré bon tour.

Une heure plus tard : BIP ! BIP ! BIP !

Je bondis et je me précipite vers le placard pour fermer le réveil que j'avais trouvé à minuit, mais ce n'est pas lui qui sonne ! Je suis fatigué, je veux dormir. À tâtons dans l'obscurité, je finis par dénicher un autre réveil-matin sous mon lit. Je l'éteins et je retourne sous les couvertures pour tenter de retrouver le sommeil.

Au cours de cette fameuse nuit, j'ai découvert que Dilfer avait acheté pas moins de sept réveils. Il les avait tous réglés à une heure d'intervalle et il les avait éparpillés à toutes sortes d'endroits dans ma chambre. À chaque fois, l'effet était à peu près le même : j'étais désorienté et j'avais de la difficulté à repérer l'origine de cette agaçante sonnerie.

J'ai passé la pire nuit de ma vie! À 6 h, le dernier réveil était dissimulé entre mes deux matelas. Il m'a fallu de très longues minutes avant de mettre le grappin dessus…

Quand Trent est arrivé au petit déjeuner ce matin-là, il n'était pas peu fier de son coup. Il avait le sourire fendu jusqu'aux oreilles. Pour ma part, j'étais crevé. Et nous avions deux entraînements particulièrement rigoureux à l'horaire.

Cette histoire de réveil-matin n'est qu'un des exemples de tours que nous nous sommes échangés durant les années que nous avons passées ensemble chez les Seahawks.

Par exemple, au terme d'une réunion d'équipe, j'avais défait le siège de la bicyclette d'Isiah Kacyvenski, je l'avais enfoui dans mon sac et j'avais quitté les lieux comme si de rien n'était.

Le campus de l'Université Eastern Washington est vaste. Et nos réunions se déroulaient toujours dans un pavillon qui était très éloigné des résidences étudiantes. Pour franchir cette longue distance, nous utilisions donc des bicyclettes de location.

Quand Kacyvenski avait quitté la réunion, son vélo était inutilisable. Il en avait donc été quitte pour une bonne marche. Et il n'avait pas trop apprécié cette touche d'humour.

Le lendemain, quand j'ai quitté la réunion d'équipe, mon vélo était accroché au sommet d'un arbre…

◉

Le sport nous fait vivre des épreuves et des moments tellement intenses que les liens qui se tissent entre coéquipiers ne disparaissent probablement jamais.

Quand je revois des joueurs que j'ai côtoyés au collège Notre-Dame, à McGill ou dans la NFL, ça me fait toujours chaud au cœur, et je suis toujours sincèrement heureux de leur serrer la main et de prendre de leurs nouvelles. Dès qu'on se retrouve, on dirait que les liens qui nous unissaient réapparaissent instantanément.

Les nombreuses heures que nous avons passées à jouer à *NHL '95* durant les difficiles camps des Seahawks ont probablement approfondi encore plus la camaraderie qui régnait au sein de notre petit groupe d'adeptes de jeux électroniques.

Il y a deux ans, je suis retourné à Seattle avec ma famille. Nous avions simplement envie de revoir cette ville où nous avions passé sept belles années. Et nous avons séjourné chez Matt Hasselbeck, qui nous a accueillis avec la même générosité qu'à l'époque de l'Université Eastern Washington.

Ian Laperrière

Chaque fois qu'il se rend à l'aréna pour voir son fils aîné jouer au hockey, Ian Laperrière a l'impression de voyager à travers le temps.

« Mon plus vieux est un gros bonhomme qui ne patine pas bien mais qui travaille fort et qui aime ses coéquipiers. J'étais pareil comme lui ! », se rappelle-t-il en riant.

L'attaquant montréalais, qui a grandi à Rivière-des-Prairies, n'a jamais dominé dans les rangs atome, pee-wee ou bantam. Les entraîneurs le sélectionnaient toutefois parce qu'il était imposant physiquement, qu'il s'arrachait le cœur à l'ouvrage et qu'il avait une bonne attitude.

« À un certain moment, quand je suis arrivé dans les rangs junior à Drummondville, il s'est produit une sorte de déclic. Notre entraîneur du moment, Jean Hamel, m'a beaucoup aidé et il m'a fait confiance dès le début. J'ai alors commencé à amasser plus de points. Mais le jeu physique est toujours resté une importante composante de mon style. Je n'ai jamais oublié que c'est ce qui allait m'amener le plus loin possible. Et lorsque je suis arrivé dans la LNH, je savais que je n'allais pas marquer 44 buts en une saison comme je l'avais fait chez les juniors. Je me disais constamment qu'il fallait que je fasse des choses que les autres ne voulaient pas faire. »

Son voyage dans la LNH a finalement duré 16 saisons, ce qui constitue un exploit remarquable. Seulement 1,67 % des joueurs de la LNH connaissent des carrières aussi longues.

« Je n'étais pas un gars de party pantoute ! C'était même le contraire. J'étais le gars qui ne sortait jamais dans les bars le soir et qui était extrêmement concentré sur sa carrière. Mais dans le vestiaire, je m'efforçais d'alléger l'atmosphère en étant toujours positif. J'étais comme ça à l'âge de sept ans et je suis toujours resté le même», témoigne-t-il.

« Si on faisait un sondage auprès de mes anciens coéquipiers, ils diraient tous que je n'étais pas "Monsieur Négatif" du tout. Et je pense que c'est une des raisons pour lesquelles mes patrons et mes coéquipiers m'appréciaient. »

Ian a porté les couleurs des Blues de Saint Louis, des Rangers de New York, des Kings de Los Angeles, de l'Avalanche du Colorado et des Flyers de Philadelphie. Sa carrière a pris fin en 2010 dans l'uniforme des Flyers, en grande finale de la coupe Stanley face aux Blackhawks de Chicago.

La grave blessure qui a mis un terme à sa carrière illustre parfaitement quel genre de joueur il était et quel genre d'homme il est. Cette blessure est survenue au premier tour éliminatoire, face aux Devils du New Jersey, lorsqu'il a reçu un tir frappé de Paul Martin en plein visage alors qu'il tentait d'empêcher la rondelle d'atteindre le filet.

Après avoir raccroché ses patins, Ian Laperrière a rapidement été promu à titre de directeur du développement des jeunes espoirs des Flyers. Il occupe maintenant le poste d'entraîneur adjoint de cette équipe. Athlète accompli, il continue de se surpasser en courant des marathons et des triathlons Ironman.

Pour les besoins de ce livre, Ian a choisi de raconter deux journées dans sa carrière : l'une, la plus dramatique, et l'autre, la plus étrange. Mais auparavant, il rappelle un épisode où son positivisme, sa légendaire bonhomie et l'affection qu'il éprouvait à l'endroit de ses coéquipiers ont été mis à rude épreuve…

« Nostradamus » l'avait prédit…

J'ai passé pas mal de temps dans la LNH et je n'étais certainement pas un joueur parfait. Par contre, je travaillais constamment – cela a été ma marque de commerce pendant 16 ans – et je m'attendais à ce que mes coéquipiers fassent la même chose.

Les erreurs font partie du jeu. Tout le monde en commet et on ne pourra jamais les éliminer totalement. J'étais prêt à me battre pour mes coéquipiers qui commettaient des erreurs et qui revenaient en défense à cent milles à l'heure pour tenter de les réparer. Par contre, je n'ai jamais été capable de tolérer les bévues qui survenaient parce qu'un joueur avait tourné les coins ronds. À mes yeux, la paresse ou le manque d'engagement étaient tout simplement impardonnables.

L'histoire que je raconte se déroule le 7 février 2009, alors que nous rentrons au vestiaire après avoir subi une défaite de 4-1 à Saint Louis.

J'en suis à ma quatrième et dernière campagne dans l'organisation de l'Avalanche du Colorado. Nous venons d'entreprendre le dernier droit de la saison et les choses vont très mal pour notre équipe. En comptant la défaite que viennent de nous infliger les Blues, nous n'avons remporté que 3 de nos 11 derniers matchs. Nous flirtons avec le dernier rang de la Conférence de l'Ouest et le bateau continue de couler.

Nous sommes tous assis dans le vestiaire. Les gars se crient les uns après les autres. C'est le désarroi le plus total, comme c'est souvent le cas au sein des équipes perdantes.

Je regarde la scène et j'en ai plein mon casque. Je me lève :

— Là, les *boys*, c'est gênant la manière dont on joue et la façon dont on se comporte…

Puis soudainement, le propos que j'avais en tête se dissipe. Je regarde mon coéquipier Tyler Arnason et je commence à pomper. Juste à le regarder, je sens mes pulsations cardiaques augmenter !

À 29 ans, Arnason en est alors à sa sixième saison dans la LNH. Son salaire frôle les 2 millions de dollars et, en principe, il est supposé camper un rôle de vétéran au sein de l'équipe. Mais c'est tout le contraire. Il manque de sérieux sur la patinoire et il fait la fête à l'extérieur. Il incarne totalement le type de joueur que je suis incapable de blairer. À mes yeux, il n'est pas un bon coéquipier. Et ça me brûle le sang de voir un gars comme lui occuper une place dans la LNH alors que d'autres gars, qui ont le cœur gros comme la Terre mais peut-être un peu moins de talent, croupissent quelque part dans les ligues mineures.

En plus, Arnason exerce une mauvaise influence auprès des jeunes joueurs de l'Avalanche, qui commencent à entrer dans son sillon. Je me fous totalement qu'Arnason gâche sa carrière. Mais de savoir qu'il fait prendre de mauvais plis à nos jeunes joueurs me touche particulièrement.

Je regarde Arnason, qui se trouvait sur la patinoire pour les trois derniers buts des Blues, et je n'en peux plus.

— *Listen to me!* que je lui crie, devant tout le monde. *Mark my word today! That's your last f... year in the league! You will never play in this f... league ever again!* (Souviens-toi de ce que je vais te dire! C'est ta dernière maudite saison dans la ligue! Tu ne joueras plus jamais dans cette maudite ligue!)

Quand j'ai fini ma tirade, nous avons paqueté nos affaires et nous avons quitté Saint Louis. Certains coéquipiers, comme Wojtek Wolski, étaient froissés par les propos que j'avais tenus à l'endroit d'Arnason. Mais j'étais parfaitement à l'aise avec la situation. Je lui avais dit exactement ce que je pensais de lui.

Durant les deux mois suivants, nous n'avons remporté que 7 de nos 29 derniers matchs. Au final, cela nous a valu le dernier rang de la Conférence de l'Ouest, en vertu d'une mince récolte de 69 points.

Le lendemain du dernier match, l'équipe organise le traditionnel souper de fin de saison, auquel tous les joueurs assistent en compagnie de leur conjointe.

Durant la soirée, Arnason semble avoir un verre dans le nez et il vient à ma rencontre. Devant nos coéquipiers, il joue les durs.

— Là, tu vas arrêter de dire aux jeunes joueurs de l'équipe de ne pas se tenir avec moi, m'ordonne-t-il.

— *Tyler, you're a f... cancer! I don't like you and you don't like me. We'll go at the back of the bar. I'll let you punch me first, and we'll fight!* (Tyler, tu es un maudit cancer! Je ne t'aime pas et tu ne m'aimes pas. Allons là-bas derrière le bar. Je te laisserai me frapper en premier et après ça, on va se battre!)

Arnason était encore en train de me faire «pomper». Les autres joueurs de l'équipe devaient me voir gesticuler parce que plusieurs d'entre eux se sont alors rapidement dirigés vers nous afin de nous séparer.

— Tu veux te battre avec moi! s'est indigné Arnason.

— T'es un cancer pour ces jeunes-là. Arrête! Je te l'ai dit à Saint Louis l'autre jour: *You'll never play in this f... league ever again!*

Quelques minutes après cet incident, Arnason a revêtu son manteau et il est allé terminer la soirée ailleurs.

Je ne l'ai jamais revu par la suite. Parce que comme «Nostradamus» l'avait prédit, il n'a jamais rejoué un seul match dans la LNH après cette saison-là.

Le 11 septembre, premier jour du camp

Nous sommes à Los Angeles, le 11 septembre 2001. C'est le premier jour du camp d'entraînement.

Ma femme est restée à Montréal. Nous avons convenu qu'elle viendrait me rejoindre à L.A. plus tard. Et pour la durée du camp d'entraînement, mon coéquipier Philippe Boucher séjourne chez nous, à Manhattan Beach.

Il est environ 6 h et je suis encore au lit. J'entends toutefois Philippe qui prépare son petit déjeuner dans la cuisine. En arrière-plan, j'entends aussi le téléviseur.

— Hey, Boubou! *Good morning!* que je lui lance.

— Lappy, viens-t'en vite! C'est la fin du monde!

Je ne comprends pas trop de quoi Philippe me parle. Alors je bondis de mon lit pour savoir de quoi il en retourne. Et tout juste comme j'arrive devant la télé, le deuxième avion s'écrase dans la seconde tour du World Trade Center.

Comme tout le monde, nous sommes sous le choc et nous restons scotchés devant le téléviseur. Abasourdis, nous nous résignons un peu plus tard à mettre le cap sur El Secundo, où se trouve le complexe d'entraînement des Kings.

L'horaire de la première journée n'est pas très compliqué: nous devons en premier lieu assister à une réunion durant laquelle les dirigeants de l'équipe vont tracer les grandes orientations du camp et de la saison. Ensuite, ce seront les examens médicaux.

En arrivant dans la salle de réunion, une rumeur commence à circuler à l'effet que deux de nos dépisteurs se trouvaient possiblement à bord d'un des avions qui ont frappé le World Trade Center. Garnett « Ace » Bailey et Mark Davis, selon ce qu'on raconte ce matin-là, étaient censés décoller de Boston pour venir assister au camp à Los Angeles. En fait, toujours selon la rumeur, nous sommes presque certains que « Ace » Bailey se trouvait à bord de ce vol. Davis, pour sa part, était supposé faire le trajet plus tard en après-midi. Mais on craint qu'il n'ait changé son itinéraire pour voyager avec Bailey. Cette information est confirmée quelques minutes plus tard.

Tout le monde est sous le choc.

Notre directeur général, Dave Taylor, se présente finalement dans la salle.

Taylor est sans contredit une bonne personne. C'est un homme que tout le monde apprécie. Toutefois, il n'est absolument pas émotif ni volubile. Né en 1955, il est à l'image de la plupart des DG de sa génération : discret et assez froid. Il communique peu avec les joueurs de son organisation. Et les rares fois où il s'adresse à l'équipe, ses allocutions sont assez courtes, du genre : « Bienvenue au camp, vous allez devoir vous battre pour mériter un poste… et bonne chance ! »

Sa personnalité est ainsi faite. Ses anciens coéquipiers des Kings, qui l'ont côtoyé durant sa longue carrière, disent qu'il était le même lorsqu'il chaussait les patins : un coéquipier effacé et un leader discret.

Notre directeur général se dirige vers le podium situé à l'avant de la salle. Son visage est écarlate. Au point où je me demande s'il est sur le point d'exploser ou de faire une crise cardiaque. Dans la salle, tous s'attendent à ce qu'il nous dresse un portrait exact de la situation. Nous voulons savoir ce qu'il est advenu d'Ace Bailey et de Mark Davis.

Taylor prend place à l'avant de la salle. Désemparé, il est incapable de prononcer un seul mot. Avant d'émettre une seule syllabe, il se met à pleurer comme un enfant, incapable de s'arrêter.

Cette scène restera à jamais gravée dans ma mémoire.

Taylor et Bailey étaient de très proches amis. La douleur de Taylor semble insupportable.

Dans la salle, c'est le silence total. Tout le monde a les larmes aux yeux. Le fait de voir un homme aussi flegmatique que Taylor être aussi démoli nous touche encore plus. Nous sommes impuissants. Sa réaction permet de mesurer concrètement l'ampleur du drame que vivent au même moment les milliers de parents et de proches des victimes des attentats survenus quelques heures plus tôt.

Dave Taylor reste à l'avant pendant une bonne minute, toujours incapable de prononcer un seul mot. Notre entraîneur, Andy Murray, s'avance alors pour prendre le relais.

— Ace et Mark auraient voulu que l'on poursuive notre camp d'entraînement, déclare-t-il, annonçant du même coup que la première journée du camp se poursuivra comme si de rien n'était.

Les attentats viennent à peine de se produire. Nous venons de perdre deux des nôtres. Je suis choqué. Je n'en reviens tout simplement pas que quelqu'un ait pu prendre la décision de poursuivre la journée comme si c'était *business as usual*.

Le camp s'est poursuivi normalement à partir de ce moment jusqu'au début de la saison. À l'occasion de notre match inaugural à domicile, l'organisation des Kings a projeté une vidéo extrêmement touchante qui rendait hommage à Ace Bailey et à Mark Davis. Nous étions tous alignés sur la ligne bleue, et encore une fois, chacun des membres de l'équipe avait beaucoup de difficulté à contenir ses émotions.

Ce fut un très bel hommage.

Toutefois, encore après toutes ces années, j'ai peine à croire que tout le monde n'ait pas été renvoyé à la maison le 11 septembre 2001. Cette première journée du camp d'entrainement de la saison 2001-2002 n'aurait jamais dû avoir lieu.

Pat Brisson

Peu de gens peuvent se vanter d'avoir eu deux grandes passions au cours de leur vie, et d'être en plus parvenus à les marier et à les assouvir. C'est le cas de Pat Brisson, à qui le destin a permis de jumeler son amour du hockey et son sens inné des affaires, et de devenir l'un des agents les plus influents de la LNH.

« Quand j'étais enfant, dès que j'avais cinq minutes de temps libre, je me trouvais un endroit pour tirer des rondelles ou pour manier une balle avec mon bâton de hockey. J'avais toujours un bâton entre les mains. Mais, en même temps, j'essayais tout le temps de vendre quelque chose ou de faire du commerce. À six ou sept ans, je ramassais des pierres et je les peignais en bleu ou en jaune. J'inscrivais ensuite un prix dessus et j'allais cogner aux portes de mon quartier, à Valleyfield, pour les vendre aux gens. J'ai encore des souvenirs très nets de ça ! », se souvient-il en riant.

« Mes deux amours, c'étaient le hockey et le business. Je savais que je n'étais pas fait pour devenir un artiste ou un comptable. Par contre, j'étais certain que j'allais devenir soit un entrepreneur, soit un joueur de hockey. »

Avec son associé JP Barry, Pat Brisson est maintenant aux commandes de la division hockey de Creative Artists Agency, qui est la plus grande et la plus prestigieuse firme de représentation de talents au monde. Parmi leur centaine de clients, on retrouve les meilleurs hockeyeurs de la planète : Sidney Crosby, Jonathan Toews, Evgeni Malkin, John Tavares, Patrick Kane, etc.

Lorsqu'on connaît son passé de hockeyeur dans la LHJMQ, on a tendance à croire que Pat a suivi un parcours très linéaire qui l'a directement mené au métier d'agent. Ce n'est pourtant pas le cas. Après sa carrière de hockeyeur, il a entre autres fait du cinéma à Hollywood, lancé des lignes de vêtements et produit des vidéos sportives. Il s'en est aussi fallu de peu pour qu'il se lance dans la gestion d'artistes de renom, comme Alanis Morissette et Roch Voisine. Il saisissait toutes les opportunités qui s'offraient à lui.

Bref, exactement comme lorsqu'il était enfant, il aimait les affaires en général, et pas une en particulier.

« Mes parents possédaient un salon de coiffure à Valleyfield. C'était un gros salon : ils avaient une quinzaine d'employés et leurs affaires allaient bien. Mais il ne m'est jamais venu à l'idée de reprendre l'entreprise familiale. Rien dans ce métier ne m'attirait. Par contre, quand ma mère me disait qu'elle avait décidé de vendre une nouvelle marque de shampoing et qu'elle m'expliquait comment fonctionnaient ses marges de profit, je tendais immédiatement l'oreille. Ça m'intriguait énormément. Le reste ? Je ne voulais rien savoir de ça ! »

Après une très belle et très respectable carrière dans la LHJMQ, Pat Brisson a participé à deux camps d'entraînement dans l'organisation du Canadien. Il s'est aussi envolé pour la Hollande, où il a disputé une saison professionnelle. Puis, de fil en aiguille, il s'est rendu compte qu'il devait faire une croix sur le grand rêve de sa vie parce qu'il n'avait pas les atouts nécessaires pour se hisser jusqu'au niveau de la LNH.

« J'ai espéré pouvoir réaliser ce rêve jusqu'au début de la vingtaine », confie-t-il.

En avril 1987, après avoir fait ce deuil, il est allé rejoindre ses anciens coéquipiers Luc Robitaille et Steve Duchesne à Los Angeles. Les deux en étaient à leur première saison chez les Kings.

« Luc me présentait à tout le monde et j'avais les oreilles et les yeux bien ouverts. Quand je suis arrivé à Los Angeles, les opportunités surgissaient de partout et j'étais toujours engagé dans une multitude de projets en même temps. Mon but premier n'était cependant pas de devenir un agent et de représenter des athlètes professionnels », avoue-t-il.

Pourtant, en lisant sa première histoire, laquelle raconte son passage chez les Olympiques de Hull sous la férule du légendaire Pat Burns, il est extrêmement difficile de croire que le fabuleux destin de Pat Brisson n'était pas tracé d'avance. Son talent inné pour le négoce lui aurait probablement permis de vendre de la neige aux Inuits !

Pat a aussi accepté de raconter la première négociation tumultueuse à laquelle il a participé à titre d'agent dans la LNH. Et, en boni, il dresse un compte rendu de la négociation la plus rocambolesque qu'il ait menée, alors qu'il représentait son client le plus drôle de tous les temps : un certain Marc Bergevin.

« Tu veux te négocier un contrat ! »

Au printemps 1985, après avoir complété ma troisième saison junior à Drummondville, j'ai décidé de m'inscrire à l'Université d'Ottawa et de continuer à jouer dans les rangs universitaires. Je me disais qu'il était temps de me concentrer davantage sur mes études.

Toutefois, dès que la session d'automne a débuté, je me suis rendu compte qu'il y avait beaucoup d'effervescence du côté québécois de la rivière des Outaouais. Les Olympiques de Hull, qui étaient dirigés par Pat Burns, disputaient tous leurs matchs à guichets fermés. Ils étaient l'équipe la plus en vogue dans la LHJMQ, d'autant plus que leur nouveau propriétaire était Wayne Gretzky, qui s'était même déplacé pour aller encourager ses joueurs. Tout le monde ne parlait que de cette équipe.

Or, les Olympiques avaient le droit d'aligner deux joueurs de 20 ans et ils n'en avaient aucun. J'étais certain de pouvoir les aider. J'avais inscrit 45 buts et 41 passes en 64 matchs la saison précédente et je me suis dit que l'occasion était trop belle. Je suis donc allé frapper à la porte de Pat Burns pour voir s'il souhaitait acquérir mes services. À ce moment, mes droits appartenaient encore aux Voltigeurs de Drummondville, la deuxième meilleure équipe de la ligue.

Je rencontre donc Pat après une séance d'entraînement et il me signifie rapidement qu'il aimerait m'ajouter à son alignement. Il m'explique qu'il va en discuter avec Charlie Henry (le célèbre directeur général de l'équipe) et qu'ils vont ensuite téléphoner à Drummondville pour essayer de conclure une transaction.

Deux jours plus tard, je n'ai toujours aucune nouvelle de Burns. Je retourne donc le voir.

— Les gars de Drummondville ont pas l'air à vouloir t'échanger. Ils demandent beaucoup trop en retour. On va attendre pour voir s'ils vont changer d'idée, m'annonce-t-il.

Sauf que je ne suis pas du genre à attendre. Je saisis donc le téléphone et je demande directement aux dirigeants des Voltigeurs de m'échanger à Hull.

— On a une place pour toi à Drummondville. Reviens jouer avec nous! proposent-ils.

— Écoutez, je veux poursuivre mes études. Je peux pas quitter l'université comme ça! S'il vous plaît, laissez-moi une chance de jouer dans la LHJMQ. Échangez-moi aux Olympiques!

Les dirigeants des Voltigeurs me promettent de faire leur possible pour conclure une transaction. Mais en fait, ils continuent de se montrer trop exigeants auprès des Olympiques, et rien ne bouge. Ça fait maintenant une semaine que j'attends. Pat Burns me voit débarquer dans son bureau tous les jours. Je me suis entêté: c'est à Hull que je veux jouer et nulle part ailleurs.

Les jours filent et la transaction n'est toujours pas conclue. Entre-temps, les Olympiques font l'acquisition d'un autre joueur de 20 ans, Guy Rouleau, qui a inscrit 136 buts et 299 points avec les Chevaliers de Longueuil au cours des deux saisons précédentes. Il reste une seule place pour un joueur de 20 ans, et je veux que ce soit la mienne.

Je décide donc de faire confiance à mon instinct et je téléphone directement au nouveau président de la LHJMQ, Gilles Courteau.

— Monsieur Courteau, je veux poursuivre mes études et vous dites toujours aux jeunes que les dirigeants de la ligue trouvent que c'est important d'étudier. Je fréquente l'université. Il me semble que je suis un bon exemple. Pouvez-vous demander aux Voltigeurs de m'échanger?

Et très peu de temps après, un lundi matin, Pat Burns m'appelle pour m'annoncer une très bonne nouvelle.

— Le *deal* est fait! Viens-t'en à l'aréna, on part à midi. On joue à Laval à soir!

◉

Les Voltigeurs ont finalement accepté de me laisser partir contre un choix de deuxième ronde. Je marche sur un nuage! J'arrive à l'aréna Robert-Guertin à 11 h afin d'avoir suffisamment de temps pour signer mon contrat et toute la paperasse confirmant mon adhésion à l'équipe des Olympiques.

Je revois la scène: je suis assis dans le bureau de Pat Burns et, un par un, je commence à signer les documents que mon nouvel entraîneur me tend. Puis soudainement, je me rends compte qu'une question importante est restée en suspens:

— Attends une minute, Pat. Combien je vais gagner par semaine?

— En tant que joueur de 20 ans, tu vas gagner 165 $, répond-il.

Ce n'est absolument pas le scénario que j'ai en tête.

— Je pourrai jamais arriver avec un salaire comme celui-là! que je lui réponds. Je vis en appartement avec des étudiants pis ça me coûte plus cher que ce que vous voulez me donner. Ça va me prendre pas mal plus d'argent que ça…

Le visage de Pat devient écarlate. Pour la première fois de ma vie, j'assiste à l'une de ses légendaires colères.

— Tabarnac! Ça fait trois semaines que tu viens me téter dans le bureau en me disant que tu veux jouer icitte! Pis là, tu vas commencer à te négocier un contrat? Attends une minute! M'a appeler Charlie pis on va régler ça! s'écrie-t-il.

Je suis enfoncé dans mon fauteuil et je me mets à trembler.

Charlie Henry entre dans la pièce. Et, en me défiant du regard, il se met à m'interroger, lui qui manie la langue française d'une manière encore plus colorée que Burns.

— C'est quoi tu veux? C'est quoi là, toé? Tu veux plus d'argent?

— Écoutez, monsieur Henry, j'ai un appartement à payer et je dois faire mon épicerie. J'ai aussi d'autres dépenses! J'ai besoin de 350 $ par semaine. Je dois payer mes études. Vous et la ligue dites tout le temps que les études sont importantes…

Je fais mon plaidoyer et je tremble toujours. Soudain, Burns m'interrompt en se mettant à cogner sur son bureau.

— J'en reviens pas, tabarnac! Sors de mon bureau, on va se parler, hostie! Sors de mon bureau et donne-moi dix minutes! ordonne-t-il.

Plus il se fâche, et plus je me dis: «Ils vont me sacrer dehors. J'embarquerai pas dans l'autobus.» Je suis dans le corridor et je me demande comment réagir. Qu'est-ce que je fais? Est-ce que je me bats pour obtenir un salaire juste ou est-ce que je signe sans dire un mot?

La porte du bureau finit par se rouvrir. Charlie Henry et Pat Burns me font signe d'entrer.

— Au lieu de 165 $ par semaine, on t'offre 180 $, disent-ils.

Je risque un dernier plaidoyer:

— Écoutez, donnez-moi 300 $ et je vais exercer une bonne influence dans l'équipe, autant sur la glace que pour les études. Faites-moi confiance, je vais faire le travail…

Le coach et le directeur général se regardent en silence. C'est Charlie Henry qui prend la parole:

— OK. J'vas te donner ce que tu demandes. Mais j'espère avoir fait le bon *move* avec toé.

— J'en reviens pas, tabarnac! renchérit Pat Burns. T'as besoin d'être prêt pour la *game* à soir!

Je signe donc mon contrat et nous partons vers Laval.

Le soir venu, après une période, nous tirons de l'arrière par 5 à 0. Burns entre dans le vestiaire et il s'en prend à un des jeunes joueurs de l'équipe. Il lui demande de se lever et de se planter au milieu de la pièce. Et, devant tout le monde, il se met à l'engueuler:

— Tu vas te réveiller, mon hostie!

Je regarde ça et je me dis: «Il est fou! Ça va être *rough*, icitte!»

À cette époque, les entraîneurs de hockey junior ne faisaient vraiment pas dans la dentelle. Mais les colères de Burns surpassaient tout ce à quoi j'avais assisté dans le passé.

Nous perdons finalement le match à Laval. Puis, au cours des deux semaines suivantes, Pat pique encore quelques crises.

Au cours d'un autre match, entre deux périodes, il entre en coup de vent dans le vestiaire. Il n'est vraiment pas content de la manière dont nous jouons. En franchissant la porte, il donne un violent coup de pied dans une grosse boîte de recyclage qui a été installée dans le vestiaire afin de récolter les canettes vides. La boîte est pleine à craquer.

Après avoir frappé sur la boîte, Pat tente d'en retirer son pied, qui est resté pris à l'intérieur. Il est extrêmement orgueilleux et il comprend que la situation tournera au ridicule s'il ne parvient pas rapidement à sortir son pied de cette foutue boîte. Il se met alors à se débattre et les canettes revolent dans tous les sens, mais il est incapable de se libérer. Et plus ses manœuvres échouent, plus il s'agite ! Et plus il s'agite, plus il s'embourbe et plus les canettes virevoltent dans la pièce. Notre bouillant entraîneur finit par glisser et tomber sur le postérieur.

Dans le vestiaire, malgré le comique de la situation, personne ne réagit. Comme tous mes coéquipiers, je me mords les lèvres et je me dis que si un seul d'entre nous part à rire, il va se faire tuer.

C'était un peu abrasif comme environnement, au début. À mes dix premiers matchs avec les Olympiques, ça jouait dur. Toujours durant cette période, Pat me donne un coup de fil quelques heures avant un match :

— Tout ce que tu m'as promis que t'allais faire pour notre équipe, ça marche pas. M'a t'asseoir une *game*. À soir, tu joues pas. Pis t'as besoin de te réveiller parce que t'auras pas grand chance, icitte ! menace-t-il.

Mais le soir venu, le voilà qui vient à ma rencontre. Il a changé d'idée.

— J'vas te donner une chance…

Finalement, je participe au match et, peu de temps après, Pat finit par me faire une place au sein de son premier trio et de sa première unité en avantage numérique.

Toutes les pièces du puzzle tombent alors en place et nous connaissons une véritable saison de rêve. Nous finissons par amasser 108 points (54 victoires et 18 défaites), soit 24 points de plus que nos plus proches poursuivants au classement. Guy Rouleau et Luc Robitaille bouclent tous deux la campagne avec 191 points. Personne ne peut nous battre. En fait, nous sommes tellement dominants que Charlie Henry refuse même de prévoir un boni pour les joueurs de l'équipe après la première ronde des séries éliminatoires.

C'était une coutume dans la LHJMQ de récompenser les joueurs lorsqu'ils remportaient une série. Par exemple, on leur remettait 50 $ si l'équipe franchissait le premier tour éliminatoire. Puis le boni passait à 100 $ en cas de victoire en deuxième ronde, et ainsi de suite.

Mais cette saison-là, quand notre capitaine Rick Hayward le rencontre pour négocier ces arrangements, Charlie Henry lui répond :

— On devrait normalement gagner la première ronde, alors je ne vous donne rien. Je vais commencer à vous donner des bonis seulement à partir de la deuxième.

Nous remportons effectivement notre première série cinq parties à zéro contre les Cataractes de Shawinigan. Nous avons d'ailleurs remporté nos trois séries éliminatoires par cinq parties à zéro. Quinze victoires, aucune défaite ! Cette saison-là, les propriétaires de la LHJMQ avaient décidé d'organiser des séries 5 de 9 afin de maximiser leurs revenus.

En ce qui me concerne, pour maximiser mes propres revenus, je vendais des t-shirts et toutes sortes de vêtements. J'achetais mes stocks chez un manufacturier de Drummondville et je revendais ça aux joueurs, à leurs blondes et aux étudiants. Avant les séances d'entraînement, j'ouvrais le coffre de ma voiture dans le stationnement de l'aréna et plein de gens venaient acheter mes produits. J'avais la bosse des affaires.

Donc, à la suite de notre victoire en première ronde contre les Cataractes, je flaire une nouvelle occasion et je décide d'offrir à Charlie Henry une chance de réparer son impair :

— Écoutez, monsieur Henry. Tsé, les joueurs sont pas trop fiers dans la chambre. Normalement, après la première ronde, il y a un cadeau pour les gars. Mais moi, je peux faire une affaire. Vous savez, les t-shirts et le linge que je vends ? Je vais vous faire un *deal* : donnez-moi 35 $ par joueur, et ils vont tous recevoir un t-shirt et une paire de shorts. Je vous vends ça au prix coûtant, et ce sera pareil comme si vous leur donniez un cadeau de 75 $!

— Laisse-moi penser à ça, répond-il, interloqué.

Puis, un peu plus tard, le directeur général revient me voir.

— T'as un bon idée ! T'as un bon idée, Pat ! lance-t-il dans son charmant franglais. Mais je te donne 25 $ par joueur.

— Voyons, Charlie ! Je peux pas perdre d'argent ! Je fais ça pour les joueurs ! Mon prix coûtant est de 30 $!

— T'es sûr, toé là ?

— Appelle mon gars à Drummondville ! Il va te le dire, c'est quoi mon *cost*. Écoute, je fais ça pour l'équipe ! Tu le sais que je les vends 75 $. Tu vas faire un bon *deal* et les joueurs vont avoir un beau cadeau !

Tout de suite après cet entretien, je téléphone à mon fournisseur de Drummondville. Les vêtements que j'achète là-bas me coûtent moins de 30 $, mais je ne veux surtout pas que Charlie Henry le sache. Il me tuerait !

— Si le boss des Olympiques t'appelle, tu lui diras que je paye 30 $ pour un t-shirt et une paire de *shorts*. Sinon, il va me mettre dehors !

Une chance que j'ai pris cette précaution, parce que Charlie Henry appelle effectivement le fournisseur pour s'enquérir de ses prix. Satisfait par la réponse qu'il obtient, il revient ensuite me voir pour conclure l'affaire :

— On va te prendre 22 ensembles pour les joueurs et on va en prendre 8 de plus pour le personnel de l'équipe. Donne-moi 30 ensembles.

Trente ensembles à 35 $! Je n'en reviens pas ! Notre capitaine annonce à toute l'équipe que j'ai conclu une entente avec la direction pour leur offrir un cadeau. Et immédiatement après le match suivant, je passe au bureau de Charlie Henry, qui me remet 1 050 $ en espèces. J'ai 19 ans et je n'ai jamais eu une telle somme dans mes poches. J'en ai des frissons !

Après cet épisode, Pat Burns me convoque à son bureau.

— C'est un très bon *move* que t'as fait ! C'est très correct d'avoir fait ça pour l'équipe ! me dit-il, en louangeant mon leadership.

En tant qu'entraîneur, Pat n'avait sans doute pas été totalement d'accord, au départ, avec la décision de Charlie Henry de ne pas offrir de boni aux joueurs après la première ronde. Il voulait que ses joueurs soient heureux.

Cet épisode m'a rendu fier. C'était une situation gagnante pour tout le monde! Et plus je concluais des ententes de ce genre, plus je me rendais compte que j'avais des aptitudes pour les affaires. À l'époque, j'étais toutefois loin de me douter jusqu'où cela allait me mener...

« You gotta get respected ! »

Dans la vie, on finit toujours par rencontrer des personnes qui nous marquent, qui nous apprennent quelque chose et qui nous permettent d'avancer. Je me dis souvent que ceux qui ne cherchent pas à bénéficier de l'expérience des autres ne veulent pas vraiment s'améliorer.

À mes premières années à Los Angeles, j'ai eu la chance d'observer comment Wayne Gretzky se comportait et comment son agent, Mike Barnett, interagissait avec son célèbre client. En raison des nombreux projets d'affaires auxquels je participais, j'étais constamment dans l'entourage de Barnett et de Tom Reich. Ce dernier représentait Mario Lemieux ainsi que plusieurs supervedettes du baseball majeur. Sans compter le fait que mon grand ami Luc Robitaille était aussi un athlète de niveau très supérieur. J'apprenais également beaucoup de choses en observant comment il menait sa carrière.

Quand Sidney Crosby s'est associé à moi au début des années 2000, alors qu'il était âgé de 15 ans, j'étais certainement mieux préparé à assumer ces responsabilités en raison de ce que j'avais appris dans le passé en observant Gretzky, Lemieux, Barnett et Reich.

Par contre, j'ai aussi appris beaucoup de choses au contact de Sidney. Il appartenait à une nouvelle génération et la culture sportive avait considérablement changé depuis l'époque de Gretzky et Lemieux. Sid traçait son propre chemin. Il ne suivait pas les traces des autres.

Peu importe le domaine où ils évoluent, en médecine, dans le monde du sport ou celui du spectacle, les surdoués possèdent un don qui les distingue de tous ceux qui les entourent. À 15 ans, ce don était bien visible chez Sidney. Son niveau de maturité et son désir de réussir, entre autres, étaient hors du commun. Et je l'ai aidé à cheminer en puisant dans toutes les expériences que j'avais vécues auprès des autres joueurs qui étaient passés avant lui.

Deux ans après Sidney, Jonathan Toews est arrivé dans la LNH et j'ai appris de nouvelles choses à son contact. Ensuite, c'est John Tavares qui est devenu notre client avant de graduer lui aussi dans la LNH. Ces athlètes d'exception ont des traits de caractère et des qualités tellement uniques qu'ils ont, chacun à leur manière, contribué à enrichir mon bagage d'expériences.

C'est pour cela que je dis souvent aux gens qu'il n'existe aucun agent qui sache tout et qui connaisse les solutions à toutes les situations qui peuvent survenir. Nous ne sommes pas parfaits ! Mais plus les années passent, plus les expériences s'accumulent, et plus nous départageons les solutions qui fonctionnent de celles qui ont peu de chances de réussir. Ainsi, lorsqu'un problème particulier surgit, je suis souvent en mesure d'évaluer les chances de succès de chacune des options qui se présentent, parce que je les ai déjà vécues avec mes clients précédents.

Une des expériences les plus formatrices que j'ai eues s'est produite au début de ma carrière d'agent, dans les années 1990. J'accompagnais alors Tom Reich à Chicago pour entreprendre des pourparlers visant à renouveler le contrat de Chris Chelios avec les Blackhawks.

Tom était avant tout un agent très influent dans le monde du base-ball. Mais, par un concours de circonstances, Tom et son neveu, Steve Reich, étaient devenus les représentants de Mario Lemieux. Comme les Reich n'avaient pas une connaissance intime des rouages et des principaux acteurs du monde du hockey, je m'étais associé à eux et nous avions formé un partenariat appelé Reich, Brisson & Reich Hockey.

Ce partenariat était un échange de bons procédés. Les Reich m'aidaient à approfondir toutes les subtilités du métier de négociateur et d'agent. Pour ma part, mon expertise permettait à notre bureau d'établir rapidement des relations avec les joueurs, lesquels, connaissant mon passé dans le hockey, me faisaient confiance.

Très rapidement, la clientèle de hockeyeurs de notre bureau est ainsi passée d'un seul joueur (Mario Lemieux) à une trentaine. Parmi notre clientèle, on retrouvait des athlètes comme Luc Robitaille, Steve Duchesne, Tom Barrasso, Kevin Stevens, Mathieu Schneider et Chris Chelios, qui était à l'époque l'un des deux ou trois meilleurs défenseurs de la LNH.

◉

Tom Reich et moi nous présentons donc au vieux Chicago Stadium, où sont situés les bureaux des Blackhawks. Nous sommes là pour rencontrer leur directeur général, Bob Pulford.

Nous entrons dans le bureau et je suis quand même un peu impressionné d'approcher Pulford, un personnage que je respecte. Il a joué pendant une quinzaine d'années dans la LNH. Au cours de sa carrière, il a notamment été président de l'Association des joueurs et capitaine de son équipe (à Los Angeles). Il a par la suite connu une longue et fructueuse carrière d'entraîneur, au terme de laquelle il est devenu directeur général. En d'autres mots, voilà un homme de hockey qui a vu neiger !

Pendant cet entretien, Bob Pulford porte de grosses lunettes noires très opaques. Il vient de subir une sérieuse intervention chirurgicale aux yeux et il doit le plus possible éviter la lumière. À un tel point que ses lunettes sont fermées sur les côtés pour s'assurer de ne pas soumettre ses yeux au moindre filet de clarté.

Dès le début de notre conversation, Pulford adopte une position assez ferme :

— Écoutez, dit-il, Chelly ne veut pas quitter Chicago. Il se plaît beaucoup ici. D'ailleurs, il vient de sortir de mon bureau et il m'a dit qu'il est prêt à accepter 3 millions par année.

Le directeur général des Blackhawks est donc en train de nous annoncer qu'il a court-circuité le processus de négociations en parlant d'argent directement avec notre client et en convenant avec Chris Chelios d'un montant nettement inférieur à sa réelle valeur sur le marché.

Furieux, Tom Reich se lève d'un bond et il commence à engueuler le patron des Blackhawks. Il marche autour du bureau de Pulford et il lui crie sa façon de penser.

— T'as parlé d'argent à notre client! C'est pas correct! Tu le sais que ça fonctionne pas comme ça! C'est pas fini cette histoire-là! On n'a rien accepté! Crois-moi, je vais rencontrer Chelly tout de suite en sortant de ce bureau! Je m'en vais le voir immédiatement! Pis c'est pas de même que ça va marcher!

Je fais ici abstraction des injures, mais c'est un échange extrêmement houleux. J'écoute et je regarde tout ce qui est en train de se passer dans ce bureau et je suis abasourdi. Je n'ai jamais assisté à une pareille situation. Pendant que Tom Reich lui crie par la tête en tournant autour de son bureau, Pulford reste assis sans bouger. Au point où je me demande si ses épaisses lunettes lui permettent de voir ce qui se déroule autour de lui.

Mais mon associé a beau lui servir tous les arguments du monde, Pulford ne modifie pas sa position d'un iota. Il se sent bien à l'aise, parce qu'il a lancé des chiffres à Chelios et que ce dernier lui a répondu quelque chose comme: «OK, OK, je veux rester ici, je ne veux pas m'en aller.»

— Fais ce que tu as à faire, répond Pulford. Mais c'est ma dernière offre et c'est à 3 millions que ça va se régler.

Tom Reich claque violemment la porte en quittant le bureau de Pulford et nous allons directement voir notre client pour tirer cette affaire au clair. Et quelques minutes plus tard, dès qu'il a Chelios devant lui, Reich lui tombe dans la face. Il lui crie après et il le brasse sérieusement:

— Écoute, Chelly! Si tu veux continuer à jouer à Chicago, je te comprends et j'ai rien contre ça. Et je veux pas t'empêcher de jouer ici. Mais tu dois comprendre que si t'acceptes de jouer pour ce salaire-là, tu vas leur donner un million par année. Tu vas avoir un million de moins dans tes poches! *You gotta get respected!* (Tu dois te faire respecter!) Tu dois négocier en fonction de ta valeur!

Je regarde la scène avec étonnement. Je me dis que je n'aurais jamais crié de cette façon après un client. Par contre, dans son envolée oratoire, Tom soulève d'excellents arguments. Tout ce qu'il dit à Chelios est logique. Et plus il parle, plus il est clair qu'il intervient de manière aussi énergique pour protéger les intérêts de notre client.

Puisque j'étais très jeune dans le métier, cette négociation m'a enseigné très rapidement qu'il ne fallait pas avoir peur d'affronter ses clients – de façon constructive, s'entend – et de leur dire leurs quatre vérités.

Tom Reich s'est fait respecter par Chelios en agissant de cette manière. Et Chelly a fini par signer un contrat qui lui a valu 700 000 dollars de plus par année que ce à quoi il avait d'abord acquiescé en discutant directement avec Pulford.

Les hockeyeurs de la LNH ont beaucoup de caractère. En général, ceux qui parviennent à atteindre cette ligue le font parce qu'ils ont travaillé d'arrache-pied et qu'ils ont surmonté beaucoup d'adversité. À ce titre, ils veulent être respectés. Mais ce respect, ils doivent le gagner. Si ton client se rend compte que tu as réellement ses intérêts à cœur, si tu ne crains pas de lui dire la vérité et que tu te bats pour le protéger quand il négocie ou lorsqu'il est blessé, il se battra deux fois plus pour toi en retour. La relation agent-athlète est basée sur la loyauté. Et la loyauté, ça fonctionne dans les deux sens.

« L'air est pas mal sec par ici... »

Le temps use les athlètes. La vie est ainsi faite. Au fil des ans, les hockeyeurs atteignent leur apogée, puis leurs capacités physiques et leurs performances déclinent jusqu'à ce que les dirigeants d'équipe décident de les remplacer par de plus jeunes.

Certains parviennent toutefois à repousser l'échéance de la retraite de façon tout à fait spectaculaire. Comme Chris Chelios, par exemple, qui a disputé son dernier match dans la LNH à l'âge de 47 ans. Généralement, les joueurs qui parviennent à défier le temps de manière aussi spectaculaire possèdent un bagage génétique très particulier. Ou encore, ils prolongent leur carrière parce qu'ils sont particulièrement disciplinés et qu'ils prennent un soin méticuleux de leur santé et de leur condition physique.

L'un de mes anciens clients, Marc Bergevin, a passé une vingtaine d'années dans la LNH. Mais le secret de sa longévité était différent: il avait énormément de charisme. Marc, qui est aujourd'hui le directeur général des Canadiens de Montréal, a probablement ajouté trois ou quatre saisons de plus à sa carrière à cause de son intelligence. Il saisissait bien l'importance de cimenter les liens au sein d'une équipe et les dirigeants accordaient une très grande valeur à l'influence qu'il exerçait dans le vestiaire.

Je connais Berge depuis une trentaine d'années et je le considère, et de loin, comme le personnage le plus drôle que j'aie côtoyé dans le monde du hockey.

Durant le lock-out de 2004-2005, alors que j'étais à la tête du département hockey de la firme de représentation IMG, nous avions organisé une tournée européenne avec des joueurs de la LNH. Cette tournée, le IMG World Star Tour, a permis à une trentaine de joueurs de disputer une dizaine de matchs dans autant de villes européennes, en décembre 2004. Ce périple donnait aux joueurs l'occasion de se réunir et de briser la monotonie de ce long conflit de travail.

Pour les besoins de la cause, j'occupais les fonctions de directeur général de cette équipe et j'avais demandé à Marc Bergevin d'agir comme entraîneur. À l'époque, Berge venait tout juste de prendre sa retraite à titre de joueur dans la LNH.

Quand nous avons mis ce projet sur pied, j'ai contacté des joueurs pour essayer de structurer un alignement. Certains répondaient :

— Je vais aller jouer deux ou trois matchs, mais pas plus.

Plus tard, quand nous sommes arrivés en Europe et que nous avons commencé à disputer des rencontres, Marc jouait des tours à tout le monde. Il ne lâchait pas. En une occasion, il était même arrivé déguisé en moine ! Il était tellement comique que les gars ne voulaient plus repartir.

— Je ne quitte pas la tournée ! disaient les joueurs en revenant me voir. On a trop de fun ! Je veux rester !

Au fil des ans, j'ai vu Berge déployer un large éventail de gags. Il fallait particulièrement se méfier de lui lorsque nous mettions les pieds dans un restaurant, car il était capable de tout. Il pouvait s'étendre du beurre sur le visage pour décontenancer un serveur, ou encore enfiler de fausses dents – affreusement grosses et d'apparence sale – qui faisaient sursauter le pauvre employé qui venait prendre nos commandes. Il fallait être constamment sur nos gardes lorsqu'on était en sa compagnie.

◉

Nous sommes au cœur de l'été 1996. Je suis l'agent de Marc et il jouit du statut de joueur autonome. Le directeur général des Blues de Saint Louis, le vénérable « Prof » Ronald Caron, est intéressé par ses services. Il nous convie donc à une rencontre au chic hôtel Loews de Santa Monica afin d'en discuter.

Il n'est pas anormal qu'un client se joigne à son agent pour établir un premier contact avec un directeur général. Lors de ces rencontres préparatoires, les deux parties n'échangent pas nécessairement des chiffres. Il s'agit plutôt d'une occasion de s'assurer que les philosophies des deux camps sont compatibles.

Nous rejoignons donc le Prof Caron sur la terrasse du Loews, qui est entourée d'une platebande et d'une haie. Marc et le Prof se connaissent déjà. Nous échangeons quelques politesses, nous commandons notre repas, puis nous entrons dans le vif du sujet. Passionné par son équipe, le Prof Caron, alors âgé de 67 ans, se lance dans une longue présentation des Blues de Saint Louis.

Je prends cette réunion très au sérieux puisqu'il s'agit d'une belle opportunité pour mon client. Le directeur général des Blues est aussi très concentré. Durant son long monologue, il fait honneur à ses anciennes fonctions d'enseignant (au début de sa vie professionnelle, il enseignait le latin, l'anglais et la géographie au collège Saint-Laurent) et il s'assure de ne laisser aucun point en suspens. Il nous livre une analyse complète de son club.

Pendant que le Prof parle, Marc Bergevin étend son bras et il s'empare d'une poignée de gazon avant de se l'enfouir dans les narines ! Ensuite, tout naturellement, Marc continue à écouter le DG des Blues comme si de rien n'était, en le regardant droit dans les yeux. Le Prof, qui est très absorbé par son propos, ne se rend compte de rien.

Je vois cette grosse touffe de gazon qui sort du nez de mon client et j'ai envie de me rouler par terre tellement la scène est comique. Je reconnais bien Berge ! Mais il s'agit d'une rencontre importante et je n'ose pas interrompre le Prof Caron, qui parle encore et ne se rend toujours pas compte que le joueur qu'il convoite – et qui est assis en face de lui – a une touffe d'herbe au milieu du visage. Marc essaie donc d'attirer son attention.

— L'air est pas mal sec par ici ! lance-t-il.

Le Prof ne réagit pas et continue son laïus.

Après un bon moment, Marc est un peu décontenancé. Il n'en revient pas que son gag n'ait pas encore sauté au visage du Prof. Il le relance donc à nouveau :

— Vous trouvez pas que l'air est sec ?

Le Prof ne réagit toujours pas, trop absorbé par sa présentation des Blues.

Je n'en reviens pas que notre importante rencontre soit en train de prendre cette tournure. Et je donne des coups de pied à Marc sous la table pour qu'il cesse son manège. Mais je le connais et je sais qu'il ira jusqu'au bout. Rapidement, nos regards se croisent et il me lance à voix basse :

— Cr…, il voit rien ! Y es-tu aveugle ?

Au bout de cinq longues minutes, je ne suis plus capable de me concentrer sur ce que nous dit le Prof Caron. Je décide alors de l'interrompre et de vendre la mèche :

— Coudon, Berge, qu'est-ce que t'as dans le nez ?

Le Prof Caron lève alors les yeux.

— *WHAT IS THAT !* s'écrie-t-il de sa grosse voix avant d'éclater de rire.

Pris par surprise, le Prof Caron est plié en deux et il en tombe presque de sa chaise.

Il faut croire que le Prof avait le sens de l'humour : Berge a finalement passé les quatre saisons suivantes dans l'uniforme des Blues de Saint Louis !

Stéphane Larouche

Depuis plus de 20 ans, Stéphane Larouche entraîne les meilleurs boxeurs québécois et canadiens. Parmi les pugilistes de renom qu'il a développés, on note Stéphane Ouellet ainsi que plusieurs champions du monde comme Éric Lucas, Leonard Dorin et Lucian Bute.

En fait, Larouche est l'un des plus brillants entraîneurs au Canada, tous sports confondus. Et dans l'univers très particulier de la boxe, son expertise est reconnue à travers le monde.

Né à Laval de parents saguenéens, Larouche est retourné vivre au Saguenay au début des années 1970 alors qu'il n'était âgé que de quatre ou cinq ans. Son père avait alors décidé de se réinstaller dans sa région d'origine après avoir décroché un emploi chez Alcan.

Dans les années 1977-1978, il raconte s'être mis à fréquenter le gymnase de boxe local parce qu'il portait une totale admiration à son cousin, Pierre Fortin, qui venait alors d'être sacré champion du Québec. Fortin était devenu le premier boxeur de Jonquière à remporter des gants dorés. Et pour mériter cet honneur, il lui avait fallu vaincre un certain Derek Clahane, une vedette montante de la boxe montréalaise qui s'entraînait en compagnie des frères Hilton.

Constatant que son petit cousin Stéphane adorait la boxe, Pierre Fortin lui a tout bonnement suggéré de commencer à s'entraîner.

— Tu vas peut-être aimer ça ! lui avait-il lancé.

C'est ainsi qu'il s'est initié pour la première fois au noble art. Et trois ou quatre mois plus tard, son entraîneur Pierre Michaud lui a annoncé qu'il était enfin prêt à disputer son premier combat.

« À partir de ce moment-là, j'ai vraiment regretté de m'être embarqué dans la boxe, confie Larouche. Je n'avais vraiment pas envie de faire de la compétition. J'ai fini par en faire mais je me rendais compte que mentalement, je n'aimais pas ça. J'étais tout le temps fort et bon quand je n'avais pas de combat à faire. Mais si j'avais un combat de prévu et que mon adversaire se présentait, je me sentais moins bien, j'avais mal au ventre. En tant qu'athlète, je n'étais pas de la graine de champion. Absolument pas. »

Larouche n'aimait pas se battre. Mais à 13 ou 14 ans, cela ne l'empêchait pas d'être amoureux de la boxe. Quand il ne boxait pas, le président du club de Jonquière l'emmenait partout en province lorsqu'il y avait des compétitions, que ce soit à Hull, à Sept-Îles ou à Drummondville. Et de fil en aiguille, les membres du club de boxe sont en quelque sorte devenus sa deuxième famille.

C'est à cette époque qu'il s'est rendu compte qu'il comprenait vraiment bien ce sport.

« J'étais en quelque sorte la mascotte du gym qui suivait les boxeurs partout, et avec mon "grand talent", je me mêlais de tout ce qui ne me regardait pas. Je faisais constamment des commentaires sur les autres boxeurs, raconte-t-il en riant.

« Je faisais des observations du genre : "Hé, méfie-toi de ce boxeur-là, il a une bonne main droite." Ou encore : "Je me rappelle ce boxeur-là, on l'a vu se battre à Montréal et il est bon." Et avec le temps, le président du club m'a demandé si je souhaitais à suivre une formation d'entraîneur. »

Larouche n'était pas très entiché de la perspective de devenir entraîneur. Il a tout de même décidé de suivre le cours, juste pour voir.

« C'est de cette manière que mon affaire a débuté. En 1984-1985, le patron m'a demandé de lancer une équipe de boxeurs débutants. Et déjà, en 1986, j'avais mes premiers champions canadiens. Par la suite, ça n'a jamais cessé. Je ne me souviens pas du nombre exact, mais je crois que nous avons formé une cinquantaine de champions canadiens à Jonquière. »

L'histoire de Larouche démontre à quel point des décisions apparemment anodines peuvent parfois influencer le déroulement de toute une vie.

« Le fait de m'inscrire dans un cours de formation pour entraîneur de niveau 1 a changé ma vie. C'est un bel exemple de l'effet papillon.

Ce n'était pas du tout prévu. Je rêvais de devenir architecte ou urbaniste, mais certainement pas entraîneur de boxe », avoue-t-il.

Le parcours de Stéphane Larouche est extraordinaire et façonné de nombreuses anecdotes mémorables. Sa première histoire raconte des événements tout à fait inattendus et rocambolesques, survenus quelques heures avant un combat de championnat du monde.

La peur

J'ai choisi de raconter l'histoire de Leonard Dorin parce qu'on m'a très souvent demandé ce qui s'était produit, en octobre 2003, quand le combat de championnat du monde qu'il devait disputer en Roumanie a été annulé à la dernière minute, le jour de la pesée officielle.

Beaucoup de gens croient que Dorin n'a pas fait le poids pour ce combat parce qu'il était l'objet de menaces de la part de la mafia russe ou roumaine. Ce n'est pas ce qui s'est produit. En fait, très peu de gens savent ce qui s'est réellement passé.

Nous sommes donc à Bucarest à la fin d'octobre 2003 et Dorin (qui est d'origine roumaine) est sur le point de livrer une défense obligatoire de son titre de champion du monde des poids légers contre Miguel Callist. Originaire de Panama, Callist est un boxeur gaucher qui a remporté ses 12 dernières décisions, dont 10 par K.O.

Nous arrivons en Roumanie 10 jours avant le combat afin de bien assimiler le décalage horaire et pour compléter notre préparation. Toutefois, depuis que nous sommes à Bucarest, Leonard ne cesse de répéter qu'il ne se sent pas bien et qu'il se croit incapable de faire le poids pour le combat.

— Pourquoi tu dis ça ?

— Je ne sais pas. J'ai un drôle de *feeling* et je pense que je ne ferai pas le poids.

Pourtant, nous pesons Dorin tous les jours et son poids correspond exactement au plan que nous avons établi. Il respecte précisément le protocole de perte de poids ou de déshydratation que nous avons établi.

Mais plus le combat approche, plus je sens que quelque chose d'étrange est en train de se passer. Une fois, nous sommes en train de faire des *pads* (quand le boxeur frappe dans des cibles coussinées que l'entraîneur tient dans chacune de ses mains) et il me dit :

— Ça ne va pas. Je ne me sens pas prêt comme d'habitude.

Je lui relance alors la balle.

— Voyons, Léo ! C'est bon signe parce que tu es toujours négatif de même avant tes combats. Tu as toujours été négatif et tu as toujours dit que tu n'étais pas prêt, et tu as tout le temps gagné jusqu'à présent. Bonne nouvelle ! C'est bon signe !

Dorin était négatif dans l'âme. Vraiment négatif.

La veille de la pesée, comme c'est notre habitude, nous nous réunissons pour planifier la journée du lendemain. Je confirme alors à l'équipe que nous allons quitter l'hôtel en fin de matinée, vers 11 h, pour nous rendre dans un gymnase de l'armée roumaine. Auparavant, en début de matinée, il est prévu que Leonard fasse un peu de course à pied sur la piste d'entraînement de l'armée. La piste est adjacente au gymnase et elle nous a été réservée exclusivement.

Le lendemain matin, nous emmenons donc Leonard faire sa course à pied. Et quand nous revenons à l'hôtel, il pèse deux kilos de plus que le poids qu'il doit afficher à 16 h lors de la pesée officielle. C'est excellent. Nous sommes en plein dans notre cible.

Par la suite, à 11 h, juste avant notre départ pour le gymnase, je demande au vénérable Abe Pervin, le plus ancien des entraîneurs de boxe au Québec, de monter sur le pèse-personne. C'est son poids qui va nous servir de référence pour mesurer l'exactitude du pèse-personne que nous allons utiliser plus tard au gymnase de l'armée roumaine.

Abe monte sur le pèse-personne tout habillé et il fait osciller l'aiguille à exactement 76,1 kilos. Avant de nous mettre en route pour le gymnase, je m'assure de prévenir Abe :

— Tu ne bois rien, tu ne manges rien et tu ne touches à rien !

Quand nous arrivons au gymnase de l'armée, Abe remonte immédiatement sur le pèse-personne et son poids est identique : 76,1 kilos.

Avant de partir pour le gymnase, j'avais aussi demandé à Leonard d'apporter sa tuque. Quand un boxeur doit perdre du poids, il est préférable qu'il porte une tuque parce que le corps évacue beaucoup de chaleur par la tête. Si le boxeur ne se couvre pas la tête, la démarche de déshydratation est plus longue. Et pour minimiser sa dépense d'énergie, on veut raccourcir cette période le plus possible. En général, un boxeur perd facilement 500 grammes toutes les 30 minutes, et parfois même toutes les 20 minutes si son métabolisme va bien.

Au gymnase, toute l'équipe est avec nous. Mélanie Olivier, la nutritionniste qui supervise Leonard depuis le début de la semaine, fait partie du groupe. Elle s'est occupée des repas de Leonard et notre athlète a été très bien nourri. Son taux de gras corporel est excellent.

Avant de commencer la séance d'entraînement, je me tourne vers Leonard.

— Où est ta tuque ?

— Je l'ai oubliée.

Bizarre.

Nous commençons alors la séance en lui faisant faire un peu de boxe imaginaire, en le faisant bouger un peu. Quand c'est la journée de déshydratation, je ne soumets pas mes boxeurs à des exercices très violents parce que les muscles s'assèchent. Et quand cela survient, l'athlète est plus susceptible de subir des crampes ou de se blesser. Il devient plus vulnérable.

Léonard saute à la corde, il fait encore un peu de boxe imaginaire et il commence à suer un peu. Puis soudainement, il fait une pause pour aller aux toilettes.

Quelques minutes après avoir repris l'entraînement, il me lance :

— Stéphane, je ne sue pas comme d'habitude.

— Arrête, Léo ! Ça va marcher ! Ça a toujours marché, tu as toujours fait le poids.

Mélanie est perplexe. Elle sent aussi que quelque chose cloche.

— Stéphane, pourquoi Leonard va-t-il aux toilettes aussi souvent ?

— Parce qu'il veut aller pisser. C'est ce qu'il doit faire normalement, non ?

— Tu ne penses pas qu'il va boire de l'eau ?

— Non. Je ne pense pas.

Nous terminons donc l'entraînement. Leonard monte sur le pèse-personne et sa masse corporelle est supérieure de seulement 400 grammes au poids qu'il doit afficher à la pesée officielle. Il est 13 h et la pesée aura lieu dans trois heures. Tout fonctionne donc exactement comme prévu.

Nous rentrons ensuite à notre hôtel. Et dès notre arrivée, Leonard monte à sa chambre au pas de course. Quand il redescend, il pèse 800 grammes de plus !

— Qu'est-ce que t'as fait dans ta chambre ?

— J'ai rien fait ! Je te l'ai dit que la balance n'était pas correcte ! Tu n'as pas vérifié les balances, hein ?

— Ben oui, Léo, on a vérifié les balances !

Adrian Diaconu et Lucian Bute sont avec nous. Eux aussi doivent se battre dans le cadre du gala du lendemain. Adrian et Lucian se sont entraînés au même endroit que Leonard et leur poids est identique à celui qu'ils affichaient sur le pèse-personne du gymnase de l'armée, juste avant notre retour à l'hôtel.

— Leonard, ce n'est pas grave. Ne panique pas. Nous avons du temps en masse. Voici ce que nous allons faire : tu vas aller à ta chambre et tu vas te changer. Pendant ce temps-là, je vais mettre en marche le sauna de l'hôtel.

Dorin retraite donc vers sa chambre. À son retour, il prend place dans le sauna et la porte se referme. Il me regarde à travers la fenêtre et là, dans son regard, je vois du désespoir.

Après un court moment, il se relève d'un trait et il ouvre la porte.

— Je ne boxe plus !

— Quoi ?

— Je ne boxe plus !

— Comment ça, tu ne boxes plus ?

— Ça me tente pas. Je veux pas le faire, ce combat-là ! Je suis pas capable de faire le poids !

— Ben non, voyons donc ! T'es capable de faire le poids. Tu faisais le poids il y a une demi-heure. Capote pas, Léo, on a le temps !

— Je vais être trop faible ! Je me sens faible !

Le sauna de l'hôtel est situé au sous-sol de l'édifice. La chambre de Dorin se trouve au quatrième étage. Il détale soudain en direction de l'escalier, qu'il grimpe à pleine vitesse. Je pars à sa poursuite et quand j'arrive à la porte de sa chambre, je suis totalement brûlé.

Quand j'entre dans la pièce, Leonard tient des bouteilles d'eau dans ses mains. Et devant moi, il les cale l'une après l'autre. GLOU! GLOU! GLOU!

Après sa dernière bouteille, il me lance:

— Je te le dis, crisse, que je ferai pas le poids! Je ne veux plus boxer, tu comprends-tu, là?

Puis il s'écroule sur le plancher en pleurant.

— Voyons Léo, sacrament!

Yvon Michel est en train de prendre un café dans le lobby. Je l'appelle.

— Yvon, on a un problème. Léo ne veut plus boxer.

Yvon vient immédiatement nous rejoindre. Nous appelons aussi notre psychologue sportif, Rob Schinke. Le propriétaire d'InterBox, Hans-Karl Mulhegg, ne se mêle jamais de ce qui concerne la boxe. Mais là, la situation est grave et il est avec nous.

Leonard est roulé en boule en dessous d'une table. Et il ne cesse de pleurer.

— Je ne veux plus boxer. Je suis tanné de la boxe! J'ai peur!

Nous tentons de le faire parler pour comprendre ce qui est en train de se passer.

— Tu as peur de quoi, de ton adversaire?

— Oui! J'ai peur de mon adversaire! Je ne veux pas me battre avec luiii!

— Crisse, Léo! Adrian n'a pas boxé depuis presque un an. Il a besoin d'argent. Puis Lucian fait ses débuts professionnels! Tu ne peux pas leur faire ça!

La bourse que doit toucher Dorin pour ce combat s'élève à un million de dollars. Mais il n'y a rien à faire. Il a décidé depuis plusieurs jours qu'il ne ferait pas le poids et qu'il ne se battrait pas. De toute manière, il n'y a plus moyen de revenir en arrière. Il a bu toute l'eau qui lui est tombée sous la main et son poids se situe maintenant deux kilos au-dessus de la limite permise.

Sur les entrefaites, nous apprenons que Miguel Callist a eu beaucoup de difficulté à faire le poids et qu'il a même perdu connaissance durant la journée. En apprenant cette nouvelle, Leonard éprouve soudainement un regain d'énergie.

Yvon téléphone à Don Majeski, notre conseiller au niveau international, pour lui annoncer que Dorin sera incapable de respecter le poids convenu. Il demande à Majeski de contacter le promoteur de Callist, Don King, pour essayer de négocier avec lui la présentation du combat, mais sans que la ceinture soit à l'enjeu et sans que la limite de poids soit respectée. Cependant, ils ne parviennent pas à trouver un terrain d'entente.

Immédiatement après cela, nous recevons un fax du commanditaire principal du gala. Il nous annonce qu'il se dissocie de l'événement. Toute la soirée de boxe est donc annulée. Et tous nos efforts des mois précédents sont réduits à néant.

Une conférence de presse est organisée pour expliquer aux médias qu'il n'y aura pas de combat parce que le poids convenu n'a pas été respecté par Dorin. En ce qui me concerne, mon rôle dans ce gala s'arrête là. Et comme je n'ai plus grand-chose à faire, je remonte tranquillement vers ma chambre.

Comme entraîneur, deux choix s'offrent à moi : ou bien je m'enferme dans ma chambre pour y broyer du noir, ou bien j'accepte cette situation sur laquelle je ne peux exercer aucun contrôle et j'essaie de détendre un peu l'atmosphère, qui est soudainement devenue assez lourde.

Il est dans ma nature de faire des blagues et de jouer des tours aux gens que j'aime. Je décide donc de me payer quelques têtes.

Et en remontant vers ma chambre, je croise notre massothérapeute Alain Bellemare, qui est assis dans le corridor.

— Pis, qu'est-ce qui se passe ? demande-t-il.

Il y a un téléviseur dans le corridor. On y voit Dorin qui répond aux questions des journalistes en conférence de presse.

Je regarde Alain, comme si je venais d'entendre quelque chose d'épouvantable.

— Ah non, tabarnac…

— Tu comprends vraiment le roumain ? questionne Bellemare, incrédule.

— Tu n'as pas compris ce qu'il vient de dire ? Hein ? Ah non…

— Qu'est-ce qu'il dit ? Qu'est-ce qu'il dit ?

— Tu ne pourras pas croire ça, Alain. Mais dis-moi, quelle sorte d'huile as-tu utilisé pour masser Dorin? Quelle huile lui as-tu mis dessus?

— La même huile que d'habitude.

— Dorin vient de dire que c'est l'huile à massage qui l'a empêché de faire le poids. Il dit que l'huile a bouché les pores de sa peau!

— Quoi?

Je suis en train de lui monter un énorme bateau. Mais Bellemare ne s'en rend pas compte. Il est horrifié.

— Voyons, Steph! Ma vie est finie! Ma carrière est finie! Dorin a-t-il dit ça pour vrai?

— Ben non, Alain, je te niaise!

Alors je poursuis mon chemin et je tombe sur notre chiropraticien, Christian Héroux. Leonard avait souvent un problème avec son bassin, donc j'avais demandé au chiro de venir nous rejoindre à Bucarest quatre ou cinq jours avant le combat.

— Christian, as-tu entendu ça? Leonard n'a pas été capable de sauter à la corde. Il avait le bassin croche et il a dit aux journalistes que tu lui as fait mal ce matin.

— Non, non! Il n'a pas dit ça?

— Oui, il a déclaré ça à la télévision roumaine.

— Crisse, il est ben menteur! Je ne l'ai même pas craqué aujourd'hui!

— Il a déclaré ça.

Je faisais des blagues avec tout le monde. Et je m'amusais beaucoup.

À la fin de l'après-midi, le promoteur roumain qui organisait le gala, Joseph Armash, vient à notre rencontre.

— Écoutez, les gars, je suis désolé de la tournure des événements mais nous ne sommes pas obligés de terminer ça sur une note dramatique. Alors j'invite tout le monde à souper ce soir. On va se dire au revoir et on fera d'autres affaires ensemble plus tard.

Nous arrivons donc au restaurant, et tout le monde est assis autour d'une même grande table. Même M. Mulhegg est avec nous. Et je décide de poursuivre mon petit jeu.

— Avez-vous entendu le sondage à TVA? Ils ont fait un sondage à LCN…

Tout le monde répond :

— Non, on n'est pas au courant. C'est quoi ce sondage ?

— Ils ont posé la question : "Quelle est la raison principale pour laquelle Dorin n'a pas fait le poids ?" Et 87 % ont répondu que c'est à cause de la nutritionniste Mélanie Olivier.

Mélanie s'effondre par terre. Elle pleure. Elle crie au meurtre. Je suis allé trop loin. J'arrête tout immédiatement.

— Mélanie, c'est pas vrai ! C'est pas vrai ! C'était une blague…

Après le repas, nous revenons à l'hôtel et nous commençons à jaser dans le lobby. Dorin n'était pas au souper avec nous, mais il est dans le lobby avec sa femme. Après la journée que nous venons de vivre, personne n'a vraiment envie de le voir. Il me regarde. Puis il sort les dents comme une bête assoiffée de sang et il se met à donner des coups de poing dans le vide. Et il me lance, le plus sérieusement du monde :

— Je me sens fort !

Je n'en reviens tout simplement pas. Je m'approche alors de lui, de manière à ce qu'il soit le seul à pouvoir m'entendre.

— Regarde, Léo. Tu peux raconter ça à bien du monde. Mais moi je t'ai vu en haut tantôt. Je t'ai vu pleurer. Tu m'as dit que tu ne voulais pas te battre et que tu avais peur. C'est bien correct. Mais s'il te plaît, ne me raconte pas d'histoires.

Dorin me regarde droit dans les yeux.

— Tu sais que tu es chez moi, ici ? Je pourrais te faire tuer si je le voulais.

— Fais-le, ai-je répliqué.

Pour justifier l'annulation du combat, Dorin a raconté aux journalistes roumains qu'il avait été privé de nourriture pendant toute la semaine précédant la pesée alors qu'en réalité, il avait mangé des *t-bone* tous les soirs. Il a fait passer tous les membres de notre équipe pour des imbéciles.

Quand il est revenu à Montréal, les journalistes cherchaient évidemment à savoir ce qui s'était réellement produit. Dorin a déclaré qu'il y avait de mauvais esprits dans le gymnase du centre Claude-Robillard et que ces mauvais esprits l'avaient empêché de faire le poids. C'était n'importe quoi.

Après cet épisode, notre relation n'a plus jamais été la même.

Leonard Dorin a boxé avec moi de 1997 à 2004. Et ces sept années, durant lesquelles il a constamment préparé des excuses pour justifier ses éventuels échecs, m'ont paru une éternité.

Pas de douche pour Lucian Bute

Une autre de mes plus savoureuses histoires de boxe concerne Lucian Bute. Mais il ne s'agit pas d'une histoire reliée à ses performances.

Quand Éric Lucas avait acheté InterBox au début des années 2000, il avait du même coup acquis le contrat qui liait l'entreprise à Lucian Bute, qui faisait alors ses débuts sur la scène professionnelle. Et le contrat de Bute stipulait, à sa propre demande, qu'il devait disputer 10 combats au cours de sa première année au sein de la compagnie. Dix combats ! C'était une commande tout à fait énorme.

Éric avait alors dit :

— Nous allons l'honorer, ce contrat. Nous le ferons boxer à l'extérieur du Québec s'il le faut, mais Lucian va disputer ses 10 combats. Nous assumerons toutes les dépenses et c'est tout.

C'est donc ce que nous avons fait. Nous téléphonions à des promoteurs et nous leur disions :

— Bonjour, nous sommes InterBox et nous avons un athlète qui s'appelle Lucian Bute. Pouvons-nous le faire boxer durant votre gala ? Nous allons assumer sa bourse ainsi que la bourse de son adversaire. Nous payons tout. Vous n'avez même pas besoin de nous réserver des chambres d'hôtel.

Généralement, le promoteur ne discutait pas longtemps. Qui donc refuserait un combat qui ne coûte rien à présenter ?

Nous avons donc procédé de cette manière pour permettre à Lucian de disputer le huitième combat de sa carrière. Nous avions fait affaire avec le promoteur Rich Cappiello, qui est le plus important homme de boxe de la région de Boston. Cappiello avait accepté d'ajouter Lucian à sa carte de boxe du jeudi 11 novembre 2004, dans un gala présenté à « Beantown ».

J'étais content que Lucian puisse livrer ce combat. Mais en même temps, cela me contrariait un peu parce que les jeudis, sur une base régulière, j'avais l'habitude de prendre une bière avec mes amis dans un pub situé juste à côté du métro Crémazie, près du gymnase.

Ce rendez-vous du jeudi soir était une véritable habitude de vieux garçons. Chaque semaine, nous nous rencontrions le même jour, à la même heure, autour de la même table, chacun assis sur la même chaise.

Après avoir un peu réfléchi à ce fâcheux conflit d'horaire, je me suis dit qu'il était sans doute possible de trouver une solution qui allait me permettre de ne rien manquer.

— Lucian, on va faire un combat à Boston. Ce sera un jeudi soir. On partira avec mon auto. Tu es d'accord avec ça ?

— Oui, pas de problème.

— Et est-ce que ça te dérangerait si je demandais au promoteur de placer ton combat au tout début de la soirée ?

— Non.

Lucian devait disputer ce combat contre Norman Johnson, un Américain qui présentait une fiche peu reluisante de 4-12-1. Il s'agissait du troisième combat de Lucian en l'espace de six semaines. Nous voulions respecter le contrat qui le liait à InterBox mais, en même temps, nous ne pouvions quand même pas le confronter à un adversaire redoutable toutes les deux semaines.

Lucian m'ayant donné sa bénédiction, j'ai donc demandé au promoteur s'il voyait un inconvénient à présenter le combat de Lucian en lever de rideau de son gala.

— Aucun problème ! a-t-il assuré.

Le grand jour finit donc par arriver, et juste avant que Lucian soit appelé à monter sur le ring, je téléphone à l'un de mes fidèles compagnons du jeudi soir.

— Êtes-vous au pub à soir ?

— Oui.

— OK. Nous allons arriver vers 1 h 04, 1 h 05.

— Mais vous n'êtes pas à Boston ?

— Oui, oui.

— Mais tu niaises ! Il est 19 h ! Tu ne seras certainement pas au pub à soir !

— C'est exactement ce que je te dis : on sera au pub à 1 h 04 ou 1 h 05. Mon gars boxe en premier et je vais m'arranger pour que ce ne soit pas trop long. Je ne veux pas qu'il gagne au premier round mais si c'est possible, il va knocker le gars au deuxième.

Le combat est sur le point de commencer. Et avant que la cloche sonne, je préviens Lucian :

— Je veux que tu t'amuses avec ce gars-là. Ne lui fais pas mal. Étudie-le comme il faut.

Malgré ces précautions, Johnson se retrouve au tapis durant le premier round. Mais il parvient à se relever et à terminer l'engagement.

Quand Lucian revient dans le coin, le temps est venu de mettre la deuxième phase du plan à exécution.

— Lucian, nous sommes attendus au pub ! Alors, il faudrait que ce combat s'arrête le plus vite possible. Fais-lui mal le plus rapidement possible. Nous devons partir !

Lucian esquisse un sourire.

— Es-tu sérieux ?

— Oui, oui !

Il retourne alors dans le ring et 79 secondes plus tard, Norman Johnson gît sur le canevas, victime d'une mise hors de combat.

Après les annonces et présentations d'usage, nous quittons le ring en vitesse.

— Lucian ?

— Quoi ?

— Est-ce que ça te dérangerait de ne pas prendre de douche ?

Le combat avait lieu au Roxy, une boîte de nuit très connue de Boston. Lucian, Pierre Bouchard (entraîneur chez InterBox) et moi ne sommes même pas retournés au vestiaire qui nous avait été assigné. Nous avons trouvé une place tout près du ring, une sorte de garde-robe, et c'est à cet endroit que nous nous sommes changés avant de sauter à bord de la voiture.

Nous sommes ensuite rentrés directement à Montréal. Lucian habitait tout près du centre Claude-Robillard. Je l'ai déposé chez lui. Et quelques instants plus tard, Pierre et moi sommes effectivement arrivés au pub à 1 h 04 du matin. Les gars ne me croyaient pas.

— Voyons donc! Tu n'arrives pas de Boston!

— Certain que j'arrive de Boston! Pis Lucian a gagné!

— Voyons donc, tu me niaises, là?

Ce sont des histoires comme celle-là qui pimentent ma vie d'entraîneur de boxe.

« Ouellet ne gagnera pas cette année... »

J'ai fait mes débuts dans le monde de la boxe professionnelle en tant qu'entraîneur de Stéphane Ouellet, un athlète exceptionnel qui a suscité les passions auprès des amateurs du début des années 1990 jusqu'au début des années 2000, alors que la boxe québécoise cherchait encore à trouver une petite place sur la scène internationale.

Chez les professionnels, le tempérament un peu bohème de Ouellet (que l'on surnommait « Le Poète ») et son manque de discipline à l'extérieur du ring ont fait de lui un personnage qui ne laissait personne indifférent. La trilogie de combats qui l'a opposé à Davey Hilton en 1998, 1999 et 2000 figure d'ailleurs dans les très grands moments de la boxe québécoise.

Ouellet a terminé sa carrière professionnelle avec une fiche respectable de 29 victoires (18 par K.O.) et 5 revers. Mais dans l'esprit d'une majorité d'amateurs, son parcours chez les pros est resté comme une sorte d'œuvre inachevée. Les gens se demandent jusqu'où Ouellet aurait pu aller et quels titres il aurait été en mesure de conquérir s'il avait mené une vie un peu plus rangée.

Mais, par-dessus tout, je regrette que si peu de gens l'aient vu boxer dans les rangs amateurs, à son apogée, alors qu'il s'est forgé une impressionnante fiche de 93 victoires contre seulement 12 revers.

C'est à cette époque de sa vie qu'il a été le plus fort et qu'il a le mieux maîtrisé le très difficile art de la boxe. Chez les amateurs, Stéphane Ouellet était ni plus ni moins qu'une machine à détruire des êtres humains. Il était tout simplement phénoménal.

L'histoire que je vous raconte se déroule en Sardaigne, dans la petite ville de Santa Teresa Gallura. Nous sommes en 1989. Je suis alors âgé de 21 ans et Stéphane, lui, n'a que 17 ans.

L'année précédente, Stéphane était allé se battre en Italie pour la première fois et il avait causé toute une commotion en infligeant une défaite au champion d'Europe senior, l'Italien Georgio Campanella. Stéphane n'était qu'un boxeur junior à l'époque. Alors le fait de battre le champion d'Europe senior dans son propre pays avait été un exploit tout à fait remarquable, extraordinaire, qui avait secoué le milieu de la boxe italienne et européenne.

Plus tard chez les professionnels, le plus grand fait d'armes de Campanella fut d'expédier Oscar De La Hoya au plancher dans le premier round d'un combat disputé en 1994, alors que le «Golden Boy» défendait son titre mondial pour la toute première fois. De La Hoya était toutefois revenu de l'arrière pour l'emporter par K.O. technique à la troisième reprise.

En 1988, la prestation de Ouellet dans ce tournoi opposant le Canada à l'Italie (particulièrement contre Campanella) a été tellement remarquable que lorsque nous arrivons en Sardaigne un an plus tard, des magazines de sport sont tapissés de photos annonçant son retour. Il y a même des gens qui l'attendent avec des fleurs à l'aéroport!

En Italie, Ouellet est instantanément devenu une vedette. Et c'est impressionnant compte tenu du fait que les Italiens ont une culture sportive assez développée.

Toutefois, quand nous retournons en Italie cette année-là, nous ne croisons pas seulement des admirateurs. Le président et entraîneur de l'équipe nationale italienne, Franco Falcinelli, n'a visiblement pas digéré l'affront de l'année précédente et la déconfiture de Georgio Campanella.

Peu après nous avoir souhaité la bienvenue, Falcinelli se fait donc un devoir de me souligner que le tournoi international de 1989 s'annonce plus ardu que la confrontation Canada-Italie de 1988.

— Stéphane, je peux te certifier que Ouellet ne gagnera pas notre tournoi cette année. Le boxeur italien que nous avons ici, notre champion junior, est vraiment bon.

Cette déclaration me pique instantanément au vif. Mon jeune âge, sans doute, m'incite davantage à faire preuve d'arrogance que de diplomatie pour présenter mon point de vue au patron de la Fédération italienne.

— Ah? Ton champion est bon? Ça me dérange pas! Ouellet est prêt!

— Je te le dis, mon gars est vraiment fort, réplique Falcinelli.

— Regarde, ça me dérange pas pantoute! N'importe qui! Tu peux choisir n'importe qui parmi toute la gang d'Européens que vous avez icitte, pis y a personne qui va battre Ouellet!

Et je prends la peine de lui répéter pour être certain d'avoir été bien compris:

— Y a personne, me comprends-tu, là? Personne ne va battre mon athlète!

Le matin du tirage au sort arrive et je recroise Falcinelli juste avant que les organisateurs commencent à piger les noms des boxeurs et à élaborer la grille du tournoi. Il y a huit boxeurs par catégorie de poids. C'est un tournoi éliminatoire.

Falcinelli et moi prenons un espresso ensemble et il me regarde en ayant l'air de dire: «Tu vas voir. T'es baveux et arrogant avec ton Ouellet, mais on va vous arranger ça bien comme il le faut.»

Le tirage au sort commence. Le tout premier combat du tournoi est annoncé. Je revois encore la scène. J'ai mon espresso entre les mains. «Premier combat: Italie, Raffaele Bergamasco, contre Canada, Stéphane Ouellet!», clame l'annonceur.

Le regard de Falcinelli croise le mien. Et sans échanger un mot, il est clair que nous pensons exactement la même chose: la question sera réglée tout de suite, dès le premier combat du week-end.

Pour comprendre toute l'importance accordée à ce combat et toute l'attention qu'il suscite, il faut savoir à quel point Ouellet était charismatique et hautement considéré dans le monde de la boxe amateur à cette époque.

Partout où nous allions, les Écossais, les Finlandais, les Allemands… tout le monde aimait Ouellet. Même les pugilistes des autres pays, comme l'Allemand Marcus Beyer, voulaient discuter avec lui lorsqu'ils avaient la chance de le croiser.

Ouellet attirait l'attention de tout le monde en étant juste lui-même. Il était incroyablement charismatique. Il serrait la main à tous ceux qu'il croisait et il échangeait des blagues avec les gens.

En même temps, Ouellet était un grand leader naturel. Dans l'équipe canadienne, on trouvait alors des boxeurs comme Dale Brown et Chris Johnson, qui ont fort bien représenté le Canada lors des Jeux olympiques durant leur carrière. Nous avions vraiment une belle équipe. Et tous les membres du groupe étaient derrière Stéphane Ouellet.

Si Ouellet décidait d'aller se faire couper les cheveux, tout le monde se faisait couper les cheveux. Son leadership était aussi fort que ça.

Le premier round du combat opposant Ouellet à Raffaele Bergamasco commence assez bien. Après ce premier round, le combat est serré et j'y vais avec mes recommandations.

Stéphane, quand tu emmènes l'Italien dans les câbles, finis tes combinaisons avec ton crochet de gauche !

Ouellet était une sorte de boxeur hyperactif. À travers son regard, le monde semblait se mouvoir au ralenti et il avait souvent de la difficulté à focaliser sur son adversaire. Je ne sais pas trop pourquoi, mais c'était un problème qu'il avait. Et en tant que jeune entraîneur, je me battais constamment contre cela. Je me répétais que mon boxeur avait trop de distractions dans la tête et qu'il fallait que je trouve un moyen pour recentrer son attention durant les combats.

Au cours d'un combat, Ouellet prenait le temps de regarder ce qui se déroulait autour du ring. Il jetait un coup d'œil dans les gradins. Il entretenait aussi une sorte de communication visuelle abusive avec moi durant ses combats. Au lieu de me chercher du regard de temps à autres, il me regardait constamment ! En boxe, une telle chose ne se fait pas. Ça n'existe tout simplement pas.

Ouellet était un grand original. Au lieu de se relever tout de suite quand il se faisait envoyer au tapis, il restait au sol et faisait des *push-ups* ! Il m'a fait le coup deux fois dans les rangs amateurs.

— Pourquoi tu fais ça ? lui avais-je demandé.

— Pour montrer à l'arbitre que je ne suis pas ébranlé…

La cloche annonçant le début du deuxième round retentit. Ouellet se dirige vers le centre du ring avec la ferme intention de terminer ses attaques à l'aide de son crochet de gauche, comme je viens de lui recommander.

Toutefois, l'arbitre du combat est polonais. Et en Europe, la technique utilisée pour donner un crochet n'est pas la même que celle que nous avons en Amérique du Nord.

Pour les boxeurs nord-américains, un crochet est un coup de poing que l'on donne alors que le pouce se trouve sur la partie supérieure du gant. Le boxeur voit donc la paume de son gant lorsqu'il assène le coup. En Europe, par contre, la tradition veut que le crochet soit donné alors que la paume du gant est tournée vers le sol et que le pouce se trouve à l'intérieur.

En Europe, lorsqu'on donne un crochet « à l'américaine », les arbitres interprètent parfois ce coup comme si le boxeur avait frappé son adversaire avec la main ouverte, ce qui est interdit.

Dès le début du deuxième round, donc, Stéphane emmène rapidement Bergamasco dans les câbles et puis bang ! il lui sert un retentissant crochet de gauche. C'est clair, l'Italien est à un cheveu du K.O. En fait, il est « gelé » debout. Carrément.

— Stop ! crie l'arbitre.

Mais au lieu de se préoccuper de l'Italien, qui est clairement en difficulté, l'arbitre sert un avertissement à Stéphane en lui montrant qu'il a frappé son adversaire avec la main ouverte.

STÉPHANE LAROUCHE • 97

Stéphane acquiesce aux doléances de l'arbitre, puis il regarde en direction de notre coin. Je lui mime alors la bonne technique à utiliser pour envoyer son crochet, la paume vers le sol, le pouce à l'intérieur...

Le round reprend de plus belle et Ouellet ramène l'Italien dans les câbles. Bergamasco essuie une pluie de coups. Ouellet lui assène un autre crochet de gauche pour conclure cette nouvelle attaque.

— Stop! crie l'arbitre.

Le Polonais indique à Stéphane qu'il s'agit d'un deuxième avertissement et qu'il ne doit plus frapper son rival avec l'intérieur du gant. Pendant tout ce temps, l'arbitre décide encore d'ignorer que Bergamasco est vraiment mal en point. Il m'apparaît de plus en plus clair que l'arbitre polonais cherche à disqualifier Ouellet.

Le combat reprend donc. Ouellet repart de plus belle sur l'Italien, qui se retrouve encore une fois dans les câbles et qui est encore «gelé» debout. Bergamasco essuie une véritable mitraille: paf, paf, paf, paf, paf, paf et paf! Et Ouellet termine son attaque par un autre crochet de gauche.

— Stop!

L'arbitre retire alors un point à Stéphane. L'Italien ne tient presque plus debout. Il vacille. Et l'arbitre ne se préoccupe toujours pas de lui. Dans le coin, je m'impatiente un peu. Et encore une fois, je fais signe à Stéphane de donner son crochet en tournant la paume de sa main gauche vers le sol, le pouce à l'intérieur.

Quand l'arbitre ordonne la reprise des hostilités, Ouellet fonce sur l'Italien et il lui sert 19 coups de poings consécutifs. Dix-neuf. Une combinaison comme celle-là ne s'enseigne pas.

Puis, juste avant de servir le dix-neuvième coup de cette hallucinante séquence, Ouellet se tourne en direction de l'arbitre. Il le regarde dans les yeux puis oriente lentement son poing gauche dans la position voulue, la paume vers le sol.

Ouellet regarde l'arbitre. Son regard, un peu provocant, semble vouloir dire: «De même, c'est-tu correct?»

En recevant le dernier crochet, Bargamasco tombe en pleine face sur le tapis, sans connaissance. Les organisateurs du tournoi stoppent immédiatement le gala. Des ambulanciers sont appelés d'urgence.

À leur arrivée sur le ring, les secouristes doivent déployer le masque à oxygène. Bergamasco est ensuite transporté à l'hôpital, où il passe une partie de l'après-midi dans le coma.

◉

C'était le premier combat du tournoi et Ouellet venait de démolir le superhéros local. À sa première présence sur le ring, Ouellet venait de livrer la plus puissante démonstration de force qui pouvait être faite.

Le lendemain, Ouellet devait se battre contre un Anglais, Charles Moore. Et dans la tête des gens qui assistaient au tournoi, Ouellet était désormais perçu comme le plus grand destructeur de la planète. Il n'était pourtant pas un si redoutable cogneur. Personne ne semblait réaliser que Bergamasco avait encaissé cette tonitruante raclée à cause de l'arbitre.

Le bruit courait à l'effet que Moore, l'Anglais, n'avait jamais subi de défaite depuis ses débuts dans les rangs amateurs. Mais à son deuxième combat du tournoi, Ouellet lui a infligé un K.O. au troisième round. Moore s'est fait cogner tellement solidement durant cet affrontement qu'il a été suspendu pendant 30 jours afin de s'assurer qu'il puisse se rétablir.

Ouellet a ensuite affronté l'Allemand Frank Kleinsorg en grande finale. Dans les autres catégories de poids, aucune autre finale n'a autant été à sens unique que celle-là. Kleinsorg a aussi été défait par K.O. au troisième round. Et comme Charles Moore, l'Allemand a aussi été suspendu pendant 30 jours en raison des sévères attaques qu'il avait encaissées.

C'était de toute beauté de voir boxer Stéphane Ouellet à cette époque. Mais malheureusement, presque personne ne l'a vu.

Un boxeur capable d'infliger un K.O. aussi retentissant en regardant un arbitre, je n'ai jamais revu cela par la suite.

Marc Bergevin

Par la vaste fenêtre de son bureau au septième étage du Centre Bell, Marc Bergevin aperçoit le clocher de l'église où il a été baptisé, dans le quartier Pointe-Saint-Charles.

« Mon père était pompier. Nous étions cinq enfants. Parfois, nous avions une voiture et parfois, nous n'en avions pas. Moi, je jouais au hockey sept jours par semaine ! », souligne-t-il en esquissant un sourire.

Lorsqu'il était enfant, le directeur général du Canadien dit n'avoir jamais pensé qu'il atteindrait un jour la LNH. Il a finalement passé les 20 premières années de sa vie adulte dans les vestiaires et sur les patinoires de cette ligue, au cours d'une remarquable carrière de 1 191 matchs.

Quand l'heure de la retraite a sonné en 2004, Marc Bergevin était incapable de s'imaginer ailleurs que dans l'univers du hockey.

« C'est la seule chose que j'aime. C'est ma passion », affirme-t-il.

Les anciens hockeyeurs commettent souvent la même erreur lorsqu'ils décident de se retirer. Nombreux sont ceux qui croient que ce sport leur doit un emploi de direction prestigieux et/ou bien rémunéré. Et ils sont convaincus qu'ils en connaissent suffisamment les rouages pour administrer une équipe. Marc Bergevin ne voyait pas les choses ainsi. Il était déterminé à commencer au bas de l'échelle et à faire ses classes.

Dans l'ombre, il a d'abord occupé un poste de dépisteur (chargé d'épier les équipes professionnelles) durant trois ans chez les Blackhawks de Chicago. Puis il est successivement devenu directeur responsable du développement des joueurs et directeur général adjoint au sein de cette organisation. Et en mai 2012, seulement sept ans après avoir officiellement raccroché ses patins, il a vu Geoff Molson lui confier le poste de directeur général du Canadien. Bergevin s'était donné 10 ans pour réaliser cette folle ambition.

◉

Depuis cette nomination, les défis auxquels il est quotidiennement confronté le convainquent d'une chose : il se serait joyeusement cassé la gueule s'il n'avait pas emprunté la route la plus longue et la plus difficile.

« À mes débuts à titre de recruteur, je croyais que j'en savais beaucoup sur le hockey. Mais j'en ai appris plus que j'en savais durant les sept années au cours desquelles je me suis promené de Swift Current jusqu'en Finlande, dans des petits villages reculés.

« Ce n'est pas toujours agréable de faire du recrutement. Mais pour réussir dans le monde du hockey, il faut y mettre du temps. Il faut travailler fort, il faut se lever tôt le matin et voyager seul. Il faut être prêt à conduire sa voiture dans des tempêtes de neige. C'est le talent des joueurs qui dicte à quel endroit dans le monde on doit se rendre pour assister à des matchs. Et on n'a pas le choix d'y aller. »

Le parcours de Marc Bergevin fait en sorte que, lorsqu'un ancien joueur le contacte pour solliciter un emploi, il ne se gêne pas pour lui proposer des fonctions qui se situent au bas de la pyramide.

« Certains sont parfois étonnés ou déçus quand je leur offre quelque chose. Mais je leur explique que je suis en train de leur procurer une chance de réussir. Je leur dis : "Si je t'offre un poste de direction dès le départ, tu vas trébucher et tu vas échouer." »

◉

Marc Bergevin est un phénomène en soi. Au cours de sa carrière, il a porté les couleurs de neuf formations dans la LNH. Mais, curieusement, il a été échangé beaucoup plus souvent que cela. Lorsqu'ils en ont eu la chance, plusieurs directeurs généraux qui l'avaient laissé partir l'ont rapatrié au sein de leur alignement parce qu'il était unanimement reconnu comme étant un excellent coéquipier.

Tous ceux qui l'ont côtoyé évoquent ses talents de raconteur ainsi que les tours pendables qu'il était capable d'échafauder pour dérider la galerie.

Dans le cadre de sa participation à ce livre, Marc a choisi de raconter quelques-uns de ses meilleurs tours. Il réfléchit aussi sur les changements de mentalité (ou d'époque) auxquels il a assisté. Et il évoque aussi le souvenir de quelques-uns des entraîneurs qui l'ont le plus marqué.

« Monsieur, veuillez quitter... »

Nous sommes en octobre 1989. Je porte les couleurs des Islanders de New York et nous disputons notre deuxième match de la saison contre les Flames, au Saddledome de Calgary.

Les Flames forment l'une des meilleures équipes de la LNH. À la fin de la saison, ils remporteront d'ailleurs la coupe Stanley en sept matchs contre le Canadien, au Forum.

Le Saddledome est un endroit très particulier pour disputer un match de hockey. C'est l'amphithéâtre le plus silencieux de la LNH. Quand le jeu se déroule, on a parfois l'impression qu'on pourrait entendre voler une mouche.

Pendant l'une de mes présences sur la patinoire, j'entends des insultes pleuvoir

— *You're a f... fraud! F... you!*

Et celui qui lance ces grossièretés semble avoir trouvé un interlocuteur capable de lui répondre.

— *F... you Crispy!*

Et là je me demande sérieusement qui sont les deux types qui se chicanent, non pas pendant un arrêt de jeu, mais pendant que les Flames et nous sommes en train de nous disputer la possession de la rondelle.

Et ça se poursuit de plus belle :

— *F... you Crispy!*

— *Verny! You're just awful!*

Je me rends finalement compte que c'est l'entraîneur des Flames, Terry Crisp, qui s'engueule avec Mike Vernon, son gardien numéro un. À partir du banc, Crisp vilipende Vernon. Et depuis son filet, dès que la rondelle quitte son territoire, Vernon lui répond de plus belle!

Pour la première fois, je me rends compte que Terry Crisp est un entraîneur très particulier.

◎

Trois ans plus tard, en 1992-1993, Crisp est mon entraîneur en chef chez le Lightning de Tampa Bay. C'est la première année d'existence de cette équipe d'expansion et tout est à bâtir.

Terry Crisp était un entraîneur extrêmement intense. Il était certainement l'entraîneur le plus combatif que j'aie eu durant ma carrière de 20 ans dans la LNH. Il était très exigeant mais en contrepartie, il savait récompenser ceux qui livraient la marchandise.

Après sa carrière, Crisp m'a raconté qu'il avait aimé tous les joueurs qu'il avait dirigés dans la LNH:

« Il n'y a pas un joueur que je n'aurais pas invité à souper chez moi. En tant qu'individus, je les appréciais tous. Par contre, il y en a eu plusieurs que je ne voulais pas compter au sein de mon équipe parce que je n'aimais pas la manière dont ils jouaient. »

Mais revenons en 1992-1993. Crisp garde constamment ses joueurs sur le qui-vive. Et il passe parfois ses messages avec un certain humour, de manière tout à fait savoureuse.

À Tampa, l'un des joueurs qui met la patience de Crisp à rude épreuve est l'attaquant Chris Kontos. L'entraîneur a beaucoup de difficulté à composer avec sa façon de jouer et il le rappelle souvent à l'ordre.

Nous sommes au beau milieu d'un match et Kontos vient de compléter une présence que Crisp juge lamentable. L'entraîneur suit Kontos du regard pendant qu'il retraite vers le banc. Et dès que ce dernier s'assoit, Crisp se poste derrière lui. Ensuite, Crisp se tourne en direction de son adjoint, Wayne Cashman, qui travaille à l'autre bout du banc.

— *Wayne! Wayne!* s'écrie-t-il pour attirer l'attention de Cashman mais aussi celle de tous les joueurs campés au banc.

Cashman le regarde et se demande de quoi il en retourne. Sur le banc, tout le monde écoute leur conversation.

— *What ?* répond Cashman.

— *Wayne ! Next time that I put Kontos on the ice, I want you to come over here and kick me in the balls !* (La prochaine fois que j'embarque Kontos sur la patinoire, je veux que tu viennes me donner un coup de pied dans les couilles !)

C'était un brin méchant mais il y avait aussi quelque chose de drôle dans cette intervention. Sur le banc, nous avons tous compris que la soirée de travail de Kontos venait de prendre fin.

En une autre occasion – je crois que c'était au début de la saison 1993-1994 –, nous sommes sur le point d'affronter les Maple Leafs au Maple Leaf Gardens quand Terry Crisp fait son entrée dans le vestiaire.

— Les gars, je sais que je crie trop derrière le banc. Ma femme me le dit tout le temps. J'ai suivi une thérapie cet été afin de mieux contrôler mes émotions et je vais cesser de crier. Je sais que je vous rends plus nerveux quand j'agis de cette manière, alors j'arrête. Je ne crie plus ! Ce soir, je serai derrière le banc uniquement pour faire les changements de trios. On va avoir du plaisir et on va bien jouer. Les crises, c'est fini.

Dans le vestiaire, les gars se regardent sans trop savoir comment réagir. Certains sont visiblement satisfaits de cette annonce. Tous les joueurs ne sont pas capables d'offrir leur plein rendement lorsqu'ils sont soumis à une forte et constante pression.

Nous nous rendons ensuite sur la patinoire et le match commence. Au bout de dix minutes, nous tirons de l'arrière. Et nous sentons que derrière le banc, Crisp est en train de perdre patience.

Après une mauvaise séquence, le coach n'en peut plus. Il demande un temps d'arrêt. Et quand les joueurs se regroupent autour du banc pour l'écouter, il hurle :

— *You f… guys ! It doesn't work ! I didn't yell for ten minutes and we're losing 2-0 ! F… off ! I'm yelling again ! Let's go !* (Bande de maudits ! Ça ne fonctionne pas ! Je n'ai pas crié pendant 10 minutes et on perd 2-0 ! Maudite marde ! Je recommence à crier ! Allez, on recommence !)

En tout, sa nouvelle résolution avait duré dix minutes.

◉

Scotty Bowman et Joel Quenneville ont été les meilleurs entraîneurs pour lesquels j'ai eu la chance de jouer. Pour «ressentir» un match de hockey et pour apporter des ajustements au cours d'un match, Bowman et Quenneville se situaient dans une catégorie à part. Mais cela n'enlève rien à Terry Crisp, qui était un bon communicateur. En tout, il m'a dirigé pendant trois ans et j'ai adoré jouer sous ses ordres. Il était capable de faire passer ses messages et ce n'est pas une qualité que tous les entraîneurs possèdent.

Au cours de la saison 2000-2001, les Blues de Saint Louis m'échangent aux Penguins de Pittsburgh, qui sont dirigés par Ivan Hlinka. Or, cet entraîneur d'origine tchèque ne parle pas l'anglais et ça complique drôlement les choses.

Lorsqu'il était joueur, Hlinka était une star dans l'ancienne Tchécoslovaquie. C'était un joueur de centre de grand format qui possédait de redoutables habiletés de marqueur. On disait de lui qu'il était le Phil Esposito des Tchèques.

Après sa carrière de hockeyeur, Hlinka est devenu entraîneur et il a connu beaucoup de succès, tant dans la ligue élite tchèque qu'au niveau international. En 1998, il est devenu un héros national dans son pays en menant la République tchèque à la conquête de la médaille d'or aux Jeux olympiques de Nagano. Pour cette petite nation, c'était un accomplissement historique et remarquable.

Or, ces succès ont eu des échos jusque dans la LNH et plus particulièrement à Pittsburgh. À la fin des années 1990, Mario Lemieux étant tenu à l'écart du jeu depuis quelques années en raison de problèmes de santé, les dirigeants des Penguins décident de parier largement sur le talent tchèque, qui est alors très en vogue. Les Tchèques sont populaires parce qu'ils règnent sur le monde du hockey. Non seulement ont-ils remporté l'or à Nagano, mais ils ont aussi décroché le Championnat du monde au cours des mois suivants.

En 2000-2001, quand Lemieux réintègre l'alignement après une pause de trois saisons, pas moins de 10 joueurs tchèques endossent l'uniforme des Penguins. Parmi eux, on trouve notamment des vedettes comme Jaromir Jagr, Martin Straka et Robert Lang. Et en plus des 10 Tchèques, on compte une demi-douzaine d'autres Européens au sein de l'équipe.

Sans doute par souci de cohérence avec leur nouvelle philosophie, les dirigeants des Penguins ont donc confié leur équipe à Ivan Hlinka. Mais, comme je l'ai dit, ce dernier parle à peine l'anglais. Il est incapable de communiquer avec les joueurs nord-américains, ce qui occasionne plusieurs problèmes et frictions au sein de la formation.

Au banc, durant les matchs, on entend surtout du tchèque et à peu près jamais de consignes en anglais. Lors des réunions d'équipe et avant les rencontres, ce sont les entraîneurs adjoints qui livrent les discours et qui font les mises au point. C'est une mauvaise idée d'avoir confié la formation à Hlinka. À plusieurs niveaux, ça ne fonctionne tout simplement pas.

Le 11 février 2001, nous sommes au tout nouvel amphithéâtre du Wild du Minnesota, le Xcel Energy Center. Et nous nous préparons pour le match. Près de notre vestiaire, un gardien de sécurité s'assure que personne ne vienne troubler notre quiétude.

Ivan Hlinka est un gros fumeur. Avant les rencontres, il a l'habitude de s'isoler un peu et d'arpenter les corridors de l'aréna en grillant quelques cigarettes.

Vers 17 h 30, équipé de son paquet de cigarettes, Hlinka s'éloigne donc lentement du vestiaire. Et en fumant, il semble jeter un coup d'œil intéressé aux détails architecturaux et à l'aménagement du Xcel Energy Center, que tout le monde considère comme l'un des plus beaux amphithéâtres de la LNH.

À un certain moment, alors que Hlinka est complètement au bout du corridor, j'appelle le garde de sécurité et je pointe notre entraîneur du doigt.

— Tu vois le type là-bas?

— Oui, répond le gardien.

— Eh bien, premièrement il n'a pas d'affaire à fumer! Et puis ce type ne fait pas partie de l'équipe. Il n'est pas avec nous autres. Je ne sais pas pourquoi tu le laisses traîner de cette façon près de notre vestiaire. Peux-tu le faire sortir, s'il te plaît?

Le gardien semble heureux qu'il y ait enfin un peu d'action dans sa journée.

— Pas de problème. On le met dehors tout de suite! assure-t-il.

Et d'un pas décidé, presque fébrile, il part à la rencontre de Hlinka.

Au même moment, l'un de nos préposés à l'équipement passe dans le corridor. Je le saisis par un bras.

— Regarde ça! Regarde ça! On va rire un peu.

Le gardien arrive à la hauteur de Hlinka:

— *Sir, you have to go! You don't belong here!* ordonne-t-il. (Monsieur, vous devez partir. Vous n'avez pas d'affaire ici.)

Dans son anglais approximatif, notre entraîneur essaie de décliner son identité.

— *No! Coach team!*

Le gardien s'impatiente.

— *Sir, you have to leave now!* (Monsieur, vous devez quitter maintenant!)

— *No! I coach team!*

Le gardien l'agrippe alors par une manche et il le conduit jusqu'à l'extérieur de l'aréna. Et tout le long du trajet, Hlinka continue de protester:

— *I coach team! I coach team!*

Mais le gardien ne veut rien entendre.

— *Sir, just go!* (Monsieur, allez-vous-en!)

C'était vraiment hilarant. C'est l'un des bons tours que j'ai joués durant ma carrière.

Les préposés à l'équipement sont finalement allés le chercher à l'extérieur de l'aréna. Le pauvre Hlinka ne comprenait pas pourquoi il s'était fait jeter dehors.

Cette saison-là, en séries éliminatoires, nous nous sommes rendus jusqu'en finale de conférence. Pour ma part, je suis retourné chez les Blues de Saint Louis la saison suivante.

Quand Hlinka est retourné à Pittsburgh pour le camp d'entraînement de la saison 2001-2002, il a été critiqué par Mario Lemieux, qui lui reprochait de ne pas avoir fait d'efforts pour améliorer son anglais durant l'été. Hlinka a été congédié après seulement quatre rencontres.

Il est malheureusement décédé trois ans plus tard dans un accident de la route.

◉

J'ai toujours aimé jouer des tours à ceux qui m'entouraient au sein de mes équipes de hockey. C'était plus fort que moi.

À Tampa, nous avions à la clinique un bassin de cire thérapeutique. Il s'agissait d'un récipient de cire chaude à l'intérieur duquel il était possible de se tremper les mains ou les pieds.

Par exemple, un joueur ayant mal aux jointures pouvait brièvement s'y plonger les mains, et la chaleur de la cire produisait rapidement un effet bienfaisant. Ensuite, quand la cire avait refroidi, on l'épluchait et on la replongeait dans le bassin chauffant afin qu'elle puisse se dissoudre et être réutilisée. Dans toutes les organisations dont j'ai fait partie, l'usage de la cire thérapeutique était largement répandu.

Un bon matin, alors que je suis l'un des premiers à me présenter dans le vestiaire pour une séance d'entraînement, je constate que les préposés de l'équipe ont laissé une grosse boîte de beignes sur la table à l'intention des joueurs.

Je ne fais ni une ni deux. Je m'empare de la boîte et je me rends près du bassin de cire chaude. J'y trempe ensuite soigneusement chaque beigne, un par un, en m'assurant que ça ne dégoutte pas et que leur apparence reste impeccable. Après avoir complété mon œuvre, je replace le tout sur la table, exactement comme les préposés au vestiaire l'avaient fait.

Quelques minutes plus tard, Rob DiMaio arrive dans le vestiaire, un café à la main. Et il ne cache pas sa satisfaction en apercevant la boîte de beignes. Il s'approche de la table et, après quelques secondes de réflexion, il prend celui qui lui semble le plus appétissant. Et il mord joyeusement dedans.

— *What the f…!* s'écrie-t-il dès qu'il commence à mastiquer.

Perplexe, estimant être tombé sur une mauvaise variété, il jette le beigne à la poubelle et replonge sa main dans la boîte pour en choisir un autre. Avec le même résultat. En même temps, les membres du personnel éclatent de rire, ce qui vend la mèche.

En tout, nous avons réussi à tromper quatre ou cinq joueurs, dont le visage se crispait chaque fois de manière hilarante dès qu'ils commençaient à mastiquer leurs beignes. Nous avons vraiment ri cette journée-là.

Peu de temps après, je me fais intercepter par une auto-patrouille en rentrant chez moi après une séance d'entraînement. Je ne comprends pas ce qui se passe.

— Votre véhicule n'est pas immatriculé, me reproche le policier.

Rob DiMaio vient de me rendre la monnaie de ma pièce en appliquant du ruban gommé blanc sur toute la surface de ma plaque d'immatriculation.

La vengeance, comme la cire, est un plat qui se mange froid.

En 1995-1996, après trois saisons passées à Tampa, je me retrouve chez les Red Wings de Detroit, qui sont dirigés par Scotty Bowman.

Au sein de notre alignement, on trouve cinq Russes : les attaquants Viatcheslav Kozlov, Sergei Fedorov et Igor Larionov ainsi que les défenseurs Viatcheslav Fetisov et Vladimir Konstantinov.

À la suite d'une suggestion de Larionov, Bowman emploie systématiquement les Russes en unité de cinq sur la patinoire. Et les immenses succès qu'ils obtiennent leur vaut le surnom de « Russian Five ».

Avant les matchs, les membres du Russian Five ont l'habitude de s'échauffer en s'amusant avec un ballon de soccer. C'est la première fois que j'assiste à une chose pareille.

De nos jours, les joueurs de toutes les équipes se détendent et s'échauffent en s'amusant avec des ballons avant d'enfiler leur uniforme. Mais en 1995, c'était extrêmement innovateur. Avant les matchs, les joueurs de l'époque avaient plutôt l'habitude de boire quelques cafés, d'appliquer du ruban gommé sur leurs bâtons et de jaser avec les soigneurs.

Chose certaine, la méthode d'échauffement du Russian Five était bien différente de la routine d'avant-match que nous avions en

1992-1993, lors de la première année d'existence du Lightning de Tampa Bay.

Peu de gens s'en souviennent mais, cette saison-là, nous disputions nos matchs locaux au Expo Hall, un petit amphithéâtre de 11 000 places situé sur un grand site de foire qui porte le nom de Florida State Fairgrounds. Or, le Expo Hall était situé juste à environ 50 pieds d'un très grand étang. Juste à côté de notre vestiaire, une porte de l'édifice menait directement à ce plan d'eau.

Avant les matchs et les entraînements, plusieurs joueurs arrivaient de bonne heure. Ils se dépêchaient d'enfiler leur combinaison au vestiaire. Puis ils s'emparaient d'une des nombreuses cannes à pêche que les préposés à l'équipement entreposaient dans leur remise, et ils allaient pêcher! Par exemple, si le match était prévu à 19 h 30, de nombreux joueurs pêchaient de 16 h 30 à 17 h 30, après quoi ils retournaient vaquer à leurs occupations.

Le vestiaire de l'équipe adverse était situé tout près du nôtre. Alors, quand nos adversaires franchissaient la porte pour prendre l'air à l'extérieur, ils apercevaient une bande de hockeyeurs en « combines » en train de pêcher. C'était assez surréaliste comme scène et ça piquait leur curiosité.

Nous n'avons récolté que 23 victoires cette saison-là. Mais nous avons capturé une très grande quantité d'achigans.

Le sport est le parfait reflet de la société au sein de laquelle on le pratique. Ainsi, la plupart des changements qui frappent la société finissent aussi par avoir des impacts dans le monde du sport.

Quand je repense à mes débuts dans la LNH en 1984-1985, j'ai parfois de la difficulté à croire à tous les changements dont j'ai été témoin au sein de notre sport. Quand j'avais 19 ans, les joueurs avaient parfois des habitudes qui seraient totalement inconcevables si elles étaient transposées à notre époque.

Par exemple, à ma première saison chez les Blackhawks, l'équipe évoluait encore au Chicago Stadium. Ce vieil amphithéâtre inauguré en 1929 était reconnu pour son grand orgue à tuyaux. Quand l'organiste se déchaînait sur cet instrument (composé de plus de 3 600 tuyaux) et que la foule renchérissait, l'édifice en tremblait.

Le Chicago Stadium avait été l'un des premiers grands amphithéâtres érigés aux États-Unis pour une équipe de hockey. Et évidemment, le design de l'édifice n'était pas aussi raffiné que celui des amphithéâtres de notre époque mais ça ajoutait au cachet de l'endroit.

Au Stadium, les sorties donnant accès aux vestiaires se trouvaient derrière les buts. Alors, quand une période prenait fin, notre entraîneur Bob Pulford ne pouvait accéder directement à notre vestiaire. Il devait obligatoirement marcher sur la patinoire. Ensuite, après avoir quitté la surface glacée, on accédait au vestiaire des Blackhawks en descendant un escalier.

Quand l'entraîneur arrivait dans le vestiaire, les joueurs y étaient donc bien installés depuis un bon moment.

Juste à côté du vestiaire dans lequel nous enfilions notre équipement, il y avait une autre pièce. C'était un autre vestiaire, une antichambre à laquelle les journalistes n'avaient pas accès et où nous laissions nos vêtements de ville. Après les matchs, nous allions nous rhabiller à cet endroit.

Dans ce deuxième vestiaire, on trouvait plusieurs gros cendriers sur pied, qui mesuraient environ un mètre de haut. Les cendriers étaient des accessoires essentiels dans cette pièce parce qu'au sein de notre formation, comme dans toutes les autres équipes de la LNH, à peu près la moitié des joueurs étaient de gros fumeurs.

Durant les entractes, dès qu'ils posaient le pied dans le vestiaire, les fumeurs de l'équipe retiraient rapidement leur chandail (pour éviter qu'il sente la cigarette) et ils se précipitaient dans l'antichambre afin d'en griller une. Il y avait parfois tellement de joueurs dans cette pièce que l'entraîneur aurait pu y donner ses consignes en vue de la période suivante.

Bob Pulford était lui-même un gros fumeur. Et à l'occasion, il venait rejoindre les fumeurs dans l'antichambre. Et c'était parfois à ce moment qu'on avait droit aux scènes les plus surréalistes.

— Excuse-moi, coach. As-tu du feu? demandait l'un des joueurs.

L'entraîneur sortait alors son briquet. Et c'était lui qui, une à une, allumait les cigarettes de chacun des joueurs!

Tous les joueurs de hockey n'étaient pas des fumeurs à cette époque. Mais c'était la norme de griller une cigarette entre les périodes. On trouvait facilement huit ou dix fumeurs dans chaque équipe de la ligue.

Le tabac faisait tellement partie des mœurs que le défenseur Al Iafrate, lorsqu'il allumait une torche pour préparer ses bâtons, utilisait systématiquement la torche pour allumer la cigarette qu'il tenait entre ses lèvres.

Je repense parfois à cette époque, et j'essaie d'imaginer un entraîneur de 2014 se présenter dans son vestiaire avec son briquet pour allumer les cigarettes de ses joueurs. Et ça semble irréel.

Les temps ont bien changé.

Michel Laplante

La carrière de baseballeur professionnel de Michel Laplante n'a peut-être pas défrayé les manchettes. Mais à titre de président des Capitales de Québec et de propriétaire du manufacturier de bâtons et d'équipement de baseball B-45, il est aujourd'hui l'un des plus importants acteurs sur la scène du baseball québécois. Il est aussi l'un des plus exceptionnels athlètes – toutes catégories confondues – qu'il m'ait été donné de rencontrer.

Originaire de Val-d'Or, Laplante pratiquait le hockey, le tennis et une kyrielle d'autres disciplines lorsqu'il était enfant. Étonnamment, ce n'est qu'au début de l'âge adulte, par le plus grand des hasards, qu'il a commencé à jouer au baseball dans une ligue récréative avec des amis.

« Avec le recul, c'est étrange de constater que la croisée des chemins survient parfois aussi jeune qu'à 17, 18 ou 19 ans. À cet âge, je n'avais aucune idée de ce que je voulais faire dans la vie. Et je ressentais une forte pression sociale. Les gens me demandaient ce que j'allais devenir et je ne savais pas quoi leur répondre », se souvient-il.

À cette époque, malgré sa totale inexpérience en matière de baseball, Michel Laplante domine totalement ses pairs au sein de sa petite ligue récréative abitibienne. Au point où le responsable de Baseball-Québec pour cette région vient le rencontrer afin de l'inciter à persévérer.

« Le représentant de la fédération m'a dit : "Ça n'a pas de sens, il faut que tu fasses quelque chose avec ce talent." J'ai alors eu le sentiment que j'étais en train de manquer le bateau et qu'il fallait que je fonce. »

◉

L'automne suivant, Laplante se présente à un camp d'évaluation d'une journée organisé par les Bisons de Saint-Eustache, de la Ligue de baseball Montréal Junior Élite. Et à sa grande surprise, il est invité à se joindre au personnel de lanceurs de l'équipe en vue de la saison 1990.

« J'ai saisi cette occasion parce que je voulais vivre quelque chose de différent. Pour moi, le simple fait de déménager dans la région de Montréal s'annonçait comme une aventure. »

Dès sa deuxième saison, Laplante est époustouflant et il mène les Bisons au championnat de la ligue. Il est ensuite invité à se joindre à l'excellent programme de l'Académie de baseball du Canada. Et lors de la saison suivante, il devient membre de l'équipe nationale !

« Pour la première fois de ma vie, le baseball m'a permis de prendre l'avion et de traverser la frontière américaine. C'était définitivement ce que je voulais faire dans la vie. Toutefois, à peu près tout le monde me disait à quel point il était dommage que j'aie commencé à jouer aussi tard. J'étais rendu au début de la vingtaine. Et généralement, les joueurs ne se font plus repêcher à un âge aussi avancé. »

En mai 1992, en s'appuyant sur les recommandations de leur recruteur québécois Steve Oleschuk, les Pirates de Pittsburgh sélectionnent tout de même Laplante, qui est alors âgé de 22 ans.

C'est ici que débute sa première histoire…

Lost in translation...

Après mon trop court passage dans le baseball junior québécois, j'ai été repêché par les Pirates de Pittsburgh en 1992 et je me suis retrouvé au sein de leur club-école de Welland, en Ontario.

L'équipe de Welland évoluait dans la ligue New York-Penn, un circuit de niveau A faible. Les organisations du baseball majeur possèdent généralement au moins six clubs-écoles de différents calibres afin de développer leurs jeunes espoirs. Après la ligue des recrues, Welland constituait le deuxième échelon de la longue route menant aux grandes ligues.

Ça peut sembler drôle à dire, mais j'étais alors un peu niaiseux en termes de culture de baseball. Parce que j'avais commencé à pratiquer le baseball à 18 ans et que j'avais tellement peu joué dans les rangs amateurs, une foule de détails m'échappaient complètement durant le déroulement des matchs.

Dans les rangs juniors, j'étais déjà très en retard par rapport à mes coéquipiers qui avaient commencé à jouer au baseball durant leur tendre enfance. C'était donc bien pire dans les rangs professionnels, d'autant plus que je ne maîtrisais pas bien l'anglais.

En tant que Québécois dans l'organisation des Pirates, j'étais « tout seul de ma gang », comme on dit chez nous. Quand j'étais assis à bord de l'autobus de mon équipe, je ne comprenais à peu près rien de ce qui se disait autour de moi. Les joueurs latinos, par exemple, ont la chance de s'intégrer un peu mieux dans le monde du baseball professionnel parce qu'on en trouve toujours trois ou quatre au sein d'une équipe. Comme les Québécois le font au hockey, les Dominicains ont le réflexe de se regrouper et de s'entraider, ce qui facilite considérablement l'intégration des nouveaux.

Cet isolement, par contre, ne me rendait pas du tout malheureux. J'assumais totalement ma situation. Pour moi, le baseball était une sorte de véhicule qui me permettait de vivre des aventures incroyables. Ce sport m'avait permis de quitter Val-d'Or pour découvrir autre chose. Et dans ma tête, mon séjour dans les rangs professionnels allait me permettre d'apprendre l'anglais et d'éventuellement découvrir la culture américaine. Cette situation me rendait parfaitement heureux.

Je porte donc les couleurs de Welland et la scène que je vous raconte se déroule durant mon troisième ou quatrième départ de la saison. Nous sommes en sixième manche et le match se passe plutôt bien : je n'ai accordé qu'un point jusqu'à présent et nous détenons une avance de 2 à 1 ou de 3 à 1.

Mais soudainement le tapis commence à me glisser sous les pieds. Après avoir pris l'avance dans le compte, j'accorde un petit coup sûr.

Et lorsque le frappeur suivant se présente à la plaque, j'accorde un but sur balles…

Cette année-là, le superviseur des lanceurs de l'organisation des Pirates était Pete Vukovich, un homme imposant et assez intense qui avait remporté le trophée Cy Young 10 ans plus tôt, dans l'uniforme des Brewers de Milwaukee.

Deux ou trois semaines auparavant, Vukovich nous avait longuement expliqué à quel point il considérait important de servir des lancers à l'intérieur quand nous détenions une avance dans le compte. Vukovich s'était montré très insistant là-dessus. Au point où il avait instauré un règlement qui devait être respecté par tous les lanceurs de l'organisation. Quand nous détenions une avance d'aucune balle, deux prises, il nous obligeait à servir un lancer haut à l'intérieur. Nous n'avions pas le droit de lancer une prise dans cette situation, sous peine de recevoir une amende.

Je n'étais pas nécessairement d'accord avec cette philosophie. Cependant, ce n'était pas la raison pour laquelle je n'appliquais pas la consigne de Vukovich dans ce match. Elle m'était simplement sortie de la tête, d'autant plus que j'avais connu beaucoup de succès auparavant en variant davantage mon approche tactique et la localisation de mes lancers.

Revenons donc à ce fameux match. Je viens d'accorder un but sur balles, ce qui permet à l'équipe adverse de placer un deuxième coureur sur les sentiers. Comme il se doit, mon receveur demande alors un temps d'arrêt pour venir me jaser un peu et m'aider à retrouver ma concentration.

Toutefois, malgré son intervention, le frappeur suivant cogne un autre simple.

Dans l'abri, notre gérant Trent Jewett s'impatiente depuis un bon moment. Mais je ne m'en rends pas compte. Je n'ai pas suffisamment de bagage culturel en matière de baseball pour lire son langage corporel et comprendre que la stratégie que j'adopte avec les frappeurs ne lui convient pas du tout.

Visiblement mécontent, Jewett quitte alors l'abri. D'un geste sec, il demande un temps d'arrêt à l'arbitre et se dirige vers le monticule d'un pas décidé. Le receveur retire son masque et nous rejoint au pas de course pour savoir de quoi il en retourne.

En arrivant à ma hauteur, le gérant me dévisage pendant un court moment. Puis il lance :

— *Frenchie, when was the last f... time you threw inside?* (Frenchie, c'est quand la dernière crisse de fois que tu as lancé à l'intérieur ?)

Pendant que la traduction se fait dans ma tête, je regarde brièvement mon receveur. Et je réponds sans la moindre hésitation, le plus sincèrement du monde :

— *Last year, in Olympic Stadium!* (La saison dernière, au Stade olympique !)

Ma réponse saisit totalement Jewett, qui entrouvre les lèvres mais ne parvient pas à me répondre. Sur le coup, je ne comprends pas pourquoi aucun mot ne sort de sa bouche. Le gérant détourne alors le regard en direction du receveur, qui ne sait pas quoi dire et qui choisit de demeurer silencieux. Puis Jewett jette un dernier coup d'œil en ma direction avant de virer de bord et de retraiter vers l'abri.

Pendant que le gérant quitte le terrain, je vois par les soubresauts de ses épaules qu'il vient d'éclater de rire. Je ne comprends pas ce qui vient de se passer.

Je parviens finalement à terminer la manche et quand je rentre à l'abri, le gérant veut me dire que ma journée de travail est terminée et qu'il optera pour un releveur. Mais il n'est pas capable de me parler. Il est plié en deux. Il rit à en avoir les larmes aux yeux.

Après la rencontre, Jewett passe dans le vestiaire.

— Laplante ! Je veux te voir dans mon bureau.

Quand je me présente à sa porte, il m'invite à m'asseoir. Son adjoint Wayne Garland est aussi présent dans le bureau. Les deux se retiennent clairement pour ne pas rire de nouveau. Jewett ouvre ensuite la porte du réfrigérateur et il me tend une bière. Puis, avec son musical accent du Texas, il lance la discussion :

— *I've been in this game for a looong, looong time, but I've never heard that one!* (J'ai passé toute ma vie dans le monde du baseball mais je n'avais encore jamais entendu cette réplique-là !)

Il m'a ensuite expliqué que lorsqu'il était question de lancers à l'intérieur, il ne voulait pas savoir si j'avais déjà lancé dans un stade couvert! Et il m'a réexpliqué la politique de l'équipe en cette matière.

Cette histoire est survenue il y a plus de 20 ans et il m'arrive encore d'en entendre parler. Les dirigeants de l'équipe de Welland à cette époque participent parfois à des conférences d'entraîneurs de lanceurs aux États-Unis. Et ils aiment bien raconter cette anecdote à leur auditoire.

Trois cent soixante-quatre jours à Taiwan

Après quatre saisons dans les ligues mineures professionnelles (affiliées au baseball majeur), j'ai évolué pour la toute première fois au sein d'une ligue indépendante en 1996. Les ligues indépendantes regroupent généralement des joueurs qui ont fait carrière dans le baseball affilié et qui se retrouvent sans contrat.

Les joueurs qui optent pour le baseball indépendant le font pour différentes raisons. Certains parce qu'ils ont simplement encore le goût de jouer à un niveau très compétitif. D'autres espèrent attirer suffisamment l'attention pour décrocher un autre contrat avec une organisation du baseball majeur.

En 1996, mon gérant était Wayne Krenchicki, un ancien joueur des Expos. Au terme de la saison, en octobre, alors que j'étais retourné à Val-d'Or pour la saison morte, Krenchicki m'appelle pour m'annoncer qu'une nouvelle ligue de baseball professionnel est sur le point de voir le jour à Taiwan.

— Michel, cette ligue va tenir des camps d'essai en Floride et en Californie. Ils veulent embaucher des joueurs qui ont au moins deux ou trois années d'expérience professionnelle. Ils ont invité une quarantaine de gars à aller jouer là-bas. Tu devrais te présenter à l'un de ces camps, suggère-t-il.

— Pourquoi pas?

Deux semaines plus tard, je figure parmi les cinq joueurs sélectionnés en Floride (cinq autres joueurs ont été retenus en Californie) et je pars pour Taiwan!

Je suis alors âgé de 26 ans et j'ai le goût de l'aventure. Ma blonde aussi, et elle soutient totalement ce projet. Je ne me rends donc pas à Taiwan à reculons. À bord de l'avion qui me transporte là-bas, j'étudie déjà un manuel de mandarin et je me fixe comme objectif de parler cette langue dans un an.

La nouvelle ligue porte le nom de Taiwan Major League (TML) et elle est entièrement financée par Chiu Fu-sheng, un magnat des médias taiwanais. Ce milliardaire a décidé de fonder sa propre ligue afin de concurrencer la Chinese Baseball League (CBL) dont les joueurs et les dirigeants d'équipes sont corrompus par la mafia. La CBL est aux prises avec un énorme scandale de matchs truqués. Les criminels qui soudoient les joueurs et les entraîneurs de la CBL parviennent ainsi à déjouer les cotes établies par les preneurs aux livres et à empocher des sommes faramineuses.

Le fondateur de la TML promet que son circuit (qui ne comptera que quatre équipes) sera propre et exempt de corruption.

Dès mon arrivée là-bas, je me rends compte que M. Chiu a investi des sommes colossales. Nous sommes une trentaine de joueurs étrangers, dont plusieurs ont déjà joué dans les majeures. Les anciens des majeures sont grassement payés et nous logeons dans les plus luxueux hôtels.

Pour lancer les activités de la Taiwan Major League, Chiu a prévu un camp d'entraînement de trois semaines. Et ce camp doit être suivi par un grand tournoi qui sera disputé pendant trois autres semaines (20 matchs) dans les plus grandes villes de l'île. Ce n'est qu'après ce tournoi, à la mi-décembre, qu'un repêchage aura lieu afin de former les vraies équipes de la TML en vue de la saison 1997.

D'un point de vue marketing, le plan de M. Chiu est plutôt ingénieux.

Pour ma part, je m'adapte assez bien à mon nouvel environnement. Je viens de passer quatre ans dans les ligues mineures aux États-Unis et, par conséquent, ma maîtrise de la langue anglaise est désormais assez bonne.

Toutefois, pendant le camp, l'entraîneur de mon équipe est un Japonais qui s'exprime en chinois lorsqu'il s'adresse aux joueurs. L'entraîneur est donc constamment flanqué d'un traducteur qui nous retransmet, dans un anglais approximatif, les consignes qui viennent d'être données en chinois. Par conséquent, lorsque je reçois les consignes en anglais, il y a quand même un léger délai de traduction dans ma tête afin de tout reformuler en français.

Cela fait en sorte que, quand le gérant donne des consignes à l'équipe et que je finis par reconvertir le tout en français, les autres joueurs ont fait trois pas vers la gauche alors que je suis rendu à droite !

Mais cette situation m'amuse follement. C'est exactement le genre d'aventure dont j'avais envie. Ce n'est pas le cas des quelques Américains et du Vénézuélien dans mon groupe, qui contrairement à moi, semblent ressentir un grand choc culturel.

— *What the f... ?* Je ne resterai pas longtemps ici ! disent-ils.

À la mi-novembre, deux jours avant le début du tournoi, l'équipe me remet mon uniforme. Ce n'est toutefois pas « Laplante » qui est inscrit sur mon chandail. Les dirigeants de l'équipe ont plutôt fait écrire « Le Fan Tien », le surnom dont on m'a affublé quelques semaines après mon arrivée à Taiwan.

En chinois, Le Fan Tien signifie « Heureux à en virer le ciel à l'envers »...

Je retourne à ma chambre d'hôtel avec mon uniforme et j'accroche mon chandail au mur. Le Fan Tien est écrit en caractères chinois et je me dis que ce serait comique de pouvoir écrire mon nouveau surnom dans cette langue. De toute manière, je n'ai pas grand-chose à faire et il n'y a rien d'intéressant à la télévision.

Je dois m'y reprendre une centaine de fois avant de pouvoir reproduire et lier correctement tous les petits caractères en forme de maisonnettes qui composent mon nom. Mais je finis par y arriver !

Deux jours plus tard, je lance le premier match du tournoi. Et après la rencontre, des amateurs attendent les joueurs pour obtenir des autographes. Je signe alors mes premiers autographes en chinois.

Auprès des amateurs de baseball taiwanais, le fait que je sois capable de signer mon autographe dans leur langue a presque l'effet d'une bombe! À compter de ce moment, je deviens l'un des favoris des foules. Les Taiwanais apprécient le fait que je me sois acheté un scooter et que j'essaie de vivre comme eux, en mangeant leur cuisine et en fréquentant leurs restaurants. Les autres joueurs semblent un peu moins entichés de la culture ambiante. Ils essaient le plus possible de conserver leurs habitudes occidentales.

◉

Les dirigeants de la TML ne mettent pas de temps à exploiter ma soudaine popularité et les demandes d'apparition publique sont de plus en plus nombreuses. Ils me remettent constamment des petits bouts de papier sur lesquels sont inscrits des adresses et le nom des personnes qui doivent m'accueillir à destination. Je présente ces bouts de papier aux chauffeurs de taxi, qui me conduisent à bon port et me ramènent à l'hôtel.

Les joueurs américains rigolent sans cesse en voyant toutes les aventures dans lesquelles je me retrouve empêtré. À la fête des Mères, par exemple, on me fait monter à bord d'une jeep, en uniforme, à 7 h du matin. Le véhicule est rempli de roses. On m'apprend à dire «Joyeuse fête des Mères» en chinois et on me demande de distribuer des roses à tous les passants.

— *What the f... is that?* se moquent les autres joueurs étrangers.

Parallèlement à ce cirque, sur le terrain, le tournoi préliminaire se déroule très bien pour moi. Tous ces facteurs font en sorte qu'avant que le repêchage ait lieu, je parviens à me négocier un contrat de 102 000 $ pour la saison 1997. J'ai négocié très dur mais je suis content du résultat. Ce salaire représente une fortune en comparaison des 1 400 $ par mois que je gagnais dans les ligues mineures en Amérique.

Le 15 décembre, la Taiwan Major League procède au tout premier repêchage de son histoire. L'empire médiatique de M. Chiu fait en sorte que tout le monde soit au courant de ce grand événement, qui est retransmis à la télévision.

Nous, les joueurs, sommes tous assis dans des gradins aménagés à l'intérieur d'une très grande salle. La cérémonie est assez chic et solennelle. Nous portons tous veston et cravate.

Je suis installé dans la salle et je regarde ce qui se passe sur la scène mais je ne comprends rien à ce qui se dit, puisque tout se passe en chinois. C'est l'équipe de la ville de Chiayi, le Luka Chiayi-Tainan, qui détient le premier choix de la séance. Et soudainement, j'entends « LE FAN TIEN ! » retentir des haut-parleurs.

Je viens d'être sélectionné au tout premier rang !

Je me retrouve sous les feux d'un aveuglant projecteur. Je me lève et j'essaie de me diriger vers l'avant. La situation est vraiment burlesque parce que je n'ai aucune idée de l'identité des gens qui m'attendent sur la scène. Quand je me présente sur le podium, tout le monde éclate de rire parce que je donne rapidement la main au président de ma nouvelle équipe en pensant qu'il s'agissait du maître de cérémonie. Quant au maître de cérémonie qui me remet mon chandail, je lui sers une chaleureuse accolade et j'entame une brève conversation avec lui.

Dans les gradins, les Américains sont pliés en deux.

Une fois que j'ai enfilé ma chemise de baseball, je ne sais plus trop quoi faire. Je suis le premier joueur appelé à l'avant et je n'ai aucune idée du protocole établi par les organisateurs. Je ne sais pas si je dois aller à l'avant de la scène ou retourner m'asseoir dans la salle. Dois-je retirer la chemise de ma nouvelle équipe ou la porter ? C'est tout croche, mon affaire !

La scène est tellement drôle qu'elle est rediffusée aux nouvelles durant la soirée, au grand amusement des présentateurs du bulletin. N'empêche. Cet événement mousse encore davantage la publicité de la nouvelle ligue en plus de rehausser ma notoriété auprès des amateurs de baseball.

Après le repêchage, je rentre à Val-d'Or pendant deux semaines afin de paqueter mes affaires et de remplir tous les formulaires gouvernementaux me permettant d'aller passer toute l'année suivante à Taiwan. Ma blonde et moi entreprenons ensuite la grande aventure.

Une fois de retour à Taiwan, par contre, je connais un début de saison assez ordinaire. Puisque j'ai été le premier joueur sélectionné au repêchage, les attentes à mon endroit sont assez importantes. Mais je perds mon premier départ au compte de 5 à 2. Puis je subis encore la défaite lors de ma deuxième sortie.

Quand vient le temps d'entreprendre mon troisième match, le gérant me fait savoir qu'il ne veut pas me faire relancer immédiatement. Puis finalement, le traducteur de l'équipe vient me voir pour m'apprendre que les dirigeants de l'équipe estiment que j'ai besoin d'aller prier dans un temple bouddhiste pour retrouver le chemin de la victoire.

— Ben voyons donc! Je n'irai certainement pas prier pour reprendre ma place dans la rotation. Ça n'a aucun sens!

Mais le gérant refuse obstinément de me confier la balle. Il ne me fait plus jouer! À un certain moment, je finis par obtempérer afin qu'on me foute la paix avec cette histoire. Je me retrouve donc dans un temple, à faire semblant de méditer, et je me mords les lèvres pour ne pas éclater de rire. C'est totalement surréaliste.

Quand je reviens au stade et que je raconte à mes coéquipiers ce je viens de faire, ils n'en reviennent tout simplement pas.

Quelque temps plus tard, notre traducteur qui parle plus ou moins bien l'anglais, vient à ma rencontre en me tendant une pile de petits cartons. Visiblement, il s'agit d'une autre promotion.

— Demain, tu t'en vas faire une entrevue à Taipei, m'annonce-t-il.

Taipei est située à environ 45 minutes de vol de Chiayi. Ma blonde décide de m'accompagner pour ce court voyage.

En sortant de l'hôtel, je m'assure d'avoir en main ma pile de cartons. Je remets le premier au chauffeur de taxi, qui nous conduit à l'aéroport. En arrivant à l'aéroport, je donne le second coupon au comptoir de la compagnie d'aviation, qui a bel et bien deux billets réservés à notre attention. Puis, en arrivant à Taipei, je glisse le troisième coupon dans les mains d'un autre chauffeur de taxi, qui prend connaissance des indications inscrites et qui nous emmène à un studio de télévision.

Dans ma tête, il est clair que je suis venu à Taipei uniquement pour accorder une entrevue. Sauf que le studio est vraiment immense. Ça semble être une émission à gros budget. Je suis assis dans la salle de maquillage et il y a pas mal de monde dans la pièce. Dans le studio, juste à côté, j'entends des gens applaudir. Il y a aussi un orchestre qui semble répéter quelques pièces. Quelle est cette émission à laquelle je dois participer? Je n'en ai aucune idée.

Je pose des questions aux gens qui m'entourent. Personne ne semble parler l'anglais.

La maquilleuse est sur le point de terminer son travail quand un responsable de l'émission vient finalement à ma rencontre.

— *Hi! Hi! Hi! You Le Fan Tien?* me lance-t-il en tendant la main.

Après lui avoir serré la pince, je lui demande de m'expliquer à quel genre d'émission je vais participer et quels sont les sujets qui seront abordés durant l'entrevue.

Mon interlocuteur me répond, enthousiaste:

— *Jeopardy! Jeopardy!*

— Comment ça, *Jeopardy*?

Le type de la production acquiesce. Je suis vraiment sur le point de participer à la version chinoise du fameux quizz américain. Et il semble s'attendre à une grande performance de ma part.

— *Questions! Questions! You Le Fan Tien, good! Good!*

Je ne suis pas trop certain d'avoir compris. Puis il m'invite à le suivre jusqu'au studio. Le décor est vraiment impressionnant. C'est une copie conforme du décor qu'on utilise aux États-Unis.

Le spectacle commence. On me demande de me placer derrière un rideau et de faire mon entrée lorsqu'on prononcera mon nom. L'animateur commence à parler et j'entends:

— Le Fan Tien!

Alors j'ouvre le rideau et je comprends que je dois me rendre derrière le podium, à la place qui m'est assignée. Je choisis la bonne place parce que je reconnais l'écriture de mon nom.

Les autres participants sont aussi des joueurs de la Taiwan Major League. Mais ce sont tous des Chinois. Et grand bien leur fasse, parce que toute l'émission se passe dans leur langue! L'animateur nous présente tour à tour et il nous pose les petites questions d'usage, pour briser la glace en début d'émission. Il m'interroge en chinois comme si de rien n'était. Et là, je suis pas mal déstabilisé. Je lui réponds tant bien que mal, sans savoir de quoi il vient de m'entretenir.

— Euh, *yes ? Yes !*

◎

À partir de ce moment, tout se déroule extrêmement rapidement. Le jeu commence et l'animateur lance sa première question. À mes oreilles, ça sonne comme suit :

— *Whadiahhawhadi ahh. Cheu !*

Un participant se précipite sur son bouton témoin.

— *Hun !* répond-il fièrement.

Et là, je me dis :

« Câlice, à un moment donné, il y a bien quelqu'un qui va m'installer une oreillette pour que je puisse profiter de la traduction. Ils vont faire quelque chose pour que je puisse au moins être compétitif ! »

Mais il ne se passe rien pantoute ! Et j'ai l'air perdu pas à peu près.

L'animateur me pose directement une question et je parais totalement attardé. Tout ça, c'est du chinois ! Je me tourne alors en direction d'un autre joueur, qui parle un peu l'anglais.

— Tu sembles confus, me lance-t-il.

— Ben certain que je suis confus ! Je comprends rien !

— Ce n'est pourtant pas difficile. Tu n'as qu'à appuyer sur le bouton, me répond il.

À compter de ce moment, je suis vraiment en colère. Et je me mets à appuyer sur le piton « en hostie ». Je me fous totalement d'être à la télévision devant des millions de téléspectateurs. Ma blonde est assise dans la salle et elle me fait signe de me calmer.

Arrive enfin une pause publicitaire. Je n'ai récolté aucun point. Les responsables de l'émission viennent me voir pour tenter de comprendre ce qui ne va pas.

— *Le Fan Tien, you're not very smart* (Le Fan Tien, vous n'êtes pas très intelligent), me lance, l'air désolé, une employée de la production.

Je bous à l'intérieur. Mais en même temps, c'est tellement ridicule que je trouve la situation hilarante ! J'essaie de garder mon calme et de leur expliquer que je ne suis pas un cave mais que je ne comprends tout simplement pas leur langue. Mais la pause se termine et tout le monde regagne son poste en vitesse.

L'émission reprend.

À un certain moment, les musiciens jouent un passage d'une pièce chinoise qui date peut-être de 1958. Je n'en ai aucune idée. Et on me demande de donner le titre de cette pièce. Compte tenu de la barrière de la langue et de mon bagage culturel totalement différent, c'est impossible de trouver une réponse!

Toute la deuxième partie de l'émission se déroule de cette manière. Je ne peux même pas décrire ce que j'ai répondu quand on me posait des questions. J'essayais parfois de répondre en partant d'un ou deux mots utilisés dans la question formulée par l'animateur mais je n'avais aucune idée de ce que je disais. Je ne comprenais rien du tout, et je n'en revenais tout simplement pas que les gens de l'émission ne puissent pas comprendre que je ne parlais pas leur langue.

J'ai finalement bouclé le show avec 20 points. Et je n'ai aucune idée de la manière dont j'ai pu les amasser. J'étais vraiment de mauvaise humeur à la fin, au point où j'en étais rendu déplaisant. J'appuyais sur le bouton à tout moment et je leur lançais toutes sortes de réponses farfelues.

Après l'émission, j'ai ressorti les petits cartons de ma poche et nous sommes rentrés à Chiayi. À bord de l'avion, ma blonde et moi nous pincions pour nous assurer que nous ne venions pas de rêver. Nous avons bien ri. Cette histoire s'ajoutait à toutes les aventures invraisemblables qui étaient survenues depuis notre arrivée à Taiwan.

Le lendemain, je me rends au stade pour le match. Et revoilà notre interprète quasi unilingue qui vient m'annoncer que les dirigeants de l'équipe veulent me rencontrer sur-le-champ.

Je me présente donc au bureau du directeur général et je déduis rapidement qu'il s'agit d'une rencontre très sérieuse. Le directeur général est flanqué des entraîneurs. Personne ne sourit. Le traducteur est aussi présent.

Je n'aimais pas particulièrement rencontrer les dirigeants de l'équipe. Pas parce qu'ils n'étaient pas sympathiques, mais plutôt parce que le traducteur ne faisait pas bien son travail. Les gens de l'organisation pouvaient s'adresser à moi pendant 20 minutes, puis le traducteur finissait généralement par se tourner vers moi en disant :

— *It's OK.*

Je lui répondais alors :

— Non, non, non ! Je veux que tu m'expliques tout ce que le gérant vient de dire !

Mais il n'en démordait pas.

— *It's OK.*

Je n'apprenais donc pas grand-chose quand je rencontrais mes patrons.

Mais durant cette fameuse réunion qui vient d'être convoquée, le directeur général part dans une longue envolée oratoire et le traducteur ne lésine plus sur les détails. Cet autre indice me fait comprendre que les dirigeants du club sont vraiment courroucés.

— Tu as entaché la réputation de l'organisation et de l'équipe parce que tu n'as pas bien performé à l'émission, me lance le traducteur, le plus sérieusement du monde.

Je l'arrête avant qu'il puisse entamer sa deuxième phrase. Je m'adresse à lui en anglais, comme d'habitude.

— Écoute-moi bien, là ! Je ne comprends pas le chinois ! Quand même que tu me poserais n'importe quelle question, je ne comprends pas ce que vous dites !

Le traducteur me regarde une seconde. Et il commence à argumenter :

— Oui, mais il y a des questions qui n'étaient pas si difficiles que ça !

Je suis assommé ! Comment peuvent-ils être incapables de conceptualiser que je ne comprends pas leur langue ? C'est pourtant assez facile à saisir !

— Écoutez-moi bien, là ! Je ne comprends pas ! Je ne comprenais pas ce que l'animateur me disait à l'émission ! Je ne sais pas pour qui vous me prenez mais je ne parle pas le chinois ! Je n'y comprends rien !

Encore une fois, je comprends que le message ne passe pas. Je décide alors de faire valoir mon point de vue en français :

— Qui sont Bobinette et Bobino ? dis-je en regardant le directeur général droit dans les yeux.

Il y a alors un silence de plusieurs secondes. Puis ils se tournent vers le traducteur. Je répète alors ma question :

— C'est qui Bobinette, et c'est qui Bobino ?

À tour de rôle, je les défie du regard. Et là, le traducteur ne parle plus.

— *They don't understand what you mean* (Ils ne comprennent pas ce que tu dis), finit-il par risquer.

Alors je réponds : « *Thank you !* » et je quitte le bureau.

Quand je retourne sur le terrain, les joueurs étrangers de l'équipe adverse me font de grands signes. Ils me demandent de venir les voir. Alors durant ma période d'échauffement, je leur rends une petite visite sur leur côté du terrain. Ils ont peine à cesser de rire.

— Hier soir, on était en train de zapper dans notre chambre d'hôtel et on est tombés sur *Jeopardy* ! Mais qu'est-ce que tu faisais-là ? Je te jure qu'on a pleuré tellement c'était drôle ! On a réellement pleuré en te voyant dans un show de télé auquel tu ne comprenais rien !

Je leur raconte alors ce qui vient de se passer.

— Les *boys*, il y a tout juste une demi-heure, j'ai eu une rencontre avec les dirigeants de l'organisation. Et ils sont en crisse après moi.

— Pourquoi ?

— Parce que j'ai fini dernier à l'émission.

Les gars repartent à rire, incapables de s'arrêter.

Au mois de juin, en plein milieu de la saison, un incident est survenu au cours d'un match. Cela a eu pour effet de provoquer une grande réflexion sur le sens que je voulais donner à ma carrière et à ma vie.

Nous détenions une avance de 11 à 3 quand notre gérant a décidé de m'envoyer en relève. J'ai affronté neuf frappeurs et j'ai accordé un incroyable total de huit simples durant cette présence au monticule.

Il faut être effroyablement malchanceux pour accorder huit simples au cours d'une même manche au baseball.

Quand j'ai quitté la rencontre, notre avance avait été réduite à deux points. Nous menions par 11 à 9. Et lorsque le gérant est venu me retirer la balle des mains, j'ai été escorté jusqu'à l'abri par des agents de sécurité. Je ne comprenais pas ce qui était en train de se passer.

Des dirigeants de l'équipe et de la ligue m'ont alors pris en aparté.

— Ce soir, tu rentres à ta chambre d'hôtel et tu n'en sors plus jusqu'à demain matin. Nous allons poster un garde devant ta porte, m'ont-ils annoncé.

— Mais voulez-vous bien me dire ce qui se passe?

Ce soir-là, les preneurs aux livres avaient établi l'écart entre les deux équipes à un minimum de trois points. Et ma performance avait eu pour effet de «tuer» cet écart, comme on dit dans le milieu. On m'a expliqué que des parieurs avaient perdu plus d'un million de dollars à cause de ma contre-performance. En entendant cela, j'ai figé.

La saison a quand même pris fin sur une bonne note. Nous avons remporté les séries éliminatoires et c'est moi qui ai lancé le match ultime.

Mais lorsqu'on m'a offert un nouveau contrat et une considérable augmentation salariale pour la saison suivante, j'ai décliné et je suis rentré au Québec. Au lieu de retourner à Taiwan, je me suis de nouveau retrouvé dans une ligue indépendante. Et c'est ce qui m'a finalement permis d'aboutir chez les Capitales de Québec.

En tout, j'ai passé exactement 364 jours à Taiwan. Ce fut une expérience de vie à la fois inoubliable et très enrichissante.

Toutefois, au départ, je m'étais lancé dans cette aventure pour l'argent qu'elle me permettrait d'empocher. Et après ça, je me suis juré de ne plus jamais prendre une décision uniquement pour l'argent… et j'ai tenu promesse!

Benoît Groulx

Lorsqu'il était enfant, Benoît Groulx n'entretenait pas les mêmes rêves que les autres hockeyeurs de son âge.

« Dans les années 1973-1974, mon père Gilles s'est joint aux Éperviers de Sorel [de la LHJMQ] à titre de recruteur. J'avais cinq ou six ans quand j'ai rencontré le grand patron des Éperviers, Rodrigue Lemoyne, que les gens surnommaient le Gros Ours. J'ai aussi rencontré tous les grands entraîneurs de cette époque : Michel Bergeron, Orval Tessier, Ghislain Delage, Yvan Gingras, Ron Racette… et ces personnages sont devenus mes idoles », raconte Groulx, qui est aujourd'hui l'entraîneur ayant connu le plus de succès en séries éliminatoires dans toute l'histoire de la LHJMQ.

Natif de Hull, Benoît Groulx dirige les Olympiques de Gatineau, l'équipe qui illuminait les soirées de son enfance.

« À l'époque, il n'y avait pas de baie vitrée derrière le banc des visiteurs à l'aréna Robert-Guertin. J'allais donc m'asseoir à cet endroit et je regardais les entraîneurs diriger leur formation. Chacun avait ses particularités. Par exemple, Orval Tessier portait un chapeau. Quant à Michel Bergeron, il en menait pas mal large derrière le banc. Je me suis rendu compte bien rapidement qu'il n'était pas surnommé le Tigre pour rien.

« Les entraîneurs du hockey junior étaient des vedettes à cette époque. Et en m'endormant le soir, je rêvais de devenir comme eux. »

◉

Benoît Groulx était un excellent hockeyeur, mais il était surtout déterminé à devenir entraîneur. « J'ai toujours senti que je n'allais pas devenir un hockeyeur », avoue-t-il.

À l'âge de 16 ans, il dû quitter le foyer familial pour porter les couleurs de l'équipe de Sainte-Foy dans la Ligue de développement midget AAA. La région de l'Outaouais n'était pas représentée dans cette ligue à cette époque.

Et à Sainte-Foy, Benoît Groulx logeait chez Robert « Bob » Chevalier, un homme de hockey presque légendaire qui a influencé la carrière de nombreux hockeyeurs dans la région de Québec. Durant cette période, Bob Chevalier est en quelque sorte devenu son mentor.

« Au début de la soirée, je rentrais à la maison après notre séance d'entraînement et on prenait le souper. Ensuite, nous allions nous installer dans le solarium de M. Chevalier, à l'arrière de la maison. Il s'allumait un cigare et on regardait le hockey ensemble. Nous ne parlions que de hockey durant des heures et des heures.

« Bob Chevalier m'a toujours fait sentir qu'il respectait beaucoup mes opinions en matière de hockey. Et en plus, il partageait avec moi les nombreuses expériences qu'il avait vécues dans cet univers. J'ai beaucoup grandi à son contact et c'est cet environnement qui m'a amené à vouloir devenir entraîneur. »

Après son stage dans les rangs midget AAA, Benoît Groulx a gradué dans la LHJMQ chez les Bisons de Granby. Il a ensuite fait carrière pendant 11 saisons dans les rangs professionnels européens, dont 10 en France.

« Quand j'étais en Europe, je disais à mes amis que j'allais bientôt revenir au Québec pour y diriger des équipes de hockey et que j'allais figurer parmi les meilleurs entraîneurs. À la blague, mes amis répondaient qu'ils me trouvaient un peu prétentieux. Mais j'avais mon plan en tête. Ça faisait des années que je visualisais ce qui allait se produire », raconte-t-il.

Benoît Groulx a été promu à titre d'entraîneur en chef des Olympiques de Hull (qui sont ensuite devenus les Olympiques de Gatineau quand la ville a été renommée) au cours de la saison 2001-2002. À ses deux premières campagnes complètes à la barre de cette équipe, les Olympiques ont remporté la coupe du Président. Et ils en ont ajouté une autre à leur tableau en 2008.

« Je réalisais un rêve quand on m'a nommé à ce poste la première fois et ce l'est encore aujourd'hui. Dans le passé, avant d'accéder à la LHJMQ, je disais souvent que les entraîneurs de cette ligue n'étaient pas en poste parce qu'ils étaient meilleurs que moi mais plutôt parce qu'ils avaient eu la chance de se faire confier une équipe. Je suis du même avis aujourd'hui. Je sais qu'il y a, dans le hockey mineur ou ailleurs, des entraîneurs qui ne sont pas moins compétents que moi. Je sais que je suis privilégié d'être où je suis et je ne voudrais changer de place avec personne. »

En lisant les histoires que Benoît Groulx a choisies pour ce livre, certains lecteurs reconnaîtront peut-être des réactions, des traits de caractère ou des valeurs héritées des entraîneurs qu'il admirait lorsqu'il était enfant. Et tous reconnaîtront sans doute sa fine intelligence, son leadership, ainsi qu'une fort précieuse qualité qui s'incruste en filigrane tout au long de ce chapitre : la capacité de se remettre en question.

« Rock Régimbald est demandé au vestiaire des Olympiques ! »

Nous sommes en février 2013 et notre autobus est en route vers l'Abitibi, où nous devons disputer deux matchs en autant de soirs contre les Foreurs de Val-d'Or et les Huskies de Rouyn-Noranda. Plusieurs de nos joueurs sont blessés et seulement 20 d'entre eux sont disponibles pour faire le voyage.

Durant cette période, j'ai une relation tendue avec Rock Régimbald, qui est l'un de nos joueurs de 20 ans. Pour certaines raisons, je ne suis pas satisfait de ce que Régimbald offre à l'équipe. Il y a des choses qui ne fonctionnent pas à mon goût et, à titre d'entraîneur, j'estime important de le rencontrer pour corriger le tir.

Régimbald n'est pas un mauvais bougre, loin de là. Ce sont simplement des choses qui surviennent parfois au cours d'une longue saison.

Quand notre autobus s'arrête à Maniwaki afin de permettre aux membres de l'équipe de manger, je lui demande de rester à bord de l'autobus pendant quelques minutes afin que nous puissions discuter et régler la situation qui me contrarie.

Mais en bout de ligne, notre conversation ne se termine pas par une conclusion claire. Mon joueur aurait préféré que je n'intervienne pas. Il n'est pas d'accord avec ma décision de le rencontrer pour lui souligner mon mécontentement et il estime que j'aurais pu laisser courir les choses. Alors, quand nous quittons l'autobus pour rejoindre le reste de l'équipe à l'intérieur du restaurant, je ne suis pas certain qu'il ait compris et accepté mon point de vue. Je ne considère donc pas que notre différend soit réglé.

Dans l'équipe, mes adjoints (Luc Therrien et Guy Lalonde) ainsi que les autres membres du personnel (le thérapeute athlétique Serge Haché et le préposé à l'équipement Brian Cushman) savent qu'il y a un désaccord entre Régimbald et moi et que nous en avons discuté à bord de l'autobus.

Et c'est à partir de ce moment-là que débute une cascade d'événements et de malentendus qui, plus tard au cours de la soirée, nous fera vivre un moment vraiment embarrassant.

◉

Nous arrivons finalement à Val-d'Or.

Normalement, notre procédure d'avant-match est toujours la même. C'est une routine profondément ancrée au sein de notre organisation. J'inscris les numéros des joueurs qui composeront nos trios et nos paires de défenseurs sur le tableau du vestiaire, puis Serge Haché, notre thérapeute athlétique, vient systématiquement me demander de lui confirmer l'identité des joueurs qui seront laissés de côté.

Serge est l'un de mes plus précieux collaborateurs. Il œuvre dans la LHJMQ depuis un quart de siècle et il m'en a énormément appris au sujet des rouages du hockey junior. J'ai pleine confiance en lui et je ne prends jamais une décision sans le consulter.

Or, ce soir-là, Serge Haché ne vient pas me voir pour confirmer la composition de notre alignement. Il tient pour acquis que les inscriptions qui figurent au tableau sont exactes. Et de toute manière, nous n'avons pas de joueurs en surplus. Il sait que nous avons fait le voyage avec un effectif minimal.

Pour ma part, en déclinant nos trios et nos duos de défenseurs au tableau, je me trompe de numéro. Rock Régimbald, le centre qui pivote notre deuxième trio, porte le numéro 17. Tandis qu'à la ligne bleue, le défenseur Jean-Simon Deslauriers (l'un de nos meilleurs arrières) porte le chandail numéro 7.

Au lieu d'inscrire le chiffre 17 à la place de Régimbald, j'écris le chiffre 7. Le numéro de Deslauriers apparaît donc à deux endroits : au poste de défenseur et au centre du deuxième trio, une position qu'il n'a jamais occupée.

Je retraite ensuite dans la pièce réservée aux entraîneurs et je rédige l'alignement officiel qui doit être remis à l'arbitre. De leur côté, nos joueurs se préparent comme d'habitude et sautent sur la patinoire pour la période d'échauffement. Pour ma part, je n'assiste jamais à la période d'échauffement avant un match. C'est une autre de mes vieilles habitudes.

Le match commence.

Le trio apparaissant sur l'alignement de départ est celui de Taylor Burke, un centre de 19 ans qui en est à sa troisième saison avec nous. Et quand vient le moment de procéder au premier changement du match, j'appelle le deuxième trio :

— *Régimbald, next* !

Sur le banc, les joueurs se tournent vers moi.

— *Régimbald is not here* !

Je ne comprends pas ce qui se passe :

— *Where the f… is he* ?

Serge Haché est posté près de moi derrière le banc. Il s'avance d'un pas hésitant.

— Ben, Régimbald joue pas, coach…

— Quoi ? Comment ça, il joue pas ?

— Ben, tu ne l'as pas inscrit sur le *line-up*.

— Câlice ! Y est sur le *line-up* ! Qu'essé tu fais-là, toi ? Qui c'est qui a dit à Régimbald qu'y jouait pas ?

Et là, Serge est incapable de me répondre. Je suis en furie ! Le sang me bout dans les veines. Qui a donc pu dire à Rock Régimbald qu'il ne jouait pas ? Chose certaine, ce n'est pas moi ! Je ne lui ai jamais dit ça ! Je demande donc au thérapeute de retrouver notre joueur au plus sacrant :

— Heille ! Je sais pas c'est quoi le *f… up*, mais va me chercher Régimbald !

Ce n'était pas la première fois que j'inscrivais un mauvais numéro au tableau. Avec tous les changements de trios et les blessures qui surviennent au cours d'une saison, c'est une erreur que commettent bien des entraîneurs. Mais normalement, quand ça se produisait, les joueurs venaient simplement me dire : « Coach, tu as inscrit deux fois le numéro 2 », et la faute d'inattention était corrigée sur-le-champ.

Mais ce n'est pas ce qui s'est produit lors de ce match à Val-d'Or. La conversation que j'avais eue quelques heures plus tôt avec Régimbald à bord de l'autobus a semblé influencer la perception de plusieurs membres de l'équipe. Tous savaient que nous avions un différend et que je n'étais pas de bonne humeur envers mon numéro 17.

Dans le vestiaire, Rock Régimbald avait constaté que son nom n'apparaissait pas au tableau et il avait demandé au thérapeute athlétique :

— Coudon, Serge, est-ce que je joue ?

Le thérapeute avait jeté un coup d'œil au tableau et il avait bel et bien constaté que le numéro 17 n'y était pas. Mais il n'avait pas accroché sur le fait que le numéro 7 était porté par un défenseur.

La première période se poursuit.

Du coin de l'œil, j'aperçois Serge qui s'avance vers moi. Il marche sur le bout des orteils, visiblement mal à l'aise.

— On ne trouve pas Régimbald, me chuchote-t-il à l'oreille.

— Trouve-le, câlice ! As-tu compris, là ?

Alors il repart, et je le vois s'adresser à Brian Cushman, notre gérant de l'équipement.

Quelques minutes plus tard, Serge s'approche de nouveau. De façon encore plus hésitante que les deux premières fois.

— Là, coach, je sais que t'es pas content. Mais là, tu seras vraiment pas content…

— Quoi?

— Brian a demandé à l'annonceur du match d'appeler Régimbald au micro.

— Tu veux rire de moi?

Il l'a fait appeler au micro! Et comme de fait, lors de l'arrêt de jeu suivant, la voix de l'annonceur-maison retentit dans les haut-parleurs de l'aréna:

«ROCK RÉGIMBALD EST DEMANDÉ AU VESTIAIRE DES OLYMPIQUES DE GATINEAU!»

Alors là, c'est le comble! Je suis avec Guy Lalonde (l'un de mes adjoints) derrière le banc et on se demande s'il faut rire ou pleurer. Et je lui lance:

— Tabarnac! C'est un cauchemar icitte à soir!

Rock Régimbald est assis dans les gradins avec notre chauffeur d'autobus. Il est en train d'échanger des textos avec des amis lorsqu'il entend l'annonceur prononcer son nom. Il se rend aussitôt au vestiaire, où le préposé à l'équipement lui apprend qu'il doit vite se changer pour participer au match.

Serge revient me voir.

— Je pense qu'on devrait l'embarquer juste en deuxième période, comme ça on va paraître moins mal.

— Heille! La *game* est serrée. Va me le chercher!

Régimbald réintègre le banc et la première période se termine sur une égalité de 1 à 1.

Les joueurs rentrent au vestiaire. Pendant ce temps, nous (les entraîneurs) nous réunissons dans la pièce qui nous sert de bureau. Je suis dans tous mes états. J'en veux à Serge Haché de ne pas être venu me consulter pour savoir s'il y avait des joueurs rayés de l'alignement pour le match. En même temps, je m'en veux à mort de ne pas avoir inscrit le bon numéro au tableau pour identifier notre deuxième joueur de centre.

— T'as même pas regardé le tableau, hostie! Tu m'as même pas demandé qui étaient les joueurs qui jouaient pas. T'as assumé qu'il jouait pas et t'as dit au joueur de se déshabiller. C'est pas ton hostie de job de faire ça! Ça fait 25 ans que t'es là, pourquoi as-tu assumé que Régimbald jouait pas?

— Ben oui, mais crisse, j'ai vu le tableau… répond Serge.

— Qui est-ce qui a dit à Régimbald qu'il jouait pas?

— Pas moi, assure-t-il.

— Alors, qui lui a dit?

Je balaie la pièce du regard et tous ceux qui s'y trouvent m'assurent qu'ils n'y sont pour rien. Tout le monde retourne donc vaquer à ses occupations avant que la deuxième période se mette en branle et je demande qu'on fasse venir Régimbald pour que je puisse éclaircir la situation avec lui.

Il y avait une mésentente entre Rock Régimbald et moi avant le match, et voilà qu'il se retrouve au cœur d'une situation embarrassante pour l'équipe, soit, mais surtout embarrassante pour lui. Et il n'en est aucunement responsable. Je le fais alors entrer dans le bureau et je lui présente mes excuses.

— Je tiens à te dire que je m'excuse personnellement pour ce qui vient de se passer. C'est mon erreur et je prends le blâme. Je m'excuse sincèrement. L'organisation s'excuse auprès de toi et je tiens à ce que tu saches que ça n'a rien à voir avec le différend que nous avons pu avoir. C'est vraiment une erreur qui s'est produite.

— Merci, je l'apprécie, répond Régimbald avant de rejoindre ses coéquipiers dans le vestiaire.

Je me tourne alors vers Serge.

— Qu'est-ce qui s'est passé avec Régimbald avant la *game*?

— J'ai regardé le tableau et le numéro de Régimbald n'y était pas. Il m'a demandé s'il jouait et je lui ai répondu "Regarde le tableau", admet-il, visiblement navré par la tournure des événements.

— Pourquoi n'es-tu pas venu me le demander?

— Son numéro n'apparaissait pas au tableau. J'ai tenu pour acquis qu'il ne jouait pas.

◉

Nous avons perdu le match au compte de 5 à 2. Et après la rencontre, cette histoire était tellement ahurissante que nous avons tenté de recoller toutes les pièces du puzzle afin de comprendre comment elle avait pu se produire.

J'avais inscrit le mauvais numéro au tableau.

Pour sa part, Serge avait cru que Rock Régimbald ne jouait pas parce qu'il y avait un différend entre nous et que son numéro n'apparaissait pas au tableau.

Les autres joueurs de l'équipe? Ils ont tenu pour acquis que Régimbald était puni.

En grattant un peu plus, nous avons aussi appris que le défenseur Jean-Simon Deslauriers avait été surpris de voir que son numéro 7 apparaissait au centre du deuxième trio. Il était alors allé voir Brian, le responsable de l'équipement, pour savoir s'il allait bel et bien jouer au centre.

— Il est où ton numéro? Tu vas jouer à l'endroit où le coach a inscrit ton numéro! avait répondu Brian, sans enquêter davantage.

En bout de ligne, c'était une succession de malentendus qui s'étaient imbriqués les uns dans les autres. Même si nous avions voulu chorégraphier cette histoire, nous en aurions été incapables.

Quand nous sommes rentrés à notre hôtel après la rencontre, Guy Lalonde et moi avons choisi d'en rire. Nous avions déjà mieux paru que ce soir-là.

— Guy, même si on racontait ça au monde, personne ne nous croirait parce que c'est invraisemblable ce qui s'est passé à soir!

Par la suite, cette histoire est devenue un *running gag* au sein de notre équipe. Quand les choses n'allaient pas à mon goût, il m'arrivait parfois d'entrer dans le vestiaire et de dire à un joueur: «On va te faire appeler au micro!»

Encore aujourd'hui, je me demande si un joueur de l'équipe n'a pas tenté de faire une blague à Rock Régimbald ce soir-là. Les joueurs savaient qu'il y avait une petite tension entre lui et moi, et il m'arrive parfois de croire que l'un d'entre eux a effacé le 1 du chiffre 17 pour lui faire une frousse et qu'il a oublié de réinscrire le chiffre complet par la suite.

Inscrire un défenseur au centre du deuxième trio ? Il me semble que je n'aurais pu commettre une erreur semblable ! Mais en même temps, ce n'est pas non plus impossible.

Lorsque je me suis adressé à nos joueurs à ce sujet, j'ai entièrement pris le blâme. Ultimement, c'est l'entraîneur en chef qui est au sommet de la pyramide et c'est lui qui doit s'assurer que tout fonctionne. Si un joueur manque à l'appel, c'est ma faute.

Pas de contrat pour le gardien

Depuis la saison 2003, les joueurs des Olympiques de Gatineau ont la chance de côtoyer une psychologue sportive qui s'appelle Natalie Durand-Bush.

Spécialisée en amélioration de la performance, Natalie est une figure de proue au Canada dans ce domaine. En plus de travailler avec de nombreux athlètes de haut niveau, elle est professeure agrégée en psychologie sportive à l'École des sciences de l'activité physique de l'Université d'Ottawa. Elle fait aussi de la recherche et publie des articles scientifiques dans son champ d'activité.

En plus, ce qui ne gâche rien, Natalie est une très jolie femme.

Il n'y a rien de misogyne dans ce commentaire. Je le souligne simplement parce que, aussi drôle que cela puisse paraître, ce détail n'est peut-être pas anodin pour les joueurs d'une équipe de hockey junior. En tout cas, c'est ce que mon expérience me suggère.

Quand je suis arrivé chez les Olympiques en 2001-2002, le psychologue sportif de l'équipe était un homme. Et les joueurs n'allaient presque jamais le consulter. À 17, 18 ou 19 ans, les athlètes en général ne saisissent pas toute l'importance de la préparation mentale dans la pratique d'un sport de haut niveau. Pourtant, la plupart des athlètes professionnels affirment que c'est précisément ce facteur qui fait toute la différence. Bref, à l'époque, je me disais que nos joueurs n'étaient tout simplement pas intéressés par la psychologie sportive et que cet intérêt allait sans doute se développer un peu plus tard au cours de leur carrière.

Mais quand Natalie s'est jointe à notre équipe, la préparation mentale est soudainement devenue très en vogue dans notre vestiaire. Nos meilleurs joueurs, comme Maxime Talbot ou Claude Giroux, l'ont souvent consultée. En fait, à peu près tous les joueurs avaient recours à son aide.

Au début, les joueurs prenaient rendez-vous par curiosité. Ensuite, impressionnés par les compétences de notre psychologue et désireux de s'améliorer, ils continuaient à fréquenter son cabinet.

Au fil des ans, Natalie Durand-Bush et moi avons toutefois eu de profonds désaccords. Parfois, j'estimais qu'elle ne me donnait pas suffisamment d'informations sur les difficultés que pouvaient éprouver nos joueurs.

— Je ne peux pas répondre à cette question parce que je suis tenue au secret professionnel, me répondait-elle.

— Comment ça, le secret professionnel? Tu es la psychologue de l'équipe! C'est l'équipe qui te paie. J'ai un ou plusieurs joueurs qui connaissent des difficultés et qui te consultent. Nous perdons des matchs. Et tu ne veux pas me dire ce qui se passe!

Natalie est une professionnelle extrêmement discrète. N'empêche, ces situations me mettent hors de moi lorsqu'elles surviennent. Car pour un entraîneur d'une équipe de haut niveau, l'information est aussi un important facteur de succès.

Au milieu de la saison 2004-2005, Natalie m'appelle.

— Tu devrais parler avec David Tremblay. Il n'est pas bien dans sa peau et tu es l'un des facteurs qui causent cette situation, m'annonce-t-elle.

— Comment ça? Qu'est-ce que j'ai fait?

— Il ne reçoit pas bien le message que tu livres. Alors c'est une situation qui doit être réglée.

— OK. Je vais le rencontrer.

David Tremblay est notre gardien. Un grand portier de 6 pieds 2 pouces qui pèse 192 livres. Au cours des deux saisons précédentes, alors qu'il était âgé de 17 et 18 ans, David nous a menés à la conquête de la coupe du Président et à deux participations au tournoi à la ronde de la Coupe Memorial. Au printemps 2003, ses performances lui ont d'ailleurs valu d'être repêché en cinquième ronde par les Flyers de Philadelphie.

David est une très bonne personne. Et aussi un excellent étudiant. Il est d'ailleurs l'athlète-étudiant par excellence de notre organisation.

Pourtant, cette saison-là, quelque chose cloche avec lui. David est devenu méconnaissable sur la patinoire. Il offre régulièrement des contreperformances. Entre la fin de septembre et le début du mois de décembre, j'ai dû le retirer du filet à six reprises parce que sa moyenne d'efficacité lors de ces matchs se situait entre ,700 et ,750.

Après les fêtes, je suis tellement insatisfait de son jeu que je décide d'emmener un troisième gardien avec notre équipe durant un voyage de quatre matchs dans les Maritimes. Et lors des deux premières rencontres de ce périple, je laisse David Tremblay dans les gradins. Je ne lui permets même pas de porter l'uniforme.

David éprouve tellement de difficultés que même son agent, démoralisé, me téléphone pour tenter de comprendre ce qui se passe.

— Voyons, donc ! Ça ne se peut pas que David joue de cette façon ! déplore-t-il.

Malgré les grandes difficultés qu'il éprouve, David vient de recevoir une offre de contrat des Flyers. Le document est pour ainsi dire sur la table. Il ne lui reste plus qu'à le signer.

Il se passe donc beaucoup de choses dans la vie de notre gardien numéro un. Et c'est pour l'aider à surmonter ce passage à vide que nous nous sommes tournés vers la psychologue de l'équipe.

D'habitude, lorsque je veux discuter avec l'un de mes joueurs dans un contexte un peu plus décontracté, j'essaie de le rencontrer à l'extérieur de mon bureau. Le bureau de l'entraîneur, ou du patron de n'importe quelle autre entreprise, est un endroit qui souligne ou accentue la différence hiérarchique entre les individus. Quand vient le temps d'aborder des sujets un peu plus personnels, je préfère donc m'asseoir avec un joueur dans les gradins de l'aréna, ou encore dans le bureau du thérapeute athlétique, qui sont des lieux plus neutres.

Pour cette rencontre, David Tremblay et moi nous installons dans le bureau du thérapeute athlétique.

Et peu après le début de notre conversation, le chat sort du sac :

— Je ne veux pas signer le contrat des Flyers. En fait, je ne veux pas devenir un joueur de hockey professionnel ! Je ne me vois pas dans la LNH. Je rêve de devenir actuaire, m'annonce-t-il.

— Mais… il n'y a pas de mal à ça ! lui dis-je dans l'espoir de le réconforter.

— Non, je sais que tu veux que je devienne un *goaler* de la LNH. C'est ça que tu souhaites pour moi. Et j'ai peur de te décevoir, Benoît. Moi ce que je veux, c'est finir mon hockey junior majeur et aller au bout de mes rêves. Je veux gagner la coupe Memorial. Ensuite, je veux toucher ma bourse d'études et faire ma vie.

Cette annonce ne me jette pas à la renverse. Mais elle me prend quand même un peu au dépourvu. J'en suis alors à mes premières saisons en tant qu'entraîneur en chef dans la LHJMQ et il est vrai qu'à cette époque, je tiens pour acquis que tous les joueurs de mon équipe rêvent de devenir des hockeyeurs professionnels. Même ceux qui sont des étudiants hors-pair.

Bien entendu, le joueur de 5 pieds 8 pouces qui n'est pas nécessairement un grand patineur se rend compte assez rapidement qu'il ne pourra pas faire carrière dans le hockey professionnel. Mais dans mon esprit, à ce moment-là, il est plutôt impensable qu'un gardien de grande taille, talentueux, repêché par une équipe de la LNH et venant tout juste de recevoir une offre de contrat, puisse écarter cette option de son plan de carrière.

Cela dit, au moment de cette rencontre, je sais que David Tremblay ne joue pas au hockey pour plaire à ses parents. Sa situation n'est pas le cas classique du garçon qui a toujours joué au hockey pour faire plaisir à sa famille et qui finit par mettre son pied à terre en disant : c'est fini, je raccroche mes patins ! J'ai devant moi un garçon intelligent qui aime le hockey et qui a longtemps rêvé d'en faire une carrière. Mais à l'heure du grand choix, il juge que le jeu n'en vaut pas la chandelle. Il ne veut pas tourner le dos à des études supérieures pour tenter sa chance dans le monde du hockey professionnel.

Or, sa décision est extrêmement lourde à porter. Il se sent coupable. Il sait que des milliers d'autres hockeyeurs rêvent d'être à sa place et de se faire offrir un contrat par une équipe de la LNH.

Je tente d'abord de le réconforter en lui racontant l'histoire de Ken Dryden, qui avait étudié le droit à Cornell. Alors qu'il portait les couleurs du Canadien dans les années 1970, Dryden avait même pris une année sabbatique afin de terminer son barreau.

— Ken qui? demande-t-il.

David est né en 1985, six ans après la retraite de Dryden. L'exemple ne frappe pas son imagination. Nous continuons donc à discuter et je lui exprime très clairement mon soutien par rapport à son choix de carrière :

— Vraiment, David, tu ne me déçois pas pantoute quand tu me dis ça. Au contraire, ça me montre quel genre de personne tu es! Ce qui me dérange, par contre, c'est que tu sois perturbé en pensant que je serai déçu par toi si tu ne deviens pas un joueur de hockey. Au contraire! Ça m'importe peu que tu joues dans la LNH ou pas. Ce que nous voulons ici, c'est que tu sois heureux et que tu aies envie de dépasser tes limites. Ce que je veux et ce que je souhaite, c'est que tu te dépasses et que tu sois heureux.

Notre rencontre se termine par une franche poignée de main. Et presque immédiatement, le rendement de David monte en flèche. Et ça tombe vraiment bien parce que les séries éliminatoires débutent dans un mois!

Pour notre équipe, son retour en force ne sera toutefois pas suffisant. En séries, nous ne sommes malheureusement pas en mesure de répéter nos exploits des deux saisons précédentes. David maintient une moyenne d'efficacité de ,915 mais nous subissons quand même l'élimination au deuxième tour éliminatoire face aux Mooseheads d'Halifax.

La saison suivante, au lieu de jouer dans la Ligue américaine comme les Flyers le lui avaient offert, David choisit de compléter son stage junior avec les Olympiques. Et quelques mois plus tard, en 2006, il fait son entrée aux HEC, cette fois avec l'objectif de devenir comptable agréé.

David Tremblay travaille maintenant au sein d'un grand cabinet montréalais. Et il n'a jamais regretté son choix.

Son histoire m'est toujours restée en tête. Elle me rappelle que les problèmes auxquels les athlètes sont confrontés leur semblent parfois énormes et qu'il faut les prendre très au sérieux. Elle me rappelle aussi que tous les joueurs n'entretiennent pas les mêmes rêves et qu'il est important de savoir à quoi chacun d'entre eux aspire.

Quand les leaders cognent à la porte

Au fil des ans, nous avons développé une intéressante tradition chez les Olympiques. Quand la saison prend fin, j'aime m'asseoir avec nos joueurs de 20 ans et discuter avec eux de manière très ouverte.

C'est une pratique qui, j'en suis convaincu, permet de tirer de précieuses leçons des mois et des années que nous avons passés ensemble. Les observations des joueurs me permettent aussi d'approfondir l'évaluation de l'équipe, de revoir mes méthodes et de continuer à progresser en tant qu'entraîneur.

À Gatineau, les partisans croient généralement que je suis un entraîneur rigide et sévère. Ils ont tendance à sourire quand je leur dis que notre équipe fonctionne bien parce que les joueurs apprécient ma façon de diriger. Les gens ont de la difficulté à croire cela. La réalité, c'est que mon rôle est beaucoup plus complexe et nuancé.

Par exemple, au terme de la saison 2012-2013, je demande à Gabriel Bourret, l'un de nos finissants de 20 ans, ce qu'il pense d'un de nos jeunes joueurs.

— Honnêtement, Benoît, je trouve que tu ne l'as pas laissé respirer de l'année!

— Oui, mais c'était son année recrue. Et il faut surveiller les jeunes de près. L'année prochaine sera différente. Toi, tu avais 20 ans cette saison. Est-ce que tu t'es fait écœurer?

— Non, je le sais…

— Ben, c'est de même que ça marche! Mais dis-moi, en tant qu'entraîneur, y a-t-il des changements que je devrais apporter?

— Moi je trouve qu'il y a des matins où ce n'est pas facile pour les joueurs de 16 et 17 ans. Dès qu'ils ratent une passe à l'entraînement, tu leur fais savoir…

Et au cours de cette même conversation, Bourret me fait l'un des plus beaux compliments qu'on puisse servir à un entraîneur :

— J'avais entendu bien des affaires à ton sujet avant de devenir membre des Olympiques. Mais je me suis rendu compte que j'aimais ça jouer pour toi. J'ai joué pour bien des entraîneurs qui me laissaient totalement indifférents. Mais avec toi, je n'étais pas indifférent. Quand j'écopais une punition stupide et que tu venais me parler dans l'oreille au banc, je n'avais pas besoin d'un grand discours pour comprendre ce que tu disais.

Alors, en riant, je lui lance :

— Là je t'aime !

À l'exception de ces rencontres de fin de saison, je suis plutôt du genre « vieille école » en ce qui a trait aux relations que j'entretiens avec mes joueurs. Nous échangeons beaucoup lors des réunions d'équipe et des séances de visionnement, mais, au bout du compte, les joueurs jouent et les entraîneurs dirigent. Les joueurs ne viennent donc pas s'asseoir dans mon bureau pour jaser de tout et de rien. Ils savent que je suis toujours disponible pour eux, mais notre niveau de camaraderie est sans doute moins élevé qu'au sein d'autres organisations.

Il faut donc une bonne dose de cran pour venir cogner à ma porte afin de réclamer des ajustements dans ma façon de diriger l'équipe.

Depuis mon arrivée à la barre des Olympiques de Gatineau, il y a deux joueurs qui l'ont fait et c'étaient deux grands leaders : Claude Giroux et Philip-Michael Devos. D'ailleurs, leurs histoires se ressemblent beaucoup.

Claude Giroux a passé trois saisons au sein de notre équipe. Il n'en a jamais été le capitaine mais il contrôlait tout. C'était le gars le plus aimé dans le vestiaire. Il était à la fois notre meilleur joueur et notre rassembleur. Peu importe leur rôle au sein de l'équipe, tous les joueurs étaient ses amis. C'était aussi un athlète que nous poussions constamment à se surpasser.

En 2008, trois semaines avant le début des séries éliminatoires, Giroux se présente à mon bureau. Et, en gros, il me demande de le réprimander devant tous ses coéquipiers!

— Je veux que tu me pousses. Je veux que tu te serves de moi comme exemple dans la chambre. Moi, je sais que je peux faire gagner l'équipe. Mais j'ai besoin de ça. Pousse-moi, sers-toi de moi comme exemple et on va gagner.

— Claude, c'est vraiment difficile pour moi de te crier après juste pour te crier après…

— J'en fais des erreurs, des fois? Enwèye! Dis moé-lé!

Quand il quitte mon bureau, je suis un brin abasourdi. Ce n'est pas tous les jours qu'un joueur vient réclamer qu'on se montre intraitable à son endroit. Et je ne vois pas comment je peux accéder à sa demande. Claude Giroux est un joueur que j'adore. Je le trouve bon. Je sais qu'il est indispensable à mon équipe et que ses coéquipiers sont tous derrière lui. C'est très difficile pour un entraîneur d'engueuler un athlète de cette trempe.

Quelques semaines s'écoulent. Puis pendant les séries éliminatoires, nous disputons un match durant lequel tout va mal. Ça ne fonctionne vraiment pas, notre affaire.

Alors, entre deux périodes, j'entre dans le vestiaire et je pointe Claude Giroux du doigt. Et je commence à le vilipender devant tout le monde. Je lui paye joyeusement la traite. Et pendant que je l'engueule, je vois apparaître une fine esquisse de sourire sur son visage. Et dans ma tête, en m'adressant à lui, je ne cesse de me dire:

« Y est-tu bon en crisse? Il me demande de lui donner de la marde… Et quand je lui en donne, il est content en plus!»

Personne ne m'a raconté ce qui s'était produit quand j'ai quitté le vestiaire après cette intervention. Mais je sais que Claude Giroux s'est levé et qu'il a rappelé tout le monde à l'ordre. D'après moi, ce moment a été un point tournant pour nous en séries.

Nous avons remporté la coupe du Président en 2008. Mais nous n'y serions jamais parvenus sans lui. Au-delà de son talent sur la glace, le leadership de Claude Giroux dans le vestiaire était incroyable.

Quatre ans et demi plus tard, Claude Giroux est devenu une grande vedette chez les Flyers de Philadelphie. Nous sommes en janvier 2013. Le lock-out de la LNH vient de prendre fin et les équipes tiennent un très court camp d'entraînement avant d'amorcer leur saison, qui sera elle aussi écourtée.

Le téléphone sonne. C'est Giroux. Il m'apprend que les dirigeants des Flyers lui ont offert le titre de capitaine de leur équipe. Mais il y a une question qui trotte dans sa tête :

— Benoît, tu ne m'as jamais nommé capitaine quand je jouais à Gatineau. Est-ce que tu penses que je suis capable de le devenir ?

À elle seule, sa question démontrait la profondeur de sa réflexion sur le leadership. À sa place, bien des joueurs auraient sans doute été flattés, et ils auraient accepté l'offre des Flyers sur-le-champ.

— Claude, on va mettre quelque chose au clair tout de suite. Tu n'as pas été capitaine de notre équipe à 19 ans parce que tu avais commis quelques petits écarts l'année précédente. Mais j'ai toujours su que c'était toi le leader. Dis-toi une chose : tu es capable d'être capitaine ! Tu as toutes les qualités pour l'être ! Tu es prêt pour ce rôle et tu vas devenir un très bon capitaine.

Philip-Michael Devos avait un parcours différent de celui de Claude Giroux. En 2010-2011, il était âgé de 20 ans et il en était à sa cinquième saison dans la LHJMQ quand j'ai conclu une transaction avec les Tigres de Victoriaville pour acquérir ses services.

J'adorais ce joueur. Je ne le connaissais pas personnellement, mais je savais que j'allais aimer diriger ce gars-là parce qu'il était parfaitement compatible avec mon style. J'avais donc payé un fort prix pour qu'il se joigne à notre équipe. Et à travers la ligue, les gens disaient que j'étais fou.

Un peu avant les séries, Devos se présente à mon bureau. À ce moment, l'équipe est décimée par les blessures.

— Benoît, il faut que tu me fasses jouer, me lance-t-il.

— Ben, tu joues !

— Non ! Il faut que tu me fasses jouer plus que ça !

Ça fait 10 ans que je dirige les Olympiques de Gatineau, et c'est la première fois qu'un joueur ose venir me dire que je ne lui donne pas assez de place.

— Voyons donc ! Tu as le même temps de glace que David Krejci avait. Tu as le même temps de glace que Maxime Talbot et Claude Giroux ont obtenu quand ils jouaient ici.

— Bien moi, je suis capable d'en prendre plus ! On a un paquet de gars qui sont blessés et c'est à moi de faire la différence. Pourquoi es-tu venu me chercher à Victoriaville ? Parce que tu voulais que je fasse la différence ? Mais pour que je fasse la différence, j'ai besoin de plus de temps de glace. C'est ça que je veux !

J'écoutais parler Devos et je me disais :

« Je ne sais pas ce qui va se passer dans les *playoffs* tout à l'heure. Mais lui, il ne se sauvera pas. Il ne dira pas : "Non, non, ce n'est pas moi qui suis responsable, ce sont les autres." Il va dire : "C'est moi. Il est venu me chercher et je veux gagner. C'est moi qui suis responsable." »

À ce moment-là, j'ai compris que même si notre équipe allait rencontrer beaucoup d'adversité en séries, Devos et nos autres leaders n'allaient jamais abandonner.

Alors je lui ai dit :

— C'est correct, tu vas en avoir du temps de glace.

Durant les séries de 2011, nous accusions un retard de 0-2 dans notre série contre les Voltigeurs de Victoriaville, dont les têtes d'affiche étaient Sean Couturier (Flyers de Philadelphie) et Ondrej Palat (Lightning de Tampa Bay). Et nous sommes revenus de l'arrière en remportant quatre matchs de suite.

Dans la série suivante, nous perdions trois matchs à un contre les Remparts de Québec de Patrick Roy. Nous avons évité l'élimination trois matchs de suite et nous les avons éliminés en sept rencontres.

Puis, en grande finale, nous avons croisé le fer avec les Sea Dogs de Saint John, qui avaient récolté 119 points en saison régulière et qui formaient sans contredit la meilleure équipe junior au Canada. Durant toute la saison, aucune formation n'était parvenue à vaincre les Sea

Dogs en temps réglementaire sur leur patinoire. Nous traînions de l'arrière 1-3 dans cette finale. Nous avons évité l'élimination en les battant sur leur patinoire, puis ils nous ont éliminés à Gatineau dans un match qui s'est rendu en deuxième période de prolongation.

Devos était venu me demander de lui donner une chance de faire la différence. Et en compagnie de nos autres leaders (comme Jean-Gabriel Pageau, maintenant avec les Sénateurs d'Ottawa), il a livré exactement ce qu'il avait annoncé.

Philip-Michael Devos a porté nos couleurs pendant trois mois et demi. Et il m'a impressionné pendant trois mois et demi.

Après sa carrière junior, Devos s'est joint à l'organisation du Lightning de Tampa Bay. Membre de leur club-école de la Ligue américaine, il a remporté la coupe Calder en 2012 et participé à la grande finale en 2013.

Anthony Calvillo

Quand j'ai rencontré Anthony Calvillo dans le cadre de sa participation à ce livre, il venait à peine d'annoncer sa retraite à titre de quart-arrière. Et dans les locaux administratifs des Alouettes, le meilleur passeur de l'histoire du football professionnel – toutes ligues confondues – occupait un minuscule bureau à la porte duquel il était tout simplement écrit : « Stagiaire ».

« Je suis en train de compléter ma formation universitaire, m'a-t-il expliqué. J'ai interrompu mes études il y a une vingtaine d'années et ce stage chez les Alouettes me permettra de récolter certains crédits pour obtenir mon diplôme. En même temps, j'apprends comment fonctionne le département de recrutement et quelles sont les responsabilités du directeur général. Tout cela m'aidera éventuellement à peaufiner le moule de l'entraîneur que je souhaite devenir dans un proche avenir. »

Deuxième d'une famille de quatre enfants, Anthony Calvillo a grandi à La Puente, une municipalité au fort taux de criminalité du comté de Los Angeles. Les gangs de rue y étaient omniprésents. Son père était violent et ses parents se sont séparés alors qu'il commençait l'école secondaire.

« Durant mon enfance, quand nos parents étaient encore ensemble, mes frères, ma sœur et moi occupions tous nos temps libres à faire du sport. C'était normal pour nous de passer toutes nos journées au parc du quartier. Mais quand nos parents se sont séparés, beaucoup de choses ont changé dans notre foyer. Notre mère a dû commencer à travailler en plus de s'occuper de nous quatre. Mon frère aîné et moi avons alors dû prendre plus de responsabilités. Cela a eu un gros impact sur notre famille, mais nous sommes sortis grandis de cette expérience et nous sommes parvenus à la surmonter », raconte-t-il.

Le football et le poste de quart-arrière ont été les plus longs fils conducteurs de sa vie. Anthony a commencé à jouer au football (sans contact) à l'âge de cinq ans, et constatant sa vitesse et la puissance de son bras, les entraîneurs lui ont immédiatement confié le poste de quart. Ses anciens entraîneurs racontent qu'à l'âge de sept ans, il pouvait déjà lancer le ballon sur une distance de 40 verges ! « De toute ma vie, je n'ai jamais occupé une autre position », dit-il fièrement.

Son incroyable aventure derrière les lignes de mêlée a donc duré 36 ans ! À l'université, alors qu'il portait les couleurs de Utah State, Anthony s'était pourtant fait à l'idée qu'il n'allait jamais devenir un athlète professionnel, et qu'il allait devoir gagner sa vie comme entraîneur ou comme enseignant.

« Je savais que je n'allais pas pouvoir jouer dans la NFL parce que je n'étais pas suffisamment costaud pour assumer la position de quart dans cette ligue. Et puis, je n'avais jamais entendu parler de la Ligue canadienne de football. »

Mais en 1994, la vie et les perspectives d'avenir d'Anthony Calvillo ont totalement changé, quand il a reçu un appel lui annonçant que la LCF procédait à une expansion aux États-Unis et qu'on l'invitait à participer à un camp d'essai.

C'est ainsi qu'il s'est retrouvé dans l'uniforme du Posse de Las Vegas et qu'il a modestement entrepris sa carrière. Et 79 816 verges et 3 coupes Grey plus tard, il figure parmi les plus grandes légendes de l'histoire du football canadien.

Les histoires qu'Anthony a choisi de raconter illustrent parfaitement quel genre d'individu il est. Avec humour et humilité, il relate à quel point il appréciait les moments anodins qui sont le lot de la vie en équipe. Il révèle aussi comment, à ses débuts professionnels, les maigres salaires de la LCF l'ont forcé à s'inventer une nouvelle carrière afin de pouvoir subsister. Et comme le passé est garant de l'avenir, il trace les portraits de Don Matthews et de Marc Trestman, deux entraîneurs qui ont marqué sa vie et sa carrière, et qui lui serviront de modèles lorsqu'il entreprendra sa seconde carrière.

Le rite de la cruche d'eau

J'ai eu toutes sortes de coéquipiers au fil des ans. Et certains d'entre eux étaient particulièrement hilarants. Neal Fort, un joueur de ligne offensive qui a porté les couleurs des Alouettes jusqu'en 2004, faisait partie de ceux qui ressortaient nettement du lot.

Neal Fort était un mastodonte de 6 pieds 5 pouces qui pesait plus de 300 livres. Il était vraiment, mais vraiment impressionnant. Et au début de chaque année, immanquablement, il exploitait son allure intimidante pour se payer la tête des nouveaux joueurs de l'équipe. Cette scène se répétait année après année.

En sortant de la douche, Fort coinçait un bout de sa serviette entre ses deux fesses. Le reste de la pièce de tissu traînait donc derrière lui comme une immense queue. Ensuite, il faisait irruption dans le vestiaire en criant: «Où est ma serviette? Je veux savoir qui a pris ma serviette!»

Après avoir défié tout le monde du regard, il s'arrêtait devant une recrue qu'il soumettait à un interrogatoire plutôt inquiétant. Imaginez un peu: vous avez devant vous un gaillard de plus de 300 livres, totalement nu, qui s'approche l'air furieux et qui vous engueule en vous demandant si vous lui avez volé sa serviette. Vous la voyez pendre derrière lui, mais il a l'air tellement fâché que vous ne savez trop comment vous y prendre pour lui annoncer où elle se trouve.

Je n'oublierai jamais ces scènes-là!

On assiste à toutes sortes de scènes rocambolesques lorsqu'on passe sa vie au sein d'une équipe de sport professionnel. Néanmoins, ce sont des épisodes beaucoup moins spectaculaires de la vie en équipe qui se sont le plus incrustés dans mes souvenirs. Des moments ou des habitudes sur lesquels on prend rarement la peine de s'attarder, mais qui en disent long sur les liens qui finissent par se tisser dans le quotidien d'un groupe d'athlètes.

Par exemple, lors d'une journée typique, il était courant pour nous d'aller nous changer à notre vestiaire du Stade olympique, puis de prendre l'autobus jusqu'à Saint-Léonard, où se trouvait notre terrain d'entraînement. Au fil des ans, chaque joueur a évidemment fini par adopter un siège. Cela faisait en sorte que, trois fois par semaine, tout le monde s'asseyait exactement au même endroit. Le quart-arrière et les vétérans occupaient toujours les places situées à l'arrière.

Par contre, d'un entraînement à l'autre, la taille de notre autobus variait. Quand nous nous retrouvions dans une sorte d'autobus scolaire au lieu d'un bus plus spacieux et luxueux, les joueurs faisaient des contorsions afin de pouvoir s'asseoir à *leur* place. Un déplacement en autobus scolaire signifiait aussi que nous devions installer notre grosse cruche d'eau entre les deux derniers sièges au fond parce qu'il n'y avait pas d'autre endroit où la déposer.

À cause de cette hiérarchie très ancrée dans les habitudes de l'équipe, les nouveaux joueurs ne savaient jamais où s'asseoir lorsqu'ils montaient à bord du bus pour la première fois. Alors, les pauvres bougres tâchaient de trouver rapidement une place, mais ils se faisaient dire : « Non, il y a quelqu'un ici. » Ils tentaient ensuite leur chance quelques sièges plus loin, et ils se faisaient repousser de nouveau. Et de fil en aiguille, ils finissaient par parcourir toute l'allée, jusqu'à ce qu'ils soient forcés de s'asseoir sur la fameuse cruche d'eau.

Au fil des ans, la cruche d'eau est donc devenue une espèce de rite initiatique pour nos recrues. C'était amusant, parce qu'au sein d'une équipe, les jeunes sont toujours prêts à faire de petits sacrifices pour mériter leurs galons et pour finir par être pleinement acceptés par les vétérans.

Ces dernières années, toutefois, les vétérans ont, l'un après l'autre, commencé à prendre leur retraite ou à se faire remplacer par des plus jeunes. Et plusieurs sièges ont commencé à se libérer au fond de l'autobus. En 2012, ce concours de circonstances a permis à Michael Ola, un jeune bloqueur qui en était à sa première saison, d'occuper un siège à l'arrière avec les vétérans sans avoir à franchir l'étape cruciale de la cruche d'eau.

Cette affaire a causé un sérieux incident diplomatique ! Tous ceux qui avaient dû voyager sur la cruche au cours des années précédentes étaient très froissés, et même fâchés, qu'on ait laissé Ola profiter d'un siège dès son arrivée.

Ce phénomène, cette routine et ce code de conduite qui se sont installés au fil des ans m'ont toujours fasciné. Il n'existe probablement aucun autre endroit ailleurs dans le monde où le simple fait de s'asseoir sur une cruche d'eau facilite l'acceptation de quelqu'un au sein d'un groupe!

Ça peut sembler drôle, mais j'appréciais vraiment ces randonnées en autobus. Ces trajets de quelques minutes entre Saint-Léonard et le Stade olympique nous permettaient de discuter entre coéquipiers de tout et de rien, de nos familles et de nos affaires personnelles.

À l'aller, les gars étaient généralement très calmes et ils parlaient tout bas. Mes coéquipiers savaient que j'étudiais notre cahier de jeux et que j'avais besoin de concentration afin d'être prêt pour l'entraînement. Mais durant le trajet de retour, c'était la fête. Et dès que deux joueurs commençaient à se chicaner en parlant de leur équipe de basketball favorite, le bus entier entrait en éruption.

Ces moments me manqueront.

« Je peux prendre votre commande? »

En 1994, à ma première année dans la LCF, je gagnais tellement peu d'argent qu'il m'était impossible de faire la moindre économie. Si bien que lorsque la saison a pris fin, je n'avais plus un sou. J'étais pour ainsi dire cassé comme un clou.

Par contre, j'avais suffisamment bien joué pour mériter les quelques bonis de performance inscrits à mon contrat. Et cette somme s'annonçait amplement suffisante pour me permettre de vivre tout en m'entraînant durant la saison morte. Mon équipe, le Posse de Las Vegas, a cependant fait faillite après notre dernier match. Et l'argent que je devais recevoir tout de suite après la saison m'a finalement été remis cinq ou six mois plus tard, au début du mois d'avril 1995.

Malgré cette situation, il fallait bien que je continue à m'entraîner afin de pouvoir continuer à exercer mon métier. Parmi mes coéquipiers du Posse de Las Vegas, j'avais quelques bons amis qui passaient tout l'hiver à Hawaï et qui bénéficiaient des installations de l'université pour s'entraîner. Sur leur invitation, je les ai donc suivis là-bas. Et une fois sur place, je me suis déniché un job de serveur dans un restaurant.

Dans le monde du football professionnel, j'étais sans doute le seul quart-arrière qui devait passer ses soirées à servir aux tables pour subsister! Un soir, des anciens étudiants de mon université sont entrés au restaurant. Ils semblaient ahuris de me voir occuper cet emploi. D'ailleurs, chaque fois que des connaissances franchissaient la porte de ce restaurant, l'expression de leur visage trahissait leur étonnement. Ils tombaient des nues:

— Mais… mais qu'est-ce que tu fais-là?

— Bof, je suis venu ici pour m'entraîner…

Dans les circonstances, honnêtement, je n'aurais jamais pu dénicher un meilleur arrangement que cet emploi de serveur. Je m'entraînais tous les jours à l'Université d'Hawaï, je jouais au golf trois ou quatre fois par semaine et, le soir venu, j'allais travailler au resto.

C'était intéressant parce que je n'avais jamais fait ce genre de travail auparavant. L'endroit s'appelait la Rodeo Cantina. C'était un restaurant Tex-Mex situé au centre-ville d'Honolulu, tout près du canal. Il existe encore, d'ailleurs.

J'avais déjà travaillé chez Burger King et dans quelques autres comptoirs de restauration rapide quand j'étais adolescent, mais je n'avais jamais servi aux tables avant d'être embauché à la Rodeo Cantina. Et j'ai développé un immense respect pour les gens qui font ce travail.

Il m'est arrivé de commettre des erreurs monumentales quand des clients commandaient du vin. Je n'y connaissais absolument rien et je revenais parfois avec la mauvaise bouteille, ce qui était assez embarrassant. Aussi, je devenais beaucoup moins efficace quand les quatre ou cinq tables de ma section étaient occupées en même temps. Je préférais alors confier quelques tables à mes compagnons de travail afin de pouvoir mieux servir les clients des quelques tables qui restaient sous ma responsabilité. Mes collègues aimaient bien travailler avec moi parce que je leur permettais de gagner plus d'argent!

En tout, j'ai travaillé pendant cinq mois à la Rodeo Cantina. Et cela en étonnera peut-être quelques-uns, mais j'ai plutôt aimé cet emploi! Ce resto était fréquenté par des gens qui provenaient de partout à travers le monde – beaucoup de gens s'y rendaient en bateau – et ça m'a permis de faire des rencontres fascinantes. D'ailleurs, même si j'ai reçu mon boni de la Ligue canadienne de football au début avril, j'ai continué à travailler à ce restaurant jusqu'en mai. Et je n'ai quitté mon poste que lorsque le camp d'entraînement des Tiger Cats de Hamilton, ma nouvelle équipe, s'est mis en branle.

Une vingtaine d'années plus tard, je rigole encore quand je repense à cette expérience et à la situation hautement inhabituelle dans laquelle je me suis retrouvé. Peu de restaurants peuvent se vanter d'avoir un jour compté un quart-arrière professionnel parmi leur personnel de serveurs !

J'ai tellement apprécié ce premier hiver à Hawaï que j'y suis retourné lors des années suivantes – sans toutefois devoir travailler au restaurant, s'entend.

Et à mon troisième ou quatrième hiver là-bas, à la fin des années 1990, j'ai vécu un autre épisode mémorable. Je venais alors de me joindre à l'organisation des Alouettes.

Cette année-là, les Broncos de Denver venaient de remporter le Super Bowl dans la NFL. Et leur quart-arrière, John Elway, était de passage à Hawaï dans le cadre des festivités du Pro Bowl (le match des étoiles de la NFL).

Même si je n'évoluais pas dans la même ligue qu'Elway et que je n'étais pas encore un quart-arrière établi à cette époque, je pratiquais le même métier que lui depuis cinq ou six ans, et il me semblait naturel d'aller le saluer et de lui serrer la main.

Je suis donc allé vers lui et quand je suis arrivé à sa hauteur, je me suis soudainement mis à balbutier. Comme un novice, j'étais vraiment impressionné, nerveux même, de pouvoir discuter avec lui. Et je ne cessais de me demander : « Voyons, qu'est-ce je fais là ? Pourquoi je me sens comme ça ? »

Elway a certainement constaté que j'étais mal à l'aise. J'ai discuté avec lui deux ou trois minutes, puis nous avons pris une photo et je suis reparti. Je n'ai jamais osé lui mentionner que j'étais aussi un quart-arrière.

Cet épisode étrange m'est toujours resté en tête.

Quelques années plus tard, ma carrière a vraiment pris son envol. Je suis devenu le quart numéro un des Alouettes et nous avons remporté trois coupes Grey. Et au fil des ans, j'ai senti que la perception des partisans de l'équipe changeait à mon endroit. Quand ils venaient me parler, certains semblaient aussi mal à l'aise et nerveux que je l'avais été en allant à la rencontre de John Elway.

À chaque fois, j'avais beaucoup d'empathie pour eux parce que je savais exactement ce qu'ils ressentaient. Et pour les mettre à l'aise, je leur racontais ma brève conversation avec Elway. Je ne comprends toujours pas pourquoi on peut figer de la sorte lorsqu'on croise quelqu'un. Mais chose certaine, ça arrive !

Dormir avec la coupe Grey

Quand Don Matthews a été nommé entraîneur en chef des Alouettes à la fin de l'année 2001, je n'avais aucune idée du sort qu'il allait me réserver.

Peu après son arrivée au sein de l'organisation, Don m'a convié à une rencontre à la cafétéria du Stade olympique. En me rendant à ce rendez-vous, j'étais plutôt inquiet. Je me demandais : « Va-t-il m'annoncer que je ne fais plus partie des plans de l'équipe et que je vais être libéré ? Va-t-il me confirmer à titre de partant ou m'annoncer que je devrai me battre pour mériter un poste ? » Je n'avais absolument aucune idée de la direction qu'il entendait prendre quant à mon utilisation.

Quand nous nous sommes finalement assis l'un en face de l'autre, l'annonce qu'il m'a faite a surpassé tout ce que j'avais pu imaginer :

— Tu sais quoi ? J'ai passé toute la dernière semaine à regarder des matchs de l'équipe et j'ai décidé de complètement changer le système offensif. Nous allons construire cette équipe autour de toi, et nous allons miser sur des joueurs qui vont te permettre de connaître du succès, m'a-t-il annoncé.

Quand je l'ai quitté après cette discussion, je me suis dit : « Je n'ai pas le choix. C'est vraiment le temps de faire le travail ! » Personne auparavant ne m'avait témoigné un tel niveau de confiance. Ça faisait quatre ans que j'étais à Montréal mais je n'avais été partant que durant deux de ces quatre années. Et puis, je n'avais encore jamais remporté de championnat.

Cette discussion à la cafétéria a changé le cours de ma carrière.

La confiance de Matthews et son extraordinaire capacité à rassembler et à harnacher l'immense bassin de talents qu'on retrouvait au sein de l'organisation m'ont énormément impressionné. Et moins d'un an plus tard, nous avons remporté notre première coupe Grey en 25 ans.

Matthews était très particulier. Il avait gagné partout où il était passé auparavant et il donnait énormément de latitude à ses joueurs.

— *I don't care what you do outside football. But when it comes to practice, when it comes to lining up for gameday, you better be ready. If you don't, you will have issues*, prévenait-il. (Je me fous de ce que vous faites à l'extérieur du football. Mais assurez-vous d'être prêts quand nous nous entraînons et quand nous sautons sur le terrain pour les matchs. Sinon, vous aurez des problèmes.)

Il nous faisait confiance et nous donnait beaucoup de responsabilités. Habitués à jouer pour des entraîneurs autoritaires, les joueurs se disaient «Wow!», et ils adhéraient totalement à cette philosophie. De toute manière, personne ne voulait le décevoir. Parce que, quand Don Matthews était déçu du rendement d'un de ses joueurs, il le conviait à l'un de ses célèbres tête-à-tête. Et personne ne voulait participer à ces rencontres-là.

Il s'asseyait alors avec vous et il vous annonçait tout simplement que vous étiez sur le point de perdre votre emploi:

— Écoute, tu ne fais pas ton job. Tu dois mieux jouer sinon nous allons donner la chance à un autre.

Il prenait tout le temps les devants et il était honnête. Mais le plus important, c'était qu'il respectait à la lettre la ligne de conduite qu'il avait dictée au départ: «Si vous ne jouez pas comme il le faut, vous aurez des problèmes...»

En 2004 ou en 2005, j'ai eu ce genre de tête-à-tête avec lui. À cette époque, nous traversions une période difficile en attaque et Don m'avait convié à une rencontre en compagnie du coordonnateur de l'attaque, Doug Berry. Il nous avait accueillis en nous demandant ce qui ne fonctionnait pas. Et après avoir écouté nos explications, il nous avait suggéré des pistes de solutions. Puis il avait conclu la discussion en lançant :

— Écoutez-moi très attentivement, vous devez régler ce problème.

C'était très sérieux. Le patron nous annonçait que si nous ne corrigions pas le tir, il allait s'en charger autrement.

Mais revenons à la saison 2002. Quand nous avons concrétisé notre conquête de la coupe Grey, j'étais totalement impatient de participer au traditionnel défilé dans les rues de Montréal.

Chaque fois qu'une équipe remporte un championnat majeur, des images des célébrations sont retransmises dans les bulletins de nouvelles. Et en tant qu'athlète, on rêve de pouvoir prendre part à une fête de ce genre au cours de sa carrière.

Or, cette parade de 2002 s'est avérée dix fois plus extraordinaire que je l'avais imaginée. Notre parcours débutait à la hauteur de la rue Crescent. Et jusqu'au centre-ville, les deux côtés de la rue Sainte-Catherine étaient remplis à pleine capacité de partisans qui fêtaient avec nous. C'était extrêmement impressionnant.

Durant la saison morte, les joueurs de l'équipe championne de la coupe Grey se font offrir la possibilité de garder le trophée avec eux durant toute une journée. L'aspect le moins amusant de cette affaire, toutefois, c'est que vous devez vous engager à rembourser une importante somme si la coupe est abîmée ou volée. En 2002, les dommages à rembourser s'élevaient à 25 000 ou 30 000 $. Et en 2010, le montant était passé à 100 000 $. Il va sans dire que les joueurs prennent donc beaucoup de précautions lorsqu'ils emportent la coupe chez eux.

Lors de notre première conquête en 2002, j'ai passé la journée à faire la tournée de différents pubs de Montréal afin de permettre au plus grand nombre possible de partisans de profiter de ces moments privilégiés. Quand nous entrions dans un établissement, tous les portiers et employés avaient l'œil sur la coupe. Il n'était pas question de laisser qui que ce soit l'abîmer ou se sauver avec elle. Généralement, les gens insistaient pour boire dans notre prestigieux trophée. C'était la fête partout où nous passions! Mais je ne pouvais m'empêcher de constamment penser à assurer la sécurité de la coupe.

Le soir venu, quand nous sommes rentrés à la maison et que nous nous sommes couchés, ma femme a sursauté.

— Où est la coupe? m'a-t-elle demandé.

— Dans le salon.

Pour elle, il n'était pas question de laisser un seul instant la coupe Grey sans surveillance.

— Va tout de suite la chercher et apporte-la dans le lit!

Au cours de ma carrière, j'ai très souvent constaté que lorsque de nouveaux entraîneurs ou coordonnateurs arrivaient au sein de notre équipe, ils préconisaient presque tous la même philosophie et le même système de jeu que le dernier entraîneur en chef qu'ils avaient côtoyé.

Ce ne sera pas mon cas. Quand j'entreprendrai cette deuxième carrière, j'essaierai de tirer le meilleur de chacun des entraîneurs qui m'ont dirigé. Pour toutes les raisons mentionnées plus haut et pour l'influence qu'il a exercée sur ma carrière, je m'inspirerai en partie de Don Matthews. Mais une grande place sera aussi faite aux enseignements que j'ai reçus de Marc Trestman, qui a dirigé les Alouettes pendant cinq ans avant de devenir l'entraîneur en chef des Bears de Chicago.

En matière de planification, Trestman est absolument exceptionnel. Sa façon de gérer ce qui se passe sur le terrain et dans le vestiaire le situe dans une classe à part.

Intellectuellement, jouer pour lui constituait un énorme défi. Il forçait constamment ses receveurs de passes et ses quarts à s'adapter à de nouvelles situations, à de nouvelles formations, à de nouveaux tracés et à de nouveaux jeux. *Man!* De toute ma vie, je n'ai jamais vu des receveurs être autant sollicités par un entraîneur en chef!

Trestman est resté avec les Alouettes jusqu'en 2012. Et sous sa direction, nous entreprenions les matchs avec un cahier qui comportait environ 150 jeux. Juste pour vous donner une idée de grandeur, nous misions sur presque la moitié moins de jeux (environ 80) après son départ. Il ne voulait pas quitter un match en se disant qu'il ne nous avait pas suffisamment préparés et qu'il ne nous avait pas concocté le jeu qui pourrait faire la différence. Il voulait s'assurer que nous ayons une réponse à toutes les situations et à toutes les formations défensives qui étaient lancées en travers de notre chemin. Il était très exigeant à ce niveau.

Sous sa gouverne, j'ai donc été obligé de me transformer en étudiant à temps complet. Pour être capable de suivre et d'assimiler les nombreux changements qu'il ne cessait de mettre au point, je n'avais pas le choix de ramener des devoirs à la maison tous les jours! Une telle chose ne m'était jamais arrivée auparavant. Au début de la semaine, une fois chez moi, je devais étudier notre cahier de jeux pendant au moins une heure. Et plus nous nous rapprochions du jour du match, plus le volume d'informations s'accroissait, ce qui me forçait à étudier une heure et demie, puis deux, puis trois heures par jour!

Je ne sais pas si les autres quarts qui ont joué pour Trestman ont dû étudier autant que moi. Mais c'est ce que j'étais disposé à faire pour nous aider à connaître du succès. Et les deux coupes Grey que nous avons remportées sous sa gouverne n'ont absolument pas été le fruit du hasard...

Guy Boucher

Si Guy Boucher n'avait pas été sérieusement frappé par un virus au beau milieu de la vingtaine, il ne serait probablement jamais devenu un entraîneur de hockey professionnel.

Après avoir brillé pendant trois ans à titre d'attaquant chez les Redmen de McGill dans les rangs universitaires, Guy Boucher s'est expatrié en France, à Viry-Châtillon, où il a disputé une première saison de hockey professionnel. Au printemps 1996, lorsqu'il est rentré au pays après cette excellente campagne en Europe, il a signé un contrat qui allait lui permettre de disputer la saison suivante avec les Rafales de Québec, de la Ligue internationale. À l'époque, la LIH était l'une des deux principales ligues professionnelles mineures en Amérique du Nord.

Toutefois, il n'a jamais été en mesure d'honorer ce contrat.

« Je n'avais jamais été aussi en forme de ma vie et, du jour au lendemain, je n'étais plus capable de monter les escaliers. Tout mon côté droit a cessé de fonctionner normalement. Je ne voyais presque plus de l'œil droit et je ressentais constamment des espèces de chocs dans ma jambe et dans mon bras. J'ai alors appris qu'un virus avait ravagé la myéline qui protégeait mon système nerveux, et on m'a prévenu que la guérison allait être longue. Au début, je ne croyais pas ce pronostic, mais je n'ai pas eu le choix de me rendre à l'évidence : ma convalescence a finalement duré trois ans. Sans cette longue période d'inactivité, je n'aurais jamais cessé de jouer au hockey. J'étais trop passionné par ce sport », confie-t-il.

Incapable de jouer ou de s'entraîner, Guy a alors décidé de réorienter sa vie et d'entreprendre un second baccalauréat à McGill. Et

Martin Raymond, son ancien compagnon de trio devenu entraîneur en chef chez les Redmen, a profité de son retour à l'université pour lui proposer un poste d'entraîneur adjoint.

« Je suis devenu entraîneur par défaut, finalement », dit-il.

À partir de la fin des années 1990, à une vitesse fulgurante, le rôle d'entraîneur est devenu son métier. Pourtant, il n'avait jamais envisagé ce scénario.

Après McGill, pendant trois saisons, Guy Boucher est devenu l'adjoint de Jean Pronovost chez les Huskies de Rouyn-Noranda, dans la LHJMQ.

« Jean Pronovost a été quelqu'un d'extrêmement important dans ma vie. Mon père est décédé quand j'avais 17 ans, et j'avais 20 ans quand j'ai rencontré Jean pour la première fois. Il a quasiment été mon deuxième père. Je m'estime très chanceux de l'avoir rencontré. D'ailleurs, nous sommes restés en contact durant toutes ces années.

« Jacques Lemaire a aussi exercé une grande influence sur ma carrière. Je me suis lié d'amitié avec son fils quand je fréquentais le cégep, et je le connaissais déjà quand j'ai débuté dans le métier d'entraîneur. Il s'est alors rendu disponible pour me donner de précieux conseils. Jacques Lemaire est un entraîneur de génie. Il voit des choses que les autres ne voient pas. Je n'ai jamais rencontré quelqu'un de meilleur que lui pour réduire un problème complexe à sa plus simple expression. »

Après son expérience à Rouyn, Guy Boucher est rentré à Montréal pour entreprendre une maîtrise en psychologie sportive. Au passage, cela lui a permis de diriger les Lions du Lac-Saint-Louis dans la Ligue midget AAA. Puis, au printemps 2003, un coup de chance : l'Océanic de Rimouski, qui était sur le point de sélectionner Sidney Crosby au repêchage, l'a embauché à titre d'adjoint.

Ce séjour fructueux à Rimouski lui a permis de décrocher, au printemps 2006, le poste d'entraîneur en chef des Voltigeurs de Drummondville. Marquée par d'éclatants succès, cette nouvelle étape a pavé la voie à son court passage dans la Ligue américaine, à Hamilton, au sein de l'organisation du Canadien. Ce fut ensuite la LNH où, dès sa première saison en 2010-2011, il a mené le Lightning de Tampa Bay jusqu'au septième match de la finale de la Conférence de l'Est.

Lorsqu'on additionne le tout, son bilan est absolument impression-nant : à l'âge de 42 ans, Guy Boucher a déjà fait partie du personnel d'entraîneurs d'Équipe Canada à cinq reprises (moins de 18 ans, moins de 20 ans et équipe nationale masculine). Outre ses deux médailles d'or sur la scène internationale, il a aussi remporté deux coupes du Président dans la LHJMQ et pris part à deux tournois à la ronde de la Coupe Memorial. Sans oublier le fameux septième match de la finale de la Conférence de l'Est à la barre du Lightning.

« Quand quelque chose de négatif survient dans la vie, estime Guy Boucher, ce n'est pas une porte qui se referme mais plutôt de nouvelles opportunités qui se présentent. J'en suis la preuve.

« Si je n'avais pas été aussi malade, je n'aurais jamais cessé de jouer au hockey et je ne serais pas devenu entraîneur. Et surtout, je n'aurais pas rencontré mon épouse à McGill et nous ne serions pas parents de trois merveilleux enfants. C'est une belle chaîne d'événements qui est née d'une situation qui, au départ, n'annonçait rien de bon. »

Dans le cadre de sa participation à ce livre, Guy a d'ailleurs choisi de raconter une histoire qui, au départ, n'annonçait rien de très positif pour son équipe. Son premier récit nous transporte chez les Voltigeurs de Drummondville, en 2007, au terme d'une défaite particulièrement difficile à digérer.

Sa seconde histoire nous ramène aux années qu'il a passées au sein de l'organisation de l'Océanic de Rimouski. Il raconte pourquoi, durant cette période privilégiée, l'attitude et les valeurs du jeune Sidney Crosby l'ont encore plus impressionné que ses prouesses sur la patinoire.

Punir ou ne pas punir ?

Bien souvent, dans les rangs juniors, les entraîneurs utilisent davan-tage le bâton que la carotte avec leurs joueurs. Peut-être en est-il ainsi parce qu'ils sont moins expérimentés et moins outillés pour faire face aux périodes difficiles. Après tout, lorsqu'on ouvre son coffre à outils, c'est souvent le marteau qu'on aperçoit en premier. Et s'il n'y a pas grand-chose autour, la tentation de s'en servir n'en est que plus forte.

Comme tous les jeunes entraîneurs, il m'est arrivé de punir sévè-rement mes joueurs. Et il m'est souvent arrivé de le regretter.

Au cours d'une saison de 70 matchs, il y en a toujours une douzaine qui sont tout croches. Dans ces matchs, pour différentes raisons, les joueurs ne répondent pas et ne jouent pas à la hauteur de leurs capacités.

Quand les meilleurs joueurs ou les éléments les plus fiables de la formation n'avancent pas sur la patinoire, c'est souvent signe que l'équipe est fatiguée, soit parce que le calendrier est trop chargé, soit parce qu'on a surutilisé des éléments-clés lors des matchs précédents, ou encore parce que les dernières séances d'entraînement ont été trop ardues. Parfois, les gens quittent l'amphithéâtre en déplorant que les joueurs n'aient pas suffisamment travaillé alors qu'à l'arrière-scène, on voit qu'ils sont tellement vidés qu'ils ont de la difficulté à monter les escaliers.

Et bien sûr, il y a aussi des soirs, encore plus rares, où les joueurs ont tout simplement la tête ailleurs. Ils ne sont pas concentrés et ça ne les tente pas vraiment de fournir l'effort.

En bout de ligne, c'est la responsabilité de l'entraîneur de faire une analyse et d'identifier les raisons pour lesquelles son équipe n'a pas livré la performance escomptée. C'est cependant difficile à faire parce que les mauvais matchs surviennent la plupart du temps de manière tout à fait inattendue, dans un contexte assez émotif.

Les jours de match, l'entraîneur arrive à son bureau très tôt en matinée et il se prépare minutieusement. Il veut fournir à ses joueurs toutes les informations nécessaires pour leur permettre de gagner. Puis, en soirée, quand tout s'écroule, c'est comme une sorte de choc. Il lui est alors extrêmement difficile de prendre du recul.

Lorsqu'ils regardent un match à la télé dans leur salon, les amateurs s'attendent à ce que l'entraîneur maîtrise parfaitement ses émotions. Mais dans les faits, il est plutôt fébrile. Il y a eu un crescendo tout au long de la journée qui fait en sorte que tout le monde est «crinqué» quand la rondelle tombe enfin sur la glace. Et une fois que le match est commencé, l'entraîneur doit gérer son banc, ajuster sa stratégie, réagir aux décisions de l'arbitre et faire abstraction des spectateurs qui lui crient après. Parfois, c'est même l'entraîneur adverse qui l'engueule.

Après une contre-performance, il est donc très difficile de ne pas réagir de manière spontanée. En fait, je dirais que la réaction d'un jeune entraîneur après une contre-performance ressemble souvent à celle d'un parent qui a connu une dure journée et dont les enfants choisissent précisément ce moment pour être tannants.

Envers leurs enfants, les parents ont souvent des réactions vives qu'ils regrettent par la suite. Et quand ils ont eu le temps de décanter, ils se demandent : « Voyons, pourquoi ai-je réagi comme ça ? »

◉

Mon histoire se déroule à la fin de septembre 2007, lors de ma seconde saison à la barre des Voltigeurs de Drummondville.

À ce moment-là, notre équipe est en totale reconstruction. Avec le directeur général Dominic Ricard, nous avons décidé de miser sur des jeunes, quitte à connaître une saison très difficile. Autant d'un point de vue sportif que philosophique, nous jetons les bases de la formation qui remportera, l'année suivante, la coupe du Président.

Notre alignement est composé d'un noyau de joueurs formés au sein de l'organisation des Voltigeurs. Mais nous misons aussi sur plusieurs athlètes qui proviennent d'autres équipes de la LHJMQ et qui sont moins accoutumés à leur nouvel environnement.

C'est un dimanche soir. Nous sommes à Drummondville et nous disputons un match contre les Cataractes de Shawinigan, nos grands rivaux. La rivalité entre eux et nous est très forte. Au point où, peu importe que les matchs soient disputés à Shawinigan ou à Drummondville, il y a souvent presque autant de partisans des deux clubs dans l'aréna. Durant ces affrontements, les gradins sont très animés.

Nous n'en sommes qu'à notre septième match de la saison. Toutefois, à l'occasion d'un voyage dans les Maritimes, nous avons perdu nos deux dernières rencontres par des scores de 4 à 1 et de 9 à 2. Après une pareille dégelée, je m'attends à un effort très convaincant face aux Cataractes.

Mais contre toute attente, nous sommes tout simplement atroces. J'essaie de secouer mes joueurs de toutes les façons possibles et imaginables : en modifiant nos trios, en lançant des flèches aux arbitres, en changeant mon gardien, en m'adressant au groupe et à des joueurs en particulier durant les entractes. Mais rien n'y fait. Ce soir, visiblement, mes joueurs n'ont pas envie de fournir l'effort nécessaire.

Après 30 minutes de jeu, Shawinigan mène 6 à 0. Dans notre propre aréna !

À la fin de la rencontre, le tableau indicateur affiche un pointage de 7 à 2 en faveur des Cataractes. Il n'y a rien qui a fonctionné. Comme entraîneur, j'ai quasiment honte de ce qui vient de se passer et je suis extrêmement frustré. Et quand je rencontre mes joueurs au vestiaire après la partie, je ne manque pas de leur faire savoir.

— Demain matin, tout le monde ici à 5 h ! que je leur crie avant de retraiter vers mon bureau.

En marchant dans le corridor, je me dis « Ils vont y goûter ! » et je me jure de les faire payer en leur concoctant une séance d'entraînement tellement difficile qu'ils s'en souviendront toute leur vie.

De retour à mon bureau, je retrouve mes adjoints Jason Lehoux et Guy Lalonde. Dominic Ricard est aussi présent.

Et pendant que nous discutons de la punition du lendemain, Guy Lalonde intervient. Il n'est pas chaud à l'idée de tenir une séance d'entraînement punitive. Il plaide que ça n'apportera rien de constructif.

Guy Lalonde est une personne que j'adore et que je respecte énormément. Il est âgé d'environ 55 ans à ce moment-là et son bagage d'expérience dans le monde du hockey est vaste. Dix ans avant de se joindre à notre organisation, il a remporté la coupe Memorial à titre d'adjoint de Claude Julien chez les Olympiques de Hull. Durant son long parcours dans le hockey junior majeur, Guy a aussi occupé les fonctions d'entraîneur en chef. Bref, il a beaucoup de vécu et de recul.

En bout de ligne, il est environ 1 h 30 du matin et nous sommes toujours dans le bureau en train de discuter. L'émotion et la déception se sont peu à peu dissipées. Et nous-mêmes, les entraîneurs, n'avons pas le goût de revenir à l'aréna à 5 h du matin. Mais je me suis « peinturé dans le coin » en annonçant cette sanction. Et je n'avais pas de plan en tête quand j'ai convoqué mes joueurs de si bonne heure. J'avais simplement l'intention de leur faire payer leur manque d'effort.

Avec Guy, nous cherchons alors un moyen de servir une leçon à notre équipe tout en nous assurant de ne pas répéter les histoires d'horreur dont nous avons déjà entendu parler dans le passé. Il est vrai que ça ne servira à rien de fouetter nos joueurs pendant des heures. En même temps, je viens de me joindre à l'organisation des Voltigeurs. Et depuis le tout début, il est clair que même si nous voulons gagner des matchs de hockey, le bien-être des jeunes doit être placé au-dessus de tout. La philosophie de Dominic Ricard est : « L'individu avant tout, et l'éducation avant le hockey. » C'est d'ailleurs pourquoi j'ai tout de suite eu envie de travailler avec lui.

Quand les joueurs se présentent au centre Marcel-Dionne le lundi matin à 5 h, je leur annonce qu'il n'y aura pas de séance d'entraînement sur glace. À la place, je leur explique qu'ils devront faire de la course à pied autour de l'aréna et que Guy Lalonde les accompagnera dans cette épreuve. Ainsi, nous établissons d'entrée de jeu que les joueurs ne seront pas les seuls à subir les conséquences de la gênante défaite de la veille.

J'insiste aussi sur le fait qu'après un certain nombre de tours, ceux qui seront parvenus à dépasser leur entraîneur quinquagénaire pourront cesser de courir. La plupart des joueurs semblent soulagés. Ils s'attendaient presque à une séance de torture et ils se disent maintenant que ce ne sera pas trop difficile.

Plus d'une heure et demie avant le lever du soleil, le groupe commence à courir autour du centre Marcel-Dionne.

Après trois tours, Guy Lalonde se taille une légère avance sur le peloton. Et après cinq tours, Guy creuse davantage l'écart, même si les plus orgueilleux déploient de grands efforts pour tenter de suivre sa cadence. Par la suite, il devient évident que les joueurs ne parviendront jamais à rattraper leur vieux coach. À mon grand étonnement, Guy Lalonde court en simonac ! Je suis presque aussi abasourdi que les joueurs ! Quand il s'était porté volontaire pour courir avec l'équipe,

Guy m'avait appris qu'il courait des marathons, mais je ne pensais jamais qu'il était performant au point de larguer aussi nettement de jeunes athlètes d'élite.

Après une heure et demie, les joueurs sont totalement vidés. Ils ont disputé un match la veille et leur nuit de sommeil a été courte. Puisqu'il est clair qu'aucun d'entre eux ne rattrapera Guy Lalonde, je mets fin à l'épreuve de course à pied. Je rassemble tout le monde et, très calmement, j'annonce la suite du programme :

— Nous allons nous réunir au vestiaire dans quelques minutes. Toutefois, il faudra payer 15 $ à la porte pour avoir le droit d'y entrer. Ceux qui n'ont pas d'argent, trouvez rapidement un guichet automatique et venez nous rejoindre.

Quand les joueurs se présentent au vestiaire, ils sont accueillis par l'un de nos préposés, qui s'assure de leur faire payer leur droit d'entrée. J'invite ensuite tout le monde à s'asseoir par terre, puis nous diffusons le match de la veille dans son intégralité : l'avant-match, la période d'échauffement, les 60 minutes de jeu ainsi que les entractes. De bout en bout, la séance de visionnement dure plus de trois heures.

Après le visionnement, je demande au capitaine ce qu'il pense du spectacle auquel il vient d'assister :

— Est-ce que ça valait 15 $?

— Ça valait zéro, répond-il spontanément.

Chacun leur tour, les joueurs commentent ensuite leur performance :

— C'est une disgrâce. Ça n'a pas de bon sens, estime l'un d'eux.

— J'ai honte de moi, confie un autre.

Cet exercice est bénéfique à plusieurs points de vue. En critiquant eux-mêmes leur performance, ils se l'approprient. Ce sont eux qui sautent sur la patinoire et ce qui se déroule durant les matchs leur appartient, c'est leur produit.

J'ai ensuite expliqué aux joueurs qu'il y avait une raison pour laquelle on les avait convoqués à 5 h du matin et qu'on leur avait demandé de débourser 15 $ à l'entrée du vestiaire :

— Il y a des gens qui ont payé pour venir voir un spectacle. Ce n'est pas le fait d'avoir perdu qui est inacceptable. Nous affrontons de bonnes équipes et elles aussi sont dignes de remporter des matchs elles aussi. Même en travaillant fort et même en étant talentueux, il n'y a rien qui nous assure de gagner une partie. Mais il y a des choses que nous contrôlons : notre attitude, notre discipline et notre éthique de travail. Ce sont trois choses que nous n'avons pas le choix de respecter. On ne peut blâmer personne d'autre si on ne le fait pas. Ce qui est inacceptable, c'est qu'il y a des hommes et des femmes qui se lèvent à 5 h ou 6 h du matin et qui travaillent dur pour acheter des billets. Ça peut leur coûter 100 $ pour amener leur famille voir nos matchs. Ils ont payé pour voir ce spectacle-là et on leur a manqué de respect. Si vous aviez fait ça à l'entraînement, la conséquence aurait été différente. Mais là, ce qu'on essaie de vous montrer, c'est qu'il y a un lien direct entre le crime et la punition. Et si on a couru autour du centre Marcel-Dionne, c'était pour vous faire reconnaître que nous sommes chez nous. La prochaine fois qu'on jouera ici, vous allez savoir où nous sommes et vous rappeler que c'est inacceptable de se présenter tout croches.

Au cours d'une carrière d'entraîneur, on commet énormément d'erreurs qu'on regrette par la suite. Mais je n'ai jamais regretté d'avoir convoqué cette séance d'entraînement à 5 h du matin.

Grâce à Guy Lalonde, nous avons tous tiré des leçons de ce qui s'est produit ce matin-là. En prenant les commandes à la course à pied, Guy a servi une belle leçon d'humilité à nos joueurs. Pour ma part, son intervention m'a montré qu'il y avait d'autres façons de transmettre des messages et de faire face à ce genre de situation. Guy Lalonde est une très bonne personne. J'ai vraiment apprécié travailler avec cet excellent homme de hockey.

Au cours des semaines suivantes, nous avons maintenu une fiche de ,500, ce qui était très bon pour notre club en reconstruction. Mais comme nous l'avions prévu au départ, nous avons tout de même vécu une difficile année d'apprentissage et raté les séries éliminatoires.

N'empêche. Avec le recul, je suis convaincu que cette journée s'est avérée un point tournant dans l'instauration d'une nouvelle culture d'excellence au sein de notre organisation.

Parce qu'on déteste être pris au dépourvu, on passe souvent beaucoup de temps à essayer de tout planifier dans les moindres détails au cours d'une saison. Pourtant, très souvent, ce sont des événements totalement inattendus qui deviennent de véritables points tournants dans la vie d'une équipe.

Pour nous, tout a démarré lors de cette fameuse journée. Par la suite, nos joueurs ont développé un sentiment d'appartenance et ils se sont approprié la responsabilité d'évaluer leurs performances.

Après n'avoir remporté que 14 de nos 70 parties en 2007-2008, nous avons amassé 54 victoires en 68 rencontres la saison suivante, en plus de remporter la coupe du Président et de participer au tournoi à la ronde de la Coupe Memorial. Dans toute l'histoire du hockey junior majeur canadien, jamais une formation n'a enregistré de tels progrès d'une saison à une autre. Et à ce jour, notre récolte de 112 points en 2008-2009 constitue un record dans l'histoire des Voltigeurs de Drummondville.

« Il est comment, Sidney Crosby ? »

En 2003-2004, j'ai eu la chance de me joindre à l'organisation de l'Océanic de Rimouski à titre d'adjoint à l'entraîneur en chef Donald Dufresne. Cette saison-là, tous les réflecteurs étaient braqués sur l'Océanic, qui accueillait dans ses rangs Sidney Crosby.

Sidney n'était alors âgé que de 16 ans, mais il était déjà reconnu comme un phénomène et une future supervedette dans le monde du hockey. À l'âge de sept ans, Crosby avait déjà accordé une entrevue à un journal de son patelin en Nouvelle-Écosse. Et en 2001, à l'âge de 14 ans, la CBC lui avait consacré un long reportage annonçant qu'il allait probablement régner sur le hockey comme l'avaient fait Wayne Gretzky et Mario Lemieux.

Le reste est inscrit dans l'histoire et dans les statistiques. Crosby est effectivement un joueur phénoménal.

À son premier match préparatoire dans l'uniforme de l'Océanic (le match était disputé en Gaspésie), il avait récolté pas moins de huit points, ce qui avait incité ses coéquipiers à le surnommer « Darryl », en référence à Darryl Sittler, qui détient le record de la LNH avec

10 points (six buts et quatre passes) inscrits au cours d'un même match.

Et durant cette saison 2003-2004, Sidney a amassé 135 points (54 buts et 81 passes) et remporté le championnat des marqueurs, établissant ainsi un nouveau record de la LHJMQ pour un joueur de 16 ans. La marque précédente (125 points) avait été inscrite 40 ans plus tôt par Normand Dupont, du Bleu-Blanc-Rouge de Montréal.

Pendant ses deux saisons avec l'Océanic, Sidney Crosby a régné sans partage sur le hockey junior québécois, canadien et même sur la scène mondiale. On pourrait parler de ses accomplissements et de ses réussites sportives pendant des heures.

Mais personnellement, c'est son attitude qui m'a le plus impressionné durant les deux années où je l'ai côtoyé. C'était un individu absolument exceptionnel.

En termes de maturité, Sidney Crosby était en quelque sorte un homme de 35 ans habitant le corps d'un athlète de 16 ans. Il n'avait pas de blonde. Il ne sortait pas. Il ne buvait pas d'alcool. Il ne buvait pas de boissons gazeuses et il ne mangeait rien de sucré. Les gâteries qu'il s'offrait au dessert étaient enrobées de yogourt. De plus, il s'entraînait 12 mois par année depuis l'âge de 10 ans, simplement parce qu'il était constamment à la recherche d'une façon de s'améliorer. Je n'avais jamais rencontré un athlète aussi dédié à l'excellence. Et le plus incroyable, c'est que personne ne l'obligeait à être aussi méticuleux. Tout venait de lui.

Pour cette raison, je souris toujours un peu quand les gens me parlent du talent de Sidney Crosby. Ce dont j'ai été témoin m'a convaincu qu'un très fort pourcentage de sa réussite n'est pas dû à son talent. C'est l'ensemble de l'individu qui fait de lui un athlète d'exception. C'est son éthique de travail et son attitude.

Nous ne pouvions pas lui accorder une journée de congé. Il devenait fou si nous tentions de l'éloigner de la patinoire pour 24 heures. Il argumentait avec nous. Mais parce que les périodes de repos sont essentielles à la réussite d'un athlète et qu'elles font partie intégrante d'un calendrier sportif, nous devions parfois le forcer à rester à la maison. En une occasion, l'aréna était fermé. Nous nous disions alors que Sidney allait être forcé de prendre une journée de congé. Mais il avait dissimulé ses patins et il s'était arrangé avec le responsable de l'aréna afin de pouvoir quand même patiner en solitaire! Avec lui, il n'y avait jamais de demi-mesure.

Pendant l'une de ses premières séances d'entraînement avec l'Océanic, Sidney bataillait pour l'obtention de la rondelle dans un coin de patinoire. Son vis-à-vis était un vétéran qui avait trois ou quatre ans de plus que lui. Un dur au physique imposant.

J'ai détourné le regard un instant et les deux joueurs ont soudainement commencé à se bousculer dans le coin. Ça parlait fort. Je me suis donc dépêché d'aller voir de quoi il en retournait. Et quand je suis arrivé près d'eux, le vétéran était hors de lui. Il était profondément insulté.

— Qu'est-ce qui se passe? Est-ce qu'il t'a donné un coup salaud? ai-je demandé au vétéran.

— Non! Il m'a dit que la prochaine fois que je vais faire un exercice avec lui, il va falloir que je lui donne plus de compétition que ça!

Il était aussi exigeant envers lui qu'envers ceux qui l'entouraient. En même temps, le respect qu'il vouait aux amateurs et aux membres de l'organisation le situait dans une autre stratosphère.

En 2004-2005, lors de son année de repêchage, les activités de la LNH étaient paralysées par un lock-out. Et ce conflit de travail avait pour effet de gonfler considérablement les assistances aux matchs de hockey junior partout à travers le pays. Lors des matchs de l'Océanic, c'était encore pire. Ce phénomène était multiplié par deux ou par trois parce que tout le monde voulait voir jouer Sidney Crosby.

Quand nous disputions des matchs à l'étranger, il nous fallait tenir compte des retards qui allaient être occasionnés par la foule. Nous faisions donc en sorte d'arriver à l'aréna deux heures et demie avant les matchs alors que, normalement, nous aurions dû nous présenter sur place deux heures avant la mise au jeu initiale.

Quand nous arrivions quelque part, c'était noir de monde. Nous devions camper le rôle de gardes du corps pour permettre à Sidney de traverser la foule. C'était complètement fou. Malgré cela, il voulait toujours s'assurer que tous les amateurs présents puissent repartir avec une photo ou une signature. Mais c'était impossible. Nous étions donc obligés de l'arracher à la foule et il n'aimait pas ça. Il se sentait coupable.

◉

Le 18 mars 2005, Sidney récolte deux mentions d'aide dans une victoire de 5 à 1 à Bathurst. Grâce à ce résultat, l'Océanic de Rimouski devient la troisième équipe de l'histoire de la LHJMQ à disputer 27 matchs de suite sans défaite. Nous détenons ce record avec les Éperviers de Sorel (1973-1974) et les Remparts de Québec (1998-1999).

La saison s'achève. Il ne nous reste qu'une rencontre à disputer au calendrier régulier, ce qui nous donnera l'occasion de porter à 28 notre série de matchs consécutifs sans défaite. Pour sa part, Sidney se dirige tout droit vers un deuxième championnat des marqueurs. Dans la région de Rimouski, rares sont ceux qui ne sont pas atteints par la fièvre des séries éliminatoires, qui approchent à grands pas.

Après le match de Bathurst, nous rentrons à Rimouski aux petites heures du matin. Et quand notre autobus se gare dans le stationnement du Colisée, il y a des centaines de partisans qui nous attendent à l'extérieur. Les deux lobbys de l'amphithéâtre sont aussi remplis à pleine capacité.

— Voyons donc, ça n'a pas de bon sens! Qu'est-ce qui se passe? questionne Crosby avant de descendre du bus.

— Ce sont des gens qui passent la nuit ici afin de pouvoir acheter des billets pour les séries.

Sidney ne dit rien. Les joueurs rapportent leurs affaires au vestiaire. Ils quittent ensuite le Colisée et rentrent chez eux. Nous, les entraîneurs, restons un peu plus longtemps sur les lieux pour discuter de notre préparation en vue du dernier match du calendrier.

Plusieurs minutes après le départ des autres joueurs, à notre grande surprise, Sidney réapparaît à l'aréna. Il est passé chez Tim Hortons, où il a acheté une considérable quantité de beignes, de muffins, de cafés et de jus pour les partisans qui attendent l'ouverture des guichets. Il offre de la nourriture à tous ceux qui en veulent. Il serre la main de chacun et chacune et, surtout, il les remercie d'être là.

Nous sommes abasourdis. À ce moment-là, il n'a que 17 ans. ·

Au printemps 2005, la fièvre des séries se poursuit jusqu'au mois de mai pour les partisans de l'Océanic. Nous ne subissons qu'une seule défaite en 13 matchs lors des trois tours éliminatoires de la LHJMQ et nous remportons la coupe du Président. Nous mettons ensuite le cap sur London, en Ontario, afin de participer au tournoi à la ronde de la Coupe Memorial. Et malheureusement, nous nous inclinons dans le match ultime contre l'équipe locale.

Nous rentrons ensuite à Rimouski. Les joueurs qui étudient restent en ville afin de compléter leur calendrier scolaire. Et peu à peu, les autres joueurs quittent la région et rentrent chez eux.

Nous savons alors que nous ne reverrons plus jamais Sidney Crosby dans l'uniforme de l'Océanic. Il sera le premier joueur sélectionné au repêchage de la LNH et il fera assurément le saut dans la LNH en 2005-2006. Sidney sait aussi ce que l'avenir lui réserve. Et depuis long-temps, à notre insu, il a préparé sa sortie.

Durant la saison, au fil des matchs, il a pris soin de mettre de côté un bâton pour chacun des membres de l'organisation : ses coéquipiers, le personnel hockey et tous les employés de bureau. Ce ne sont pas des bâtons qu'il a simplement sortis d'une boîte. Ce sont des bâtons qu'il a personnellement préparés et utilisés au cours de nos matchs.

Avant de quitter Rimouski, il remet l'un de ces bâtons à chacun d'entre nous. Chaque bâton porte sa signature et, en plus, il a pris le temps de rédiger une note personnalisée pour chaque personne.

Non, définitivement, Sidney Crosby n'est pas un athlète comme les autres.

Jocelyn Thibault

Partout où il est passé, Jocelyn Thibault a été une sorte de premier de classe.

Après avoir complété une saison dans les rangs midget AAA avec les Régents de Laval-Laurentides-Lanaudière à l'âge de 15 ans, ce Lavallois a été l'avant-dernier joueur sélectionné en cinquième ronde au repêchage de la LHJMQ en 1991. À l'époque, les joueurs de 15 ans ne pouvaient être choisis qu'au cours des cinq premiers tours, à défaut de quoi il leur fallait patienter une année de plus avant d'être sélectionnés.

Thibault a donc entrepris sa carrière dans la LHJMQ en 1991-1992, à l'âge de 16 ans, dans l'uniforme des Draveurs de Trois-Rivières, avec lesquels il a obtenu une place dans l'équipe d'étoiles des recrues.

À la fin de cette première campagne dans la LHJMQ, les Draveurs ont toutefois déménagé à Sherbrooke. Et ce fut un point tournant dans la vie du jeune gardien.

C'est à Sherbrooke qu'il a rencontré sa femme, Mélanie Trachy, et c'est en tant que porte-couleurs des Faucons de Sherbrooke qu'il a été proclamé le joueur-étudiant par excellence dans la LHJMQ. Ce printemps-là, en 1993, les Nordiques de Québec l'ont aussi choisi en première ronde au repêchage de la LNH.

Et bien entendu, en bon premier de classe, Thibault est parvenu à se tailler un poste dans la LNH à son tout premier camp, à l'âge de 18 ans.

Sa carrière de 14 saisons l'a fait voyager de Québec au Colorado, en passant par Montréal, Chicago, Pittsburgh et Buffalo.

Dans toutes les organisations au sein desquelles il a évolué, Jocelyn Thibault s'est distingué par sa classe, sa discrétion ainsi que par ses interventions réfléchies à propos du monde du hockey.

Sachant cela, comment se surprendre que son après-carrière soit empreinte d'un tel succès ?

Après sa retraite en 2008, Thibault s'est rapidement engagé dans un projet de construction d'un nouveau complexe de hockey à Sherbrooke. Et immédiatement après la réalisation de ce projet, il a piloté le retour du hockey junior dans cette charmante ville des Cantons-de-l'Est. En plus d'administrer le complexe de hockey avec son associé, il dirige maintenant, et fièrement, le Phoenix de Sherbrooke de la LHJMQ.

Père de trois filles, il assure que ses journées sont totalement remplies !

Jocelyn a choisi de raconter quelques-unes des histoires qui l'ont le plus fait rire durant son passage dans la LNH...

Directement du champ gauche !

Nous sommes le 11 avril 2007. Et aujourd'hui, une grande partie des joueurs de notre équipe vivent l'une des plus importantes journées de leur vie : c'est leur baptême des séries éliminatoires.

Les jeunes Penguins de Pittsburgh, qui n'avaient pas participé aux séries depuis quatre ans, viennent en quelque sorte de confondre le monde du hockey en récoltant 105 points et en s'emparant du cinquième rang dans la Conférence de l'Est de la LNH.

Entre l'automne 2001 et le printemps 2006, les amateurs de hockey de Pittsburgh ont vécu cinq années pénibles marquées par des résultats franchement médiocres. L'une de ces saisons a été totalement annulée en raison d'un lock-out, et ce fut probablement la moins décevante de toutes ! Les autres campagnes se sont soldées par des récoltes faméliques de 69, 65, 58 et 58 points. Désabusés, les partisans ont déserté les gradins. L'équipe a failli être vendue et transférée ailleurs.

Mais cette saison, tout a changé. Michel Therrien termine sa première année complète à la barre de l'équipe et l'alignement regorge de recrues aux dents bien acérées. Parmi mes coéquipiers, on trouve Sidney Crosby (19 ans), Evgeni Malkin (20 ans), Ryan Whitney (23 ans), Maxime Talbot (22 ans), Kristopher Letang (19 ans) et

Marc-André Fleury (21 ans). Sans oublier Jordan Staal, qui vient de réussir un extraordinaire exploit en débutant sa première saison dans la LNH à l'âge de 17 ans.

Le hockey revit à Pittsburgh. Depuis le premier jour du camp d'entraînement, cette équipe travaille d'arrache-pied. Les jeunes joueurs des Penguins sont tellement passionnés qu'ils ont presque élu domicile au Mellon Arena. Après les entraînements, ils ont pris l'habitude de passer ensemble le reste de leurs journées dans les locaux de l'équipe, pour s'entraîner ou pour s'affronter dans des tournois de jeux vidéo. Les préposés à l'entretien doivent presque les chasser pour qu'ils rentrent enfin chez eux.

Pour ce premier match éliminatoire du printemps 2007, nous sommes à Ottawa.

Les Sénateurs, qui sont beaucoup plus expérimentés que nous, ont bouclé la saison au quatrième rang dans la Conférence de l'Est. Néanmoins, nous sommes bien préparés pour cet affrontement. Nos entraîneurs ont organisé plusieurs rencontres au cours desquelles nous avons décortiqué l'équipe adverse. Nous avons aussi longuement parlé des forces et des faiblesses de notre propre formation et nous avons placé toutes ces informations en contexte.

Depuis quelques jours, il y a donc une sorte de tension, ou de nervosité, qui va crescendo. Il y a énormément d'informations à assimiler. Tout le monde est fébrile et veut bien faire. Les séries éliminatoires de la LNH, c'est énorme! Tous comprennent que les joueurs et les équipes sont vraiment jugés en fonction de ce qu'ils livrent en séries. Et quand un joueur s'apprête à y participer pour la toute première fois, c'est un événement marquant dans sa vie. C'est vraiment une grosse affaire.

Vers la fin de l'avant-midi, nous participons à notre entraînement matinal à la Place Banque Scotia. La routine habituelle. Puis les joueurs rentrent à l'hôtel. Comme la plupart des équipes de la LNH, les Penguins séjournent au Brookstreet Hotel lorsqu'ils sont de passage à Ottawa.

Le Brookstreet, un établissement luxueux, est situé au nord de l'autoroute 417 à une quinzaine de minutes de la Place Banque Scotia. À l'époque, on commence à développer des quartiers résidentiels dans les environs, mais cette partie de la ville d'Ottawa est résolument rurale. On y trouve aussi deux grands parcs régionaux ainsi qu'un terrain de golf de prestige. Bref, nous sommes en pleine campagne. Les équipes préfèrent loger à cet endroit plutôt qu'au centre-ville de la capitale nationale, ce qui nécessiterait beaucoup plus de temps de transport.

C'est Marc-André Fleury qui a été désigné pour affronter les Sénateurs en soirée. À la fin de l'entraînement matinal, à titre de deuxième gardien, je reste donc sur la patinoire avec les réservistes afin de faire un peu de temps supplémentaire.

Les cinq réservistes qui accompagnent l'équipe pour les séries sont les défenseurs Joel Kwiatkowski et Alain Nasreddine ainsi que les attaquants Chris Thorburn, Ronald Petrovicky et Nils Ekman.

Parmi le groupe, Kwiatkowski et Nasreddine sont des joueurs qui aiment alléger l'atmosphère dans le vestiaire. Kwiatkowski roule sa bosse dans les rangs professionnels mineurs et dans la LNH depuis huit ou neuf ans. Avant de se joindre aux Penguins, il a notamment porté les couleurs des Sénateurs, des Capitals de Washington et des Panthers de la Floride. C'est un vrai bon gars qui ne se prend absolument pas au sérieux. Le genre de type qui sème constamment le sourire dans le vestiaire. Et Nasreddine est pareil. Il a un grand sens de l'humour. Il est aussi le capitaine du club-école des Penguins dans la Ligue américaine. Et par conséquent, les jeunes joueurs de l'équipe le respectent beaucoup.

Après avoir fait un peu de temps supplémentaire sur la patinoire, je rentre assez rapidement à l'hôtel afin de reprendre le train-train habituel des jours de match. Les joueurs de l'équipe dînent ensemble et retraitent ensuite à leur chambre pour faire une petite sieste. Puis, en fin d'après-midi, nous prenons une petite collation. Enfin, nous montons à bord de l'autobus vers 16 h 30 pour nous rendre à l'aréna. La mise au jeu initiale est prévue à 19 h.

À partir du moment où je rejoins l'équipe à l'hôtel pour dîner, nous perdons pour ainsi dire les réservistes de vue. Les réservistes n'ont pas besoin de dormir durant l'après-midi puisqu'ils n'endossent pas l'uniforme.

Généralement, après avoir fait beaucoup de temps supplémentaire sur la patinoire, ils rapportent leurs espadrilles et leur tenue d'entraînement afin de s'entraîner au gymnase de l'hôtel au cours de l'après-midi. Le soir venu, ils se rendent à l'aréna beaucoup plus tard que le reste de l'équipe puisqu'il leur est inutile d'arriver deux heures et demie avant la rencontre.

Vers 16 h 30, donc, nous montons tous à bord de l'autobus avec les entraîneurs afin de nous rendre à la Place Banque Scotia.

Le véhicule s'engage lentement sur un chemin de campagne et le trajet est extrêmement silencieux. L'ambiance n'est pas négative, loin de là. Mais le baptême du feu s'en vient. Les gars sont à la fois extrêmement fébriles et concentrés. Durant le trajet, la plupart fixent les champs qui s'étendent, de chaque côté du bus, à perte de vue.

À l'approche d'une intersection, le chauffeur ralentit un peu sa course puisqu'il doit tourner à gauche. Puis soudain, quelqu'un s'écrie:

— Hé, les gars, regardez les types dans le champ!

Tous ceux qui sont assis du côté droit de l'autobus se précipitent vers les fenêtres du côté gauche pour voir de quoi il en retourne. Et spontanément, tout le monde éclate de rire! La scène est à la fois insolite et hilarante.

À quelques centaines de mètres de la route, les deux pieds dans la neige, il y a cinq gars presque nus. Ils ont les fesses à l'air et ils ne sont vêtus que d'un support athlétique. Ils sautent sur place avec enthousiasme, ils crient et ils agitent de grosses pancartes aux couleurs des Penguins de Pittsburgh. Ce ne sont pas des affiches faites à la va-vite sur des feuilles 8½ x 11; ce sont des pancartes de grandes dimensions sur lesquelles apparaissent des slogans comme « *Let's go Penguins!* » ou « *Good Luck!* ».

La scène est absolument délirante : cinq types dans un champ enneigé, presque nus, agitant des pancartes et manifestant leur affection pour notre équipe. Nous n'en revenons pas que des partisans aient pu planifier une mise en scène aussi drôle et aussi inusitée. Nous sommes abasourdis.

Puis soudain, alors que l'autobus se rapproche davantage de la scène, un autre cri jaillit dans l'autobus :

— Hé, c'est Joel Kwiatkowski ! lance un joueur.

— Et à côté de lui, c'est Petrovicky ! ajoute un autre.

Et en chœur :

— Ce sont nos *boys* !

Et tout le monde éclate de rire de nouveau. Ce sont bel et bien nos coéquipiers qui sont dans le champ. Nous sommes tordus de rire. C'est tellement inattendu ! Tellement sorti… du champ gauche !

L'autobus complète son virage, et nous entreprenons le dernier segment de la route qui nous mène vers l'amphithéâtre. Loin derrière, nos coéquipiers manifestent encore dans la neige, en pleine campagne.

Autour de moi, tout le monde sourit. Joueurs et entraîneurs gesticulent et discutent entre eux de l'invraisemblable scène dont ils viennent d'être témoins. Une tonne de pression vient d'être évacuée.

◉

Même si nous avons fort bien combattu, nous avons perdu le premier match de la série au compte de 6 à 3. Mais nous avons remporté le suivant.

Au bout du compte, les Sénateurs étaient beaucoup plus aguerris que nous et ils nous ont éliminés en cinq matchs. Toutefois, les leçons apprises au printemps 2007 ont porté leurs fruits. Dès l'année suivante, cette jeune équipe s'est faufilée jusqu'en finale de la coupe Stanley. Et en 2009, les Penguins ont atteint l'objectif et remporté le gros trophée.

Ce long chemin avait commencé par une drôle de scène que tous ceux présents à bord de cet autobus ont certainement gardée en mémoire.

Une blessure (très) inattendue

Au cours d'une saison, les hockeyeurs de la LNH courent sans cesse des risques importants. Ils reçoivent des centaines de violentes mises en échec, bloquent des rondelles filant à plus de cent milles à l'heure et reçoivent de multiples coups de bâton. En plus, un grand nombre d'entre eux se battent régulièrement.

La vitesse et la rudesse du jeu font en sorte qu'il est à peu près impossible de passer à travers un calendrier de 82 rencontres sans subir de blessure. Ce sont les risques du métier et tous les acceptent.

Par contre, compte tenu des réflexes qu'ils développent en pratiquant leur sport et de leur condition physique exceptionnelle, on s'attend des joueurs de hockey qu'ils soient exempts des accidents bêtes qui arrivent au commun des mortels dans la vie de tous les jours.

Malheureusement, ces accidents ridicules surviennent quand même. Il arrive donc qu'un joueur doive séjourner sur la liste des blessés parce qu'il a posé le pied sur un jouet du petit dernier en marchant dans son salon. Ou encore, qu'une supervedette comme Joe Sakic subisse de sérieuses lacérations à une main en passant la souffleuse dans son entrée de garage après une tempête de neige. Les malchances de ce genre suscitent inévitablement des sourires et de l'incrédulité, autant du côté des partisans que des joueurs eux-mêmes.

En ce qui me concerne, la blessure la plus étrange et la plus drôle que j'aie vue dans ma carrière est survenue au défenseur russe Alexander Karpotsev, qui était mon coéquipier chez les Blackhawks de Chicago au début des années 2000.

Ce soir-là, nous étions dans notre vestiaire au United Center de Chicago et nous nous préparions à disputer une rencontre. La mise au jeu initiale devait avoir lieu environ deux heures plus tard, à 19 h.

Avant un match, chaque joueur a sa petite routine. Certains font un peu de course à pied ou de vélo stationnaire pour s'activer. D'autres jouent avec un ballon de soccer. Il y en a qui préparent leurs bâtons ou qui écoutent de la musique. Bref, chacun fait sa petite affaire pour s'assurer d'être fin prêt quand le match va commencer.

Je suis assis dans le vestiaire et je vois Karpotsev se lever. Il se dirige vers les toilettes d'un pas assez décidé. Quelques minutes plus tard, quand il ressort de la salle de bain, Karpotsev boite sévèrement. Il a de la difficulté à marcher et, au lieu de revenir à sa place dans le vestiaire, il s'en va tout droit à la clinique!

Avant les matchs, il y a toujours une certaine d'affluence à la clinique. Plusieurs joueurs ont besoin d'un traitement, d'un massage ou d'un bandage spécial pour être en mesure de jouer. Il y a donc pas mal de va-et-vient dans cette pièce.

Après plusieurs minutes, Karpotsev n'est toujours pas revenu dans le vestiaire. Comme je dois aussi passer par la clinique, je décide d'aller voir de quoi il en retourne. Lorsque j'entre dans la pièce, le soigneur est en train d'examiner un genou de Karpotsev.

— Qu'est-ce qui s'est passé?

— Tu ne le croiras pas. Il était assis aux toilettes et je pense qu'il s'est déchiré le ménisque en se tournant pour prendre du papier de toilette! me répond le soigneur.

— Es-tu sérieux?

— Oui, oui! Nous avons appelé le médecin, mais je suis pas mal certain que son ménisque est déchiré.

Le médecin arrive. Il examine Karpotsev et confirme qu'il s'est effectivement déchiré le ménisque en se retournant pour s'emparer d'un bout de papier aux toilettes. Il faudra procéder à une arthroscopie pour le soigner!

Une fois le diagnostic confirmé, les dirigeants de l'équipe se trouvent obligés de remplacer Karpotsev dans l'alignement.

Toutefois, le septième défenseur de l'équipe, Steve Poapst, n'est pas encore arrivé au United Center. Les réservistes se présentent généralement à l'aréna à temps pour le début de la rencontre, et ils s'entraînent au gymnase pendant que leurs coéquipiers sont sur la patinoire.

Poapst habite en banlieue de Chicago et il est calmement en train de souper chez lui lorsqu'il reçoit un coup de fil de l'équipe.

— Steve, il faut que tu viennes rapidement t'habiller! "Potsy" (le surnom de Karpotsev) s'est blessé aux toilettes…

Il est environ 17 h 45 quand Poapst reçoit l'appel. La période d'échauffement d'avant-match est prévue à 18 h 30.

Poapst quitte son domicile en trombe mais il se trouve rapidement prisonnier de la lourde circulation. À cette heure, il y a 20 000 personnes qui convergent vers le United Center…

Quand Poapst parvient finalement à poser le pied dans l'amphithéâtre, nous faisons notre entrée sur la patinoire pour le début de la rencontre. Il se change en vitesse et il dispute son match comme si de rien n'était.

Alexander Karpotsev a quitté les Blackhawks la même année que moi, en 2003-2004. C'est un coéquipier que j'ai apprécié. Après son passage à Chicago, Potsy a brièvement porté les couleurs des Islanders de New York et des Panthers de la Floride. Il est ensuite rentré en Russie afin de poursuivre sa carrière dans la KHL.

Le 7 septembre 2011, Karpotsev était l'un des entraîneurs adjoints du Lokomotiv Yaroslav quand le vol nolisé de cette formation s'est écrasé au décollage, près de Yaroslav. L'équipe tentait alors de se rendre à Minsk, au Belarus, pour disputer son premier match de la saison 2011-2012.

Quarante-quatre des 45 passagers de l'appareil ont péri. Aucun membre de l'équipe n'a survécu à cette tragédie.

Un imposteur dans le vestiaire

De tous les coéquipiers que j'ai côtoyés au cours de ma carrière, André Roy a certainement été le plus drôle. En plus de protéger ses coéquipiers sur la patinoire, Roy possédait un don particulier pour alléger l'atmosphère dans le vestiaire. Il était aussi capable de mettre en scène des blagues absolument loufoques qui déstabilisaient les gens par leur caractère inattendu.

Je me rappelle notamment que lorsque nous portions les couleurs des Penguins de Pittsburgh au milieu des années 2000, Roy a pris toute l'équipe par surprise avant un match que nous disputions à San Jose.

Ce soir-là, il participe à la période d'échauffement d'avant-match mais il est convenu qu'il ne revêtira pas l'uniforme durant le match.

Après la période d'échauffement, il rentre au vestiaire, retire son équipement et revêt ses habits de ville à une vitesse inouïe. Il est de toute évidence très pressé. Peut-être a-t-il un rendez-vous ?

Nous le regardons quitter le vestiaire et nous continuons à nous préparer pour notre match face aux Sharks.

Le domicile des Sharks, le HP Pavilion, est un endroit assez spécial pour les équipes visiteuses. Le vestiaire de l'équipe est situé vis-à-vis de la ligne rouge au milieu de la patinoire mais, pour accéder à la patinoire, les joueurs doivent marcher une grande distance et se rendre à une porte qui est située dans un coin de la surface glacée. La particularité de cet endroit, c'est que le public y a accès. Les partisans peuvent passer par ce coin de l'amphithéâtre pour rejoindre leurs sièges ou pour accéder aux toilettes. Il y a aussi une espèce de salle de presse dans les environs.

Quand les joueurs de l'équipe visiteuse convergent vers la patinoire ou lorsqu'ils retournent à leur vestiaire, il y a donc toujours un placier qui assure leur sécurité et qui leur indique la direction à emprunter. Parmi les traits distinctifs du HP Pavilion, il y a aussi la tenue vestimentaire des placiers, qui est unique dans les amphithéâtres nord-américains. Les employés de l'édifice portent un veston d'une espèce de mauve fluorescent. Heureusement qu'il s'agit d'un uniforme de travail, parce que personne ne choisirait un veston de cette couleur pour se rendre à une soirée. Pour accompagner leur «chic» veston, les placiers portent aussi une cravate noire.

Le moment de quitter le vestiaire pour entreprendre le match arrive et nous nous engageons tous dans le corridor, à la file indienne, afin de nous rendre à la porte qui donne accès à la patinoire.

En tournant le coin qui nous permet d'entrer dans l'enceinte, nous tombons en face d'un placier qui a un air familier mais que personne ne reconnaît au premier coup d'œil. Tous les joueurs sont profondément concentrés, bien installés dans leur bulle, et personne ne porte vraiment attention à ce qui se déroule autour de lui.

L'air sérieux, le placier nous lance de manière répétitive, sur un ton un peu blasé :

— *Go to your right, guys! Go right!*

Roy, qui mesure 6 pieds 4 pouces, a emprunté le veston et la cravate d'un placier qui est de toute évidence de plus petite taille que lui. Les manches lui arrivent presque au milieu des avant-bras. Il a par ailleurs appliqué une grande quantité de gel dans ses cheveux pour qu'ils paraissent bien gras. Et il est peigné sur le côté, ce qui lui confère une allure de parfait rat de bibliothèque.

Après avoir croisé le placier, la plupart des joueurs se retournent pour jeter un deuxième coup d'œil en direction de Roy, afin de s'assurer qu'ils n'ont pas la berlue. Une fois sur la patinoire, tout le monde est plié en deux. Personne n'aurait pu imaginer pareil scénario.

Cet exemple démontre à quel point André Roy était inventif et capable de se surpasser pour faire rire ses coéquipiers. Je n'ai pas joué à ses côtés durant toute sa carrière mais, à ma connaissance, il a réalisé son plus grand chef-d'œuvre le 8 novembre 2006, alors que nous nous apprêtions à affronter son ancienne équipe, le Lightning de Tampa Bay.

Ce matin-là, nous participons à notre séance d'entraînement matinal au Mellon Arena. Et comme le veut la procédure habituelle, le Lightning s'entraîne immédiatement après nous.

André ne joue pas beaucoup depuis le début de la saison, et notre entraîneur Michel Therrien l'a encore rayé de l'alignement pour le match de la soirée. Malgré ces circonstances difficiles, Roy demeure un coéquipier exemplaire. Il garde sa bonhomie et il continue de semer la bonne humeur dans le vestiaire.

Dans la LNH, toutes les équipes adoptent les mêmes rituels en ce qui concerne les séances d'entraînement. Les joueurs qui souhaitent sauter sur la patinoire plus tôt que les autres pour s'échauffer ou faire un peu de travail supplémentaire peuvent le faire. Puis, à l'heure prévue, l'entraîneur en chef se présente sur la glace pour diriger un certain nombre d'exercices collectifs. Quand l'entraîneur en chef a terminé son programme, les joueurs sont de nouveau libres de faire du travail supplémentaire individuel, et les réservistes restent pour participer à d'autres exercices sous la supervision des entraîneurs adjoints.

Ce jour-là, André Roy a surpassé tout ce que j'avais vu auparavant dans le monde du hockey en termes d'effronterie, de courage et, bien sûr, de sens de l'humour.

Après les exercices obligatoires de la séance d'entraînement des Penguins, Roy a quitté la patinoire. Il a ensuite retiré son chandail des Penguins et il est entré dans le vestiaire du Lightning, où les joueurs étaient en train d'attacher leurs patins. Personne n'a donc remarqué sa présence. Roy s'est ensuite assis parmi les joueurs du Lighting, et il a fait semblant d'attacher ses patins. Et après quelques secondes, il s'est mis à les encourager...

— *Come on boys! Big game tonight!*

André avait remporté la coupe Stanley avec le Lightning au printemps 2004. Et toute la saison suivante avait été annulée en raison d'un lock-out. Plusieurs de ses anciens coéquipiers, dont Martin St-Louis et Vincent Lecavalier, étaient encore avec cette équipe. Et il entretenait toujours de bonnes relations avec eux.

Quand Roy a commencé à manifester ses encouragements, ceux qui avaient joué en sa compagnie ont reconnu une voix qui leur était familière mais qui n'était pas censée retentir dans leur vestiaire. Quant aux nouveaux joueurs du Lightning, on pleure de rire juste à imaginer leur tête en se rendant compte que le bagarreur de l'autre équipe était assis avec eux dans leur vestiaire!

En revenant dans notre vestiaire après ce coup fumant, André nous a raconté que ses anciens coéquipiers l'avaient trouvé très drôle. De notre côté, les gars n'en revenaient tout simplement pas. Nous avons ri aux larmes en l'écoutant raconter ce qui venait de se produire.

Ceux qui comprennent la culture du hockey sauront mesurer à quel point cette idée d'entrer dans le vestiaire de l'équipe adverse était osée. Personnellement, je n'en reviens pas encore!

Le plus comique dans cette histoire, c'est qu'elle a eu des répercussions intéressantes sur la carrière d'André Roy.

À la fin de la soirée, après le match, l'entraîneur du Lightning John Tortorella a rencontré Roy et il lui a servi une chaleureuse accolade.

— André, j'ai entendu raconter ce que tu as fait ce matin. *It was so funny!* C'est vraiment drôle. Et puis, tu sais quoi? Je suis vraiment content de te revoir!

Quelques semaines plus tard, parce qu'il ne jouait pas beaucoup au sein de notre équipe, les dirigeants des Penguins ont inscrit le nom d'André au ballotage. Et c'est le Lightning de Tampa Bay qui l'a réclamé.

Après avoir appris qu'il allait nous quitter, il est entré dans le vestiaire et il a décroché la photo accrochée au-dessus de son casier.

— Messieurs, j'ai ici une photo originale d'André Roy en action dans l'uniforme des Penguins de Pittsburgh. Nous allons ouvrir les enchères à 50 $! a-t-il lancé.

Jusqu'à la toute dernière minute, il nous a bien fait rire, celui-là.

Patrick Carpentier

Lorsqu'il était enfant, Patrick Carpentier aimait déjà beaucoup les courses. Mais il disputait ses épreuves sur deux lames, sous les couleurs du club de patinage de vitesse Montréal International.

En 1982, alors qu'il était âgé de 11 ans, Carpentier a remporté les championnats canadien et nord-américain. Et pour le récompenser, son père a eu l'idée de lui offrir une journée à la piste de karting de Mont-Saint-Hilaire.

Ce fut le coup de foudre total.

« J'ai abandonné le patinage "drette-là" et mon père m'a permis de faire mes débuts dans le karting. C'est là que j'ai commencé dans le monde de la course automobile », raconte Carpentier, qui est ensuite devenu l'un des pilotes québécois les plus populaires de l'histoire.

Ce coup de foudre, se souvient Carpentier, est survenu à peu près au moment où Gilles Villeneuve a perdu la vie sur le circuit de Zolder en Belgique, en mai 1982.

« Quand Gilles est mort, je me disais que c'était le métier que je voulais faire. Je ne voulais pas le remplacer mais je rêvais de me rendre là où il s'était rendu », raconte-t-il.

Tout comme son modèle, Carpentier n'a pas connu un cheminement facile. Le pilote de Joliette a longtemps dû se battre afin d'obtenir le financement nécessaire pour gravir les échelons dans cette jungle impitoyable, où l'argent supplante souvent le talent.

À 16 ans, il habitait seul dans une petite roulotte aux abords du circuit de Shannonville en Ontario. Et il échangeait son dur labeur de mécano contre du temps de course.

Impressionnés par son coup de volant, plusieurs mécènes ont miraculeusement surgi à différents moments-clés de sa carrière pour lui permettre de passer au niveau supérieur. Ces sourires du destin lui ont notamment permis d'atteindre la formule Atlantic, où il s'est imposé de manière tout à fait dominante en 1996.

Ces succès l'ont ensuite propulsé au sein de la série CART (Championship Auto Racing Teams) où il a incontestablement été l'une des principales têtes d'affiche de l'âge d'or de la course automobile québécoise. À la fin des années 1990 jusqu'au milieu des années 2000, à peu près tous les amateurs de sport du Québec suivaient attentivement les péripéties de Jacques Villeneuve en F1 et de Patrick Carpentier (sous les couleurs de l'écurie Player's) en série CART.

J'ai eu la chance de couvrir les meilleures années de la carrière de Patrick et, dans cet univers un peu snob et artificiel, il a toujours su se distinguer des autres compétiteurs par sa simplicité, sa bonhomie et sa facilité à tisser des liens avec les gens.

Sa première histoire illustre d'ailleurs parfaitement à quel point il fut un athlète attachant pour ceux qui ont eu la chance de le côtoyer.

L'eau de Portland et les fesses du gros Jeff...

Mon histoire se déroule au circuit Portland, quelques semaines avant le début de la saison 1999. Avec les ingénieurs et mécaniciens de l'écurie Player's, je participe à des essais qui nous permettront de développer notre monoplace et de maximiser son rendement à temps pour le début de la saison de la série CART.

C'est une histoire qu'à peu près personne ne connaît, hormis les membres de notre écurie qui y ont été directement mêlés. Ces événements auraient pu avoir de très graves répercussions.

Ce jour-là, je suis en piste et je m'apprête à rentrer aux puits afin de procéder à des ajustements sur ma monoplace. Au stand de Player's, les mécaniciens de l'équipe m'attendent fébrilement. Ils ont élaboré tout un scénario pour me jouer l'un de ces vilains tours dont ils sont devenus spécialistes. Toutefois, je l'ignore encore.

Depuis plus d'un an, dans les coulisses du cirque de la course nord-américaine de monoplaces, les mécaniciens de Player's et moi nous livrons une sorte de guerre sans merci. Nous trouvons un malin plaisir à nous échanger des mauvais tours. Et plus le temps passe, plus nous sommes inventifs, ce qui donne lieu à une amusante et déstabilisante escalade.

Je me rappelle que ce petit jeu avait débuté à Indianapolis, où se situait l'usine de l'équipe.

Pendant que je me trouvais à l'intérieur, George Klotz, le chef mécanicien de Player's, était sorti dans le stationnement pour répandre une poudre qui sentait le vomi dans le système d'air climatisé de ma voiture de location. L'odeur était à ce point insoutenable et persistante que j'avais été obligé de rapporter le véhicule chez le locateur et de m'en procurer un autre.

Notre petit jeu avait débuté aussi innocemment que cela, avec une blague de collégien. À ce moment-là cependant, les membres de l'équipe ignoraient qu'ils venaient de dénicher un partenaire capable de leur renvoyer la balle.

Quelques semaines plus tard, alors que les mécanos et les ingénieurs étaient rentrés à leur hôtel pour se changer avant d'aller souper, j'avais peint leur minifourgonnette au grand complet en indiquant qu'il s'agissait d'un véhicule de nouveaux mariés. Mes complices et moi avions attaché une bonne centaine de boîtes de conserve sous le véhicule. Nous avions été jusqu'à répandre de l'huile sur les tuyaux d'échappement afin de produire, une fois le moteur en marche, une épaisse fumée.

En quittant l'hôtel, les membres de l'équipe avaient bien ri en se rendant compte que leur véhicule avait été aussi joyeusement maquillé. Et, beaux joueurs, ils avaient même décidé de le laisser intact pour aller souper au restaurant.

J'avais toutefois eu la frousse en les suivant sur l'autoroute parce que l'huile que nous avions répandue sur les tuyaux d'échappement avait pris feu. Tout le long du trajet, de grandes flammes s'échappaient du véhicule et j'avais vraiment craint que la voiture flambe au grand complet.

Ce tour était passé à l'histoire comme un véritable coup fumant. Mes victimes, toutefois, n'ont pas tardé à me rendre la monnaie de ma pièce...

◉

En une autre occasion, alors que je montais à bord de ma voiture de location pour me rendre à l'aéroport, je m'étais vite rendu compte que les mécanos avaient sali la surface extérieure de mon pare-brise avec toutes sortes de substances.

Je me demandais ce qu'ils avaient bien pu trouver d'amusant là-dedans. Cette blague était bien en deçà des standards que nous avions établis.

Après avoir fait démarrer le moteur, j'avais évidemment actionné les essuie-glaces pour nettoyer ce gâchis. Sauf que les gars avaient détourné vers l'intérieur de la voiture les conduits qui acheminaient le liquide lave-glace. En déclenchant le mécanisme, le jet m'avait donc aspergé en entier. Au point où j'avais été forcé de me changer complètement avant de reprendre le volant.

J'avais donc assez rapidement appris que je ne devais jamais sous-estimer mes adversaires. Mais c'était de bonne guerre parce que j'étais capable de répliquer et de les placer dans des situations tout aussi embarrassantes.

Comme cette fois où nous étions censés participer à des essais à Nazareth (Pennsylvanie) au cours de l'hiver. Il avait fait si froid que les tests avaient fini par être annulés.

Faisant contre mauvaise fortune bon cœur, les mécanos avaient décidé de prendre leur vol de retour en soirée et de continuer à travailler sur les voitures toute la journée. Pendant qu'ils étaient enfermés dans l'immense tente qui leur servait de garage, j'avais passé la journée à démonter les sièges de la minifourgonnette devant leur permettre de retourner à l'aéroport.

J'avais défait les sièges un par un et je les avais réinstallés en sens inverse, de manière à ce que le conducteur et les passagers ne puissent s'asseoir qu'en regardant vers l'arrière du véhicule.

George Klotz m'a plus tard raconté qu'en ouvrant sa portière, il lui avait fallu cinq bonnes secondes avant de se rendre compte de ce qui se passait. Les mécanos avaient été contraints de ressortir leurs outils pour se tirer d'impasse et ils étaient passés à un cheveu de rater leur vol. De mon côté, j'avais quitté les lieux du crime depuis belle lurette.

◉

Nous revoilà donc à Portland, aux essais qui précèdent la saison 1999.

Quand je rentre aux puits durant des essais, notre procédure est toujours la même. J'immobilise la voiture et les mécanos me donnent une bouteille d'eau pour que je puisse me réhydrater pendant qu'ils font les ajustements nécessaires. Puis quand tout est prêt, c'est George Klotz qui m'indique que la voie est libre et que je peux retourner en piste en toute sécurité.

Alors j'arrive au stand de Player's et j'immobilise la monoplace à l'endroit convenu. Un mécanicien me tend ma bouteille d'eau. Il y a un petit morceau de je ne sais quoi sur la paille de ma bouteille mais je ne m'en rends pas compte immédiatement.

Je prends une première gorgée et le goût m'apparaît étrange, désagréable. Je redonne donc la bouteille à l'un des équipiers. Autour de la voiture, je me rends compte que les gars rigolent. Certains ont l'air de se retenir pour ne pas s'esclaffer.

Les ajustements sur la voiture se poursuivent et George se tient devant la monoplace, du côté gauche, pour m'indiquer à quel moment je pourrai repartir. Les mécanos terminent leurs travaux et une seconde avant de me donner le fameux signal, George tire une photo de sa poche. Il me la montre rapidement. Et presque en même temps, il me fait signe de retourner en piste.

George vient de me prendre par surprise. Je suis en piste au volant d'une monoplace qui file à 300 km/h et je commence à recoller bout à bout l'étrange scène que je viens de vivre dans les puits.

Sur la photo que George vient de me montrer, il y avait un homme nu. Et cet homme nu, c'était le gros Jeff, un de nos mécaniciens. Sur cette photo, Jeff était penché, et on voyait clairement qu'il s'était enfoncé quelque chose dans le postérieur. Et ce quelque chose, c'était ma bouteille d'eau !

J'ai presque complété mon premier tour. Je viens de m'engager dans la ligne droite de retour, celle qui mène aux puits. Et les images défilent encore dans ma tête. Je suis déstabilisé. Je ne m'attendais absolument pas au tour que mes coéquipiers viennent de me jouer. Je suis déconcentré et je ris en même temps. Je n'en reviens pas ! Ils ont même pris la peine de coller une substance étrangère sur ma paille pour maximiser l'effet qu'ils voulaient produire avec la photo.

En vitesse maximale, je sors de la ligne droite et je rate le point de corde du dernier virage. Et juste quand je suis sur le point de repasser devant le stand de mon écurie, la monoplace décroche et s'écrase lourdement dans un muret de blocs de béton. L'impact est si violent que le muret se déplace.

Un châssis comme celui-là vaut environ 600 000 $. Le nez de la monoplace, entièrement composé de fibre de carbone, est arraché. La partie du cockpit où se trouvaient les pédales est complètement détruite. La voiture doit donc être démontée en totalité et le châssis doit être entièrement refait. Des centaines d'heures de travail sont à l'eau. En bon québécois, la monoplace est « scrappée ».

J'aurais pu me blesser très sérieusement. Mais heureusement, je m'en tire sans la moindre égratignure. N'empêche, je viens d'être victime de ce qui est sans doute la blague la plus coûteuse de l'histoire du sport automobile.

Quand le patron de l'écurie Player's, Phil LePan, a appris les circonstances qui avaient mené à cet accident, il a convoqué une réunion d'urgence dès le retour du personnel à l'usine d'Indianapolis. Et cette réunion n'était pas agréable, selon ce que m'a raconté George. Plusieurs employés ont failli perdre leur emploi à cause de cet incident.

« Le prochain qui fait une blague, n'importe laquelle, sera congédié sur-le-champ ! », avait vociféré Phil LePan.

Cet épisode a en quelque sorte marqué l'apogée et la fin des tours pendables que mes équipiers et moi nous échangions. N'empêche, cet esprit de camaraderie a largement contribué au fait que mes années passées au sein de l'écurie Player's furent les plus belles de ma carrière.

Un week-end à la vitesse grand V

Sur la piste proprement dite, l'une des expériences les plus surréalistes que j'ai vécues s'est produite à la fin d'avril 2001. À ce moment la série

CART s'apprêtait pour la toute première fois à disputer une épreuve au Texas Motor Speedway, un ovale de 1,5 mille (2,4 kilomètres) situé dans la région de Dallas.

De toute ma vie, jamais je n'ai atteint ou ressenti une aussi grande vitesse que durant ce week-end. C'était carrément épeurant. Au point où cette piste aurait pu être le théâtre d'une hécatombe sans précédent dans l'histoire du sport automobile.

Plusieurs mois avant cette première épreuve au Texas Motor Speedway, les dirigeants du championnat CART avaient fait leurs devoirs en y organisant des essais, histoire de mesurer les vitesses qui allaient être atteintes en course ainsi que pour noter le taux de dégradation des pneus. Il fallait évidemment s'assurer que nous n'allions rencontrer aucun pépin technique durant notre week-end de course.

Sauf qu'après ces essais privés, les autorités du circuit ont repavé la piste. Et le nouveau bitume était plus mou et nettement plus adhérent, ce qui avait pour effet de considérablement rehausser la vitesse des monoplaces. Sans compter le fait que les moteurs que nous allions utiliser durant la saison 2001 n'étaient pas encore disponibles quand ces essais préliminaires avaient eu lieu. Or, la puissance des nouveaux moteurs était supérieure de 30 chevaux environ à celle des anciens.

Quand nous nous sommes présentés sur les lieux pour disputer une course à la fin d'avril 2001, les données enregistrées lors des essais hivernaux n'avaient donc plus de lien avec la réalité du moment.

En plus d'être courte, la piste du TMS était ceinturée de virages inclinés à 24 degrés. Avec le nouveau bitume, les monoplaces collaient littéralement au sol et atteignaient des vitesses moyennes supérieures à 235 milles à l'heure (378 km/h). Paul Tracy avait même inscrit le tour le plus rapide de l'histoire en maintenant une vitesse moyenne de 239,5 milles à l'heure (385,5 km/h). Nous franchissions 2,4 kilomètres en moins de 20 secondes. Ça n'avait absolument aucun sens.

La vitesse était tellement élevée durant les essais et la séance de qualifications, que j'avais de la difficulté à voir où je m'en allais. Je me rappelle que j'essayais de maintenir ma monoplace à environ trois pieds du mur. J'espérais ainsi me garder une marge d'erreur raisonnable, parce que tout allait tellement vite que je ne savais jamais vraiment à quel endroit le mur se trouvait.

C'était une sensation étrange. Je me sentais comme dans un jeu vidéo. Au lieu de percevoir mon environnement normalement comme s'il s'agissait d'une image continue, l'extérieur de mon cockpit m'apparaissait comme une succession de photos. Mon coéquipier d'alors au sein de l'équipe Player's, Paul Tracy, m'avait confié qu'il éprouvait aussi sa part de problèmes. Il avait rapidement baissé les yeux pour ajuster sa suspension dans un virage, et quand il s'était replongé dans l'action une fraction de seconde plus tard, il se trouvait dans le virage suivant !

Nous avions déjà atteint des vitesses moyennes de 400 km/h ou même 405 km/h sur la piste de Fontana dans ces années-là. Mais Fontana était un super ovale de 3,4 kilomètres et la sensation de vitesse n'y était pas du tout la même. Une fois, j'ai eu l'occasion de faire un tour de F-18 avec un pilote des forces canadiennes et le pilote avait réalisé les manœuvres les plus folles qui pouvaient être effectuées avec cet appareil. J'avais été malade pendant 24 heures après cette randonnée. Mes oreilles se bouchaient et se débouchaient constamment. Mais même à bord d'un jet comme celui-là, je n'avais pas ressenti la vitesse autant que sur l'ovale du TMS.

Je m'étais fracturé un poignet durant la semaine précédant la course du Texas et l'orthopédiste du championnat, le docteur Terry Trammel, m'avait inséré des vis dans l'os afin que je puisse continuer à piloter.

Quand je m'extirpais du cockpit de ma voiture au Texas Motor Speedway, j'étais complètement étourdi, au point d'avoir de la difficulté à rester debout. Je croyais qu'il s'agissait d'effets secondaires de l'intervention chirurgicale que j'avais subie. Et j'étais convaincu que les médecins n'allaient pas me laisser disputer la course si je me risquais à leur confier mon problème.

Le samedi soir après les qualifications, nous avons tenu une réunion des pilotes, et c'est à ce moment que j'ai su que je n'étais pas le seul à être incommodé et que mon opération n'avait rien à voir avec les étourdissements et les pertes d'équilibre que je ressentais.

— Y en a-t-il parmi vous qui ont des étourdissements ? a questionné l'un des médecins du championnat.

Vingt et un des 25 pilotes assis dans la salle ont levé la main. L'un d'entre nous, Tony Kanaan, avait effectué la plus longue sortie en piste du week-end. En fait, il avait simplement fait quelques tours de plus que les autres, et il a raconté qu'il avait momentanément commencé à perdre la vue et qu'il était parvenu à immobiliser sa monoplace juste à temps. Quelques secondes de plus et il se disait convaincu qu'il aurait perdu connaissance.

La vitesse et les forces G que nous encaissions étaient tellement élevées qu'il s'est avéré qu'après quelques tours, le sang ne parvenait plus à se rendre au cerveau. En tout et partout, nous encaissions des forces supérieures à 5 G.

Les dirigeants du championnat sont alors entrés en contact avec la Air Force et la NASA, à qui ils ont demandé d'analyser les données télémétriques des monoplaces. Quand les analystes de la NASA ont su que la course devait durer deux heures, ils ont sursauté. Selon eux, à ces vitesses folles, des pilotes allaient commencer à perdre connaissance après une dizaine de tours seulement.

À 385 km/h, il était à peu près impossible de piloter seul sur cette piste. Je n'ose même pas imaginer ce qui aurait pu se produire si on nous avait permis de disputer une course en peloton. J'ai réalisé les tours les plus rapides de ma vie durant ce fameux week-end, mais je n'ai rien vu pendant que je les faisais. C'est hallucinant lorsqu'on y repense.

L'épreuve a finalement été annulée. Et la série CART ne s'est jamais produite sur la piste du Texas Motor Speedway.

Personnellement, je suis retourné piloter sur ce circuit quelques années plus tard en série NASCAR. Les voitures NASCAR y roulaient à 180 milles à l'heure, et je jure qu'entre certains virages, je me sentais comme si j'avais le temps de me préparer un petit déjeuner ! Je n'avais jamais réalisé à quel point le TMS était long et combien de temps il fallait, dans des conditions normales, pour en faire le tour.

La tolérance au risque

J'ai souvent remis en question ma décision de devenir pilote de course automobile ainsi que mon engagement envers ce sport.

À cet égard, le décès de mon coéquipier Greg Moore lors de la dernière épreuve de la saison 1999 sur le super ovale de Fontana (Californie), demeure sans contredit l'événement qui m'a le plus affecté et qui a provoqué la plus profonde remise en question de ma vie par rapport à mon choix de carrière.

Greg était un bon gars, un bon vivant et un excellent pilote. Il n'avait que 24 ans lorsqu'il nous a quittés.

C'était le 31 octobre. Nous venions d'entreprendre le dixième tour de l'épreuve de Fontana, qui était de loin (en vitesse pure) la course la plus rapide de la saison. Sans que l'on sache trop pourquoi, Greg a perdu le contrôle de sa monoplace, qui s'est aussitôt dirigée à une vitesse folle vers l'intérieur de l'ovale. La voiture s'est à moitié soulevée en touchant le gazon, puis elle s'est écrasée sur un mur de béton (côté pilote) avant de faire une série de tonneaux particulièrement violents. Quand la monoplace s'est immobilisée, à l'envers, il ne restait qu'une portion du châssis. Mon jeune coéquipier venait de perdre la vie.

Les gens de l'équipe Player's m'ont alors contacté par radio pour me demander de rentrer aux puits. J'ai tout de suite compris ce qui se passait. Nous nous sommes alors retirés de l'épreuve. Il n'était évidemment pas question de continuer à courir dans ces conditions.

Même si le décès de Greg a été prononcé avant la fin de la course, les autres pilotes n'ont officiellement appris la nouvelle qu'en ralliant la ligne d'arrivée.

Cet accident a été tout simplement effroyable. C'était en plus la deuxième fois en l'espace de quelques semaines que nous perdions un pilote. Juste auparavant, le 11 septembre, un pilote de l'écurie Penske, Gonzalo Rodriguez, avait péri lors des qualifications de l'épreuve de Laguna Seca.

L'accident qui a emporté Greg Moore a été d'autant plus difficile à vivre qu'il est survenu lors de la dernière course de l'année. Ces circonstances m'ont donc forcé à ressasser cet événement et à y réfléchir durant tout l'hiver.

Habituellement, quand un événement grave ou tragique survenait en piste, nous devions retourner dans le cockpit dès l'épreuve suivante. Un peu inconsciemment, je reprenais alors le rythme et je continuais à pratiquer mon métier en essayant de relativiser les risques que les autres pilotes et moi courions.

Psychologiquement, la mort de Greg a donc été très difficile à surmonter. Et le fait de ne pouvoir remonter à bord de la voiture durant une aussi longue période a certainement contribué à cette réaction de ma part.

Mon séjour en série CART a pris fin cinq ans après le décès de Greg, au terme de la saison 2004, quand j'ai décidé de me joindre à l'équipe d'Eddie Cheever en vue de la saison 2005.

L'écurie de Cheever évoluait au sein de l'Indy Racing League, un championnat rival où l'on utilisait toutefois des monoplaces plus vieilles, moins coûteuses, et par le fait même moins sécuritaires.

Je me suis rendu compte au cours de cette saison 2005 que les conditions de sécurité étaient vraiment mauvaises en IRL par rapport à ce que j'avais connu dans le passé. Et je n'aimais vraiment pas ce que je voyais. Les pilotes me donnaient l'impression d'être devenus des espèces de gladiateurs des temps modernes, et je n'étais pas d'accord avec cela.

Ça n'avait plus de bon sens. Les monoplaces tombaient en morceaux lorsqu'elles subissaient des impacts. Et les pilotes impliqués dans des accidents subissaient souvent des blessures graves qui les marquaient pour la vie.

L'exemple du Suédois Kenny Bräck est le premier qui me vient à l'esprit. Après avoir connu beaucoup de succès en série CART, Bräck avait opté pour l'IRL en 2003. Et il avait subi au Texas Motor Speedway un accident extrêmement violent qui lui avait valu des fractures au sternum, à un fémur, aux deux chevilles ainsi qu'une vertèbre réduite en miettes. Il lui avait fallu un an et demi de rééducation pour s'en remettre.

Quand il a finalement repris le volant aux 500 milles d'Indianapolis en 2005, Bräck n'était plus le même. Paralysé par la peur, il est rentré aux puits quelques tours après le départ de la course et n'a plus jamais piloté de monoplace par la suite.

◉

Vers la fin de la saison, le 11 septembre, nous disputions une épreuve sur l'ovale Chicagoland dans la région de Chicago.

Au 20ᵉ tour, alors que nous nous engagions dans le troisième virage, l'Australien Ryan Briscoe a touché une roue avant d'Alex Barron, ce qui a eu pour effet de projeter la monoplace de Briscoe dans les airs.

La voiture de Briscoe est alors montée dans l'immense clôture qui surplombait le muret de sécurité, et j'ai vu surgir une gigantesque boule de feu. Il y avait du feu partout autour de moi. Le temps d'un flash, la monoplace est passée au-dessus de ma tête, m'évitant de justesse.

Au tour suivant, je suis repassé sur les lieux de l'accident. Et la scène me rappelait le sort qu'avait subi Greg Moore six ans plus tôt. La monoplace de Briscoe était coupée en deux. Elle me faisait face et je voyais les jambes du pilote. Heureusement, cependant, Briscoe n'a subi que des fractures à une jambe et à une clavicule lors de cet accident.

N'empêche. Sur le coup, les officiels ont stoppé l'épreuve et nous sommes tous rentrés aux puits. Et c'est à cet instant précis que j'ai décidé que les courses de monoplaces étaient terminées pour moi. Une phrase revenait sans cesse dans ma tête : « Non, je ne mourrai pas de cette manière. »

Ce métier n'était plus pour moi.

Lorsqu'on commence à penser sérieusement aux dangers que présente le pilotage, il faut songer à faire autre chose. Je pense que tant qu'un pilote s'amuse, les chances que quelque chose de grave lui arrive sont moins élevées, même si elles existent toujours. Mais dès que tu commences à craindre le pire, tu n'as plus ta place derrière un volant.

Mathieu Darche

La carrière de Mathieu Darche dans le monde du hockey professionnel a été tellement mouvementée qu'il pourrait probablement écrire un guide pratique sur l'art de déménager. Chose certaine, l'ex-attaquant du Canadien n'a pas emprunté la voie la plus courte, et certainement pas la plus facile, pour atteindre la LNH.

Après avoir obtenu son baccalauréat en marketing (affaires internationales) à l'Université McGill, Darche s'est retrouvé dans la Ligue américaine, à Syracuse, au sein du club-école des Blue Jackets de Columbus. C'était pour lui le début d'une aventure qui allait lui faire porter 13 chandails différents en 12 ans !

« Quand nous nous sommes installés à Montréal (le dernier arrêt de sa carrière), notre fils de neuf ans avait habité dans huit maisons différentes. Les gens pensent que la vie d'athlète professionnel est très *glamour* mais la réalité est tout autre. Il y a d'énormes sacrifices personnels et familiaux à faire pour se rendre jusque-là.

« Par exemple, avant d'inscrire nos enfants à l'école, nous devions attendre chaque année de savoir si j'allais jouer dans la LNH ou dans les ligues mineures. Alors, pour notre aîné, il était courant de débarquer dans une nouvelle école alors que les classes étaient commencées depuis un mois. Chaque nouvelle année scolaire, il se retrouvait dans une école où il ne connaissait personne », relate-t-il.

En 2005, à l'âge de 28 ans et après avoir disputé 5 saisons dans les rangs professionnels, Mathieu Darche n'était parvenu à participer qu'à 26 matchs dans la LNH. Ressentant le besoin d'offrir plus de stabilité à sa famille, il a alors décidé de faire le saut en Europe en paraphant un contrat avec l'équipe de Duisburg, en première division allemande.

«J'avais décidé d'aller jouer en Allemagne pour y terminer ma carrière et pour toucher des salaires supérieurs à ce qui était offert dans les ligues mineures nord-américaines. En plus, l'option européenne offrait une qualité de vie sans pareil. En Allemagne, les joueurs voyagent assez peu et passent beaucoup plus de temps à la maison», explique-t-il.

Le plan ne s'est cependant pas déroulé comme prévu. Son séjour à Duisburg s'est avéré plus court qu'il l'avait cru, et extrêmement pénible.

L'entraîneur des Foxes de Duisburg était Dieter Hegen, que les Allemands considéraient comme le plus grand hockeyeur de l'histoire de ce pays. En 1981, Hegen avait d'ailleurs été repêché en 3ᵉ ronde (46ᵉ au total) par le Canadien de Montréal. Toutefois, il n'a jamais daigné traverser l'Atlantique pour tenter sa chance dans la LNH.

Hegen était peut-être un bon joueur à son époque, mais Darche a rapidement constaté qu'il n'était pas suffisamment outillé pour diriger une équipe professionnelle.

«L'entraîneur fumait sans arrêt dans son bureau alors que la salle de lavage était située dans la même pièce. Nos chandails sentaient donc constamment la cigarette. Aussi, les séances d'entraînements étaient répétitives et totalement dépassées…

«En fait, Hegen ne connaissait strictement rien au métier d'entraîneur. Il m'engueulait parce qu'il trouvait que je ne plongeais pas suffisamment sur la patinoire pour inciter l'arbitre à décerner des punitions. Quelle mentalité! Je me suis bien entendu avec tous mes entraîneurs durant ma carrière au hockey. Je n'ai jamais eu de conflits avec ceux qui m'ont dirigé et j'ai toujours été considéré comme l'un des joueurs les plus travaillants au sein de mes différentes équipes.

«Hegen est le seul entraîneur que j'aie insulté. À un certain moment, alors que tout allait mal durant un match, je me suis retourné au banc et je lui ai lancé: *"No wonder you never had the balls to come to America, you piece of shit!"*» (Pas étonnant que tu n'aies jamais eu suffisamment de couilles pour tenter ta chance en Amérique, espèce de merde!), se souvient-il.

Il fallait vraiment que Darche soit à bout pour tenir pareil langage, lui qui jouit d'une réputation de parfait gentleman. D'ailleurs, Dieter Hegen avait maille à partir avec plusieurs autres joueurs au sein de l'équipe. Steve Brûlé, un autre Québécois qui portait les couleurs des Foxes, a préféré plier bagage et rentrer au pays avant la fin du calendrier régulier tellement il n'était plus capable de blairer son entraîneur.

Darche se souvient d'une défaite de 7 à 1 que son équipe avait encaissée aux mains des Lions de Francfort, dont l'attaquant vedette était le Québécois Patrick Lebeau.

« Nous avions affronté les Lions sur notre patinoire et Lebeau nous avait taillés en pièces en récoltant cinq points », se souvient Darche.

Après la rencontre, Hegen avait demandé à quelques-uns de ses joueurs de l'aider à analyser cette cuisante défaite. Darche avait alors senti le besoin d'intervenir :

— Je ne veux pas remettre ta stratégie en question. Mais pourquoi le trio de Lebeau était-il toujours confronté à notre quatrième trio ?

— Parce que l'autre entraîneur dépêchait toujours ses joueurs sur la patinoire après moi, avait déploré Hegen.

« Je lui ai alors expliqué que c'est toujours l'entraîneur de l'équipe à domicile qui a le privilège d'envoyer ses joueurs en dernier sur la patinoire. Mais Hegen l'ignorait ! Il ne connaissait pas cette règle élémentaire ! », s'étonne encore Darche.

Les Foxes ont bouclé cette saison misérable au dernier rang de la Deutsche Eishockey League, et Darche n'a pas mis de temps à rentrer au Québec. Ce printemps-là, en 2006, le Canadien affrontait les Hurricanes de la Caroline en séries éliminatoires.

« Un de mes anciens coéquipiers à Milwaukee, Andrew Hutchison, portait les couleurs des Hurricanes. Il m'a refilé une paire de billets et je suis allé voir un match avec ma femme. C'est au cours de cette soirée que mon destin a pris une tournure inattendue», raconte Darche.

Assis dans les gradins du Centre Bell, Darche s'est senti transporté par l'énergie de la foule.

— Câline, ça doit être écœurant de jouer ici ! Je veux avoir la chance de vivre ça un jour ! a-t-il confié à sa femme.

Entre deux périodes, alors qu'il marchait dans les corridors de l'amphithéâtre, il est tombé par hasard sur Steve Kasper. Cet ex-joueur de la LNH avait accepté de devenir l'agent de Darche deux ans plus tôt, mais il n'avait jamais eu la chance de négocier un contrat en son nom puisque l'attaquant avait finalement pris l'initiative de tenter sa chance en Europe.

Toujours sous le coup des émotions qu'il venait de ressentir dans l'enceinte du Centre Bell, Darche a confié à son agent qu'il avait très envie de revenir jouer en Amérique. Et c'est ici que commence l'histoire qu'il a choisi de raconter.

Le récit de Mathieu comporte plusieurs facettes. Il dépeint à quel point il est difficile de franchir la ligne pourtant très mince qui sépare les ligues mineures de la LNH. Il trace aussi un étonnant portrait de John Tortorella, qui est sans contredit l'entraîneur le plus franc (et le plus controversé) de la LNH. Enfin, il nous plonge au cœur de la journée la plus bouleversante de sa carrière, dans un monde où les promesses tiennent souvent à bien peu de chose…

La persévérance et le destin

Quand je suis revenu à la maison après le match du Canadien, je me demandais si je ne m'étais pas laissé emporter par un trop-plein d'enthousiasme lors de ma rencontre avec Steve Kasper. Je n'étais pas si certain de pouvoir me tailler une place au sein d'une équipe de la LNH.

Mais Steve a fini par conclure une entente avec les Sharks de San Jose, qui m'offraient un salaire respectable de 130 000 $ pour jouer au sein de leur club-école de Worcester, au Massachusetts. C'était un salaire équivalent à celui qu'on m'avait accordé en Europe au cours de l'année précédente, à la seule différence (quand même significative) que l'équipe de Duisburg défrayait en plus les coûts de notre appartement et de nos deux voitures.

À Worcester, j'ai connu la meilleure saison de ma carrière en inscrivant 80 points, dont 35 buts, en 76 parties. Cette récolte m'a valu le premier rang des marqueurs de l'équipe!

J'ai entrepris cette saison 2006-2007 au sein d'un trio pivoté par Joe Pavelski, un talentueux Américain de 22 ans qui avait passé les deux saisons précédentes au sein du programme de l'Université du Wisconsin. Lui et moi nous entendions à merveille sur la patinoire, au point où après le premier mois d'activité, nous détenions les deux premiers rangs chez les marqueurs de la Ligue américaine.

Après 16 rencontres, Pavelski comptait déjà 8 buts et 18 mentions d'aide à sa fiche. Les Sharks l'ont alors rappelé et il n'est plus jamais revenu dans les mineures.

Pour ma part, j'avais inscrit 19 buts après mes 19 premiers matchs de la saison. Un journaliste est venu me voir pour m'apprendre une retentissante nouvelle :

— Es-tu au courant que si tu marques un but lors du prochain match, tu deviendras le premier joueur de l'histoire de la Ligue américaine à inscrire 20 buts lors des 20 premiers matchs de la saison ? a-t-il questionné.

Je l'ignorais. Et il s'agissait d'une statistique intéressante puisque la Ligue américaine comptait alors plus de 70 ans d'histoire.

Lors du match suivant, j'ai atteint deux poteaux… mais je n'ai malheureusement pas marqué. À partir de ce moment-là, j'ai été neuf matchs de suite sans toucher les cordages! Un peu plus tard dans la saison, j'ai connu une autre période de 15 parties sans inscrire un but. Mais en bout de ligne, j'ai tout de même récolté 80 points. Ce fut une excellente saison.

Malgré mes succès dans la Ligue américaine, les Sharks ne m'ont rappelé dans la LNH que pour deux parties en 2006-2007. Je croyais, et je crois toujours, que j'aurais mérité de passer plus de temps là-bas.

◉

Durant l'été suivant, il me fallait négocier un nouveau contrat. J'ai fait savoir aux Sharks que je voulais obtenir 150 000 $ pour continuer à porter les couleurs de leur équipe de Worcester. Les carrières sont courtes et il me fallait améliorer le sort de ma famille.

La direction de l'équipe ne voyait toutefois pas les choses ainsi. Les Sharks trouvaient qu'à 130 000 $, ils m'avaient déjà beaucoup offert la saison précédente. D'autres organisations payaient des salaires beaucoup plus compétitifs aux vétérans qu'ils employaient pour encadrer leurs jeunes joueurs, mais cette pratique n'entrait tout simplement pas dans la philosophie des Sharks.

Je leur ai donc fait savoir que j'allais me prévaloir de mon droit à l'autonomie et attendre jusqu'au 1er juillet pour voir s'il n'y avait pas moyen d'améliorer mon sort. Et quand le grand jour est arrivé, une heure après l'ouverture du marché (à 13 h) mon agent m'a appelé pour me dire que le Lightning de Tampa Bay m'offrait 160 000 $ pour jouer au sein de son club-école de Norfolk, en Virginie. Comme San Jose ne voulait toujours pas déroger à sa politique salariale, j'ai signé avec Tampa Bay, dont l'équipe de la LNH était dirigée par John Tortorella.

La seule perspective de participer à un camp d'entraînement dirigé par Tortorella s'avérait intéressante. Les camps de Tortorella étaient à ce point exigeants que les joueurs lui avaient donné le surnom de « Torturella ». Parmi les tests auxquels John Tortorella soumettait ses joueurs à l'ouverture du camp, il y avait des épreuves de patinage extrêmement difficiles, comme compléter trois tours de patinoire à sept reprises dans un certain laps de temps, ou encore effectuer trois fois cinq tours de patinoire, toujours dans un temps relativement court.

Il était impossible de réussir ces épreuves sans être en parfaite condition physique.

L'été 2007, heureusement, a marqué le début de mon association avec le préparateur physique Stéphane Dubé, qui travaillait déjà avec quelques dizaines de joueurs de la LNH à Rosemère.

Jusqu'à cet été 2007, je m'étais toujours préparé avec l'entraîneur de l'équipe d'athlétisme de l'Université McGill, mais cet entraînement n'était pas suffisamment spécifique au hockey.

Dans le passé, j'avais été reconnu par mes entraîneurs comme étant un travailleur infatigable. Mais en côtoyant Dubé et son meilleur élève, Ian Laperrière, j'ai vraiment découvert toute la signification du qualificatif «travaillant». Parmi les joueurs de la LNH, Laperrière était d'ailleurs reconnu comme un modèle – ou un oiseau rare – en matière de discipline et de rigueur dans sa préparation physique.

À l'entraînement, Ian et moi faisions partie du groupe des «pères de famille». Nous étions au gymnase à 8 h tous les matins. J'ai développé une belle relation avec lui et il m'a constamment poussé.

Ma carrière a pris une autre tournure à compter de ce moment-là. En tant qu'athlète, je suis passé à un autre niveau. Et pour la première fois de ma vie, je suis réellement devenu un joueur de la LNH.

Parmi mes partenaires d'entraînement, on trouvait aussi l'attaquant Éric Perrin. Ce dernier avait passé les saisons précédentes dans l'organisation du Lightning et il venait tout juste de se joindre aux Thrashers d'Atlanta.

Je connaissais Éric depuis mes études secondaires puisque nous avions tous deux fréquenté le collège Notre-Dame. Tout comme Martin St-Louis, d'ailleurs. Éric Perrin m'a donc expliqué le déroulement de chacun des tests que j'allais devoir passer au camp du Lightning. Cela m'a donné une chance de mieux me préparer et de les expérimenter à quelques reprises avant de me rendre à Tampa.

Le camp du Lightning ne ressemblait absolument pas aux autres camps de la LNH auxquels j'avais participé dans le passé.

Tortorella avait dit à son directeur général Jay Feaster qu'il ne voulait pas voir les joueurs qui n'avaient aucune chance de jouer dans la LNH au cours de la saison. «Mon camp d'entraînement n'est pas un camp de recrues!», avait-il plaidé.

Alors, au lieu d'être une soixantaine comme c'est habituellement le cas, il n'y avait que 33 joueurs invités à batailler pour un poste: 18 attaquants, 12 défenseurs et 3 gardiens!

J'ai fait une bonne première impression en terminant parmi les cinq premiers dans à peu près toutes les épreuves de «Torturella».

Puis lors du premier match intra-équipe, un coup de chance : le vétéran Jan Hlavac était blessé et on m'a demandé de le remplacer au sein du trio de Brad Richards. J'ai marqué trois buts dans ce premier match simulé.

Le premier « vrai » match préparatoire s'est aussi fort bien déroulé. Nous affrontions les Stars de Dallas et Tortorella m'a fait jouer pendant 15 ou 16 minutes.

En fin de match, toutefois, j'ai commis une gaffe. Nous menions par la marque de 3 à 2 et j'ai écopé une pénalité pour accrochage. Je poursuivais un défenseur adverse derrière son filet et, bêtement, j'ai atteint ses mains en tentant de soulever son bâton pour lui soutirer la rondelle.

Il restait alors moins de trois minutes à disputer, et à mon grand déplaisir, les Stars ont profité de cet avantage numérique pour créer l'égalité.

Ce n'était qu'un match préparatoire mais je n'étais pas tout à fait à l'aise en rentrant au banc. Ce n'est pas le genre d'impression que l'on veut laisser quand on tente d'obtenir un poste. Lorsqu'on a été retranché aussi souvent que je l'avais été au cours des années précédentes, on souhaite mettre toutes les chances de son bord.

Tortorella ne m'a pas fait de gros yeux à la suite de cette pénalité. Mais il en avait pris bonne note. Dans les premières minutes de la période de prolongation, il m'a servi une petite tape sur l'épaule en disant :

— *Go get it back, Darchy !* (C'est le temps de réparer ton erreur, Darchy !)

On aurait dit une scène de film. Juste comme Jason Ward s'amenait au banc pour se faire remplacer, les deux défenseurs des Stars se sont précipités sur Brad Richards, qui était posté à leur ligne bleue avec la rondelle. J'ai foncé au milieu de la patinoire, seul en direction du gardien. Richards m'a rapidement remis le disque et j'ai marqué !

Tortorella a bien apprécié cette séquence. Par la suite, il m'a fait jouer tous les matchs préparatoires qui figuraient au calendrier avant d'entreprendre la saison.

◉

À la fin du camp, l'entraîneur m'a fait venir dans son bureau.

— *Darchy I won't lie to you. I had no clue who the f… you were before camp. You came here, you had good tests and because of that you played well during preseason games. You deserve it, you start the season with us!* (Darchy, je vais être franc avec toi. Je ne savais même pas qui tu étais au début du camp. Tu t'es présenté ici, tu as eu de bons résultats lors des tests physiques et, à cause de cela, tu as connu de bons matchs préparatoires. Tu commences la saison avec nous. Tu l'as mérité!)

C'est de cette manière que, pour la première fois, j'ai disputé un match inaugural en portant le chandail d'une équipe de la LNH.

Depuis mes débuts chez les professionnels, c'était aussi la première fois que je me retrouvais en face d'un entraîneur qui se foutait de l'âge des joueurs, ou de facteurs comme le rang de repêchage ou la manière dont un athlète avait été acquis par son directeur général. Il n'appuyait son jugement que sur ce qu'il voyait sur la patinoire.

John Tortorella ne faisait pas de politique.

◉

Quand j'ai appris cette bonne nouvelle, j'habitais à l'hôtel juste à côté du Tampa Bay Times Forum. J'ai tout de suite téléphoné à ma femme, Stéphanie, qui était restée à Montréal avec les enfants en attendant de savoir quel sort l'équipe allait me réserver.

— Je commence la saison avec l'équipe! Viens me rejoindre avec les enfants. Venez passer trois semaines à l'hôtel avec moi et on s'ajustera par la suite, lui ai-je demandé.

L'entraîneur m'a fait débuter la saison au sein du troisième trio en compagnie de Chris Gratton et de Jason Ward. L'équipe a remporté ses trois premières rencontres et je jouais bien. On aurait dit que tous les astres étaient alignés pour enfin me permettre de me faire une petite place au soleil dans la LNH.

Le 20 octobre 2007, à mon sixième match de la saison, j'ai inscrit mon premier but de la campagne. Mon dernier but dans la LNH remontait à l'année 2001. À elle seule, cette statistique racontait tout le chemin et tous les détours que j'avais parcourus durant ce long laps de temps.

◉

Vers la fin octobre, je sors dans le corridor après un match pour aller chercher mes enfants afin qu'ils puissent venir passer un moment dans le vestiaire. Tout juste comme je reviens dans le *clubhouse*, je rencontre Jay Feaster.

— *Hey Darchy, I want to talk to you*, dit-il. (Darchy, je veux te parler.)

— Une minute, je vais aller confier les petits à leur mère.

— Non, non ! Garde-les avec toi. Il n'y a aucun problème, assure-t-il.

Jay Feaster est un directeur général vraiment humain. C'est une très bonne personne qui aime ses joueurs. Dans le passé, il lui est arrivé d'avoir des larmes aux yeux en annonçant à des joueurs qu'il venait de les échanger à une autre organisation.

Le directeur général s'est approché de moi et il m'a chaleureusement serré dans ses bras.

— *You can go get a place !* m'a-t-il fièrement annoncé. (Tu peux quitter l'hôtel et t'installer à Tampa avec ta famille.)

Ces mots résonnent encore dans ma tête. En huit ans chez les professionnels, c'était la première fois que je les entendais. Mon rêve se réalisait enfin : j'allais passer une saison complète dans la LNH !

C'était presque irréel ! J'étais tellement fébrile que, même si j'étais encore en sous-vêtements, je suis ressorti du vestiaire pour en faire l'annonce à ma femme.

— Voyons, tu ne t'es pas encore changé ? m'a lancé Stéphanie en me voyant arriver.

— Le boss vient de me dire que nous pouvons nous installer. On va habiter ici !

Stéphanie était aux oiseaux. Elle appréciait tellement la Floride ! À ses yeux, le fait que notre famille puisse s'y installer était encore plus réjouissant que de me voir passer toute la saison dans la LNH.

Tous ceux qui connaissaient mon parcours étaient heureux pour nous. Aussi, les vétérans de l'équipe comme Martin St-Louis, Vincent

Lecavalier ou Marc Denis ont fait preuve de grande classe en offrant leur aide pour faciliter notre emménagement dans la région.

Feaster m'avait annoncé cette grande nouvelle alors que l'équipe était sur le point de partir en voyage pour une semaine dans la région de New York. Ma femme est restée à Tampa avec nos deux enfants, et elle a visité des maisons en compagnie d'un agent immobilier recommandé par Marc Denis. Elle a finalement déniché une maison à louer qui lui plaisait et qui était située dans un beau quartier de New Tampa, où tous les joueurs québécois de l'organisation habitaient.

Vincent Lecavalier a aussi mis l'épaule à la roue en me mettant en contact avec le propriétaire d'une grande chaîne de magasins de meubles. Vincent participait régulièrement à des événements caritatifs en compagnie de cet homme d'affaires, ce qui leur avait permis de tisser des liens.

— Dis à ta femme d'aller choisir les meubles qu'elle désire et assure-toi qu'elle demande au gérant de me téléphoner. C'est moi qui fixerai le prix de vos achats, m'a gentiment expliqué le propriétaire.

Avec autant d'aide, nous avons rapidement pu nous installer dans cette nouvelle maison et recommencer à mener une vie normale. C'était le bonheur total!

◉

Pendant ce temps, en coulisse, même si les choses se passaient plutôt bien sur la patinoire, l'organisation du Lightning traversait une période fort difficile du côté administratif.

L'équipe appartenait alors à l'homme d'affaires américain Bill Davidson, un magnat de Detroit qui avait fait fortune dans la fabrication de verre. À cette époque, M. Davidson était âgé de 85 ans et il était aux prises avec de sérieux problèmes de santé. (Il est décédé deux ans plus tard.)

Monsieur Davidson avait donc mis l'équipe en vente. Et en attendant de dénicher un acheteur, il avait ordonné aux dirigeants du Lightning de limiter au maximum les dépenses de fonctionnement de l'organisation.

Pris dans ce carcan, Feaster était donc contraint de garder le minimum de joueurs au sein de l'équipe : 12 attaquants, 6 défenseurs et 2 gardiens. Il n'y avait plus aucun réserviste !

◉

Deux semaines après avoir emménagé dans notre nouvelle maison, je croise le relationniste de l'équipe en quittant la patinoire après un entraînement.

— *Hey, Torts wants to see you!* me lance-t-il. (Tortorella veut te voir !)

Le matin même, notre fils aîné venait de faire son entrée à la prématernelle.

J'entre dans le bureau de Tortorella, et Jay Feaster s'y trouve aussi. Le directeur général est debout près du bureau de l'entraîneur. Je m'assois, et Feaster commence à parler :

— *You know, Matt, our guys who have injuries are coming back and we have to make decisions...* (Tu sais, Matt, nos blessés sont sur le point de revenir au jeu et nous devons prendre des décisions...)

Il était en train de m'annoncer qu'il me renvoyait dans la Ligue américaine ! Je ne comprenais pas. Je jouais pourtant bien ! J'avais connu un court passage à vide et j'avais été rayé de la formation pour quelques matchs, mais on m'avait ensuite renvoyé dans la mêlée et tout s'était bien passé depuis ce temps.

Stoïque, Tortorella écoutait le boniment de son patron. Puis à un certain moment, il est intervenu.

— Tu as terminé, Jay ? lui a-t-il demandé.

D'un signe de tête, Feaster a répondu par l'affirmative. Tortorella s'est alors penché au-dessus de son bureau pour s'adresser à moi. Il me regardait droit dans les yeux.

— *Darchy, I won't lie to you! It's f... bullshit! You don't f... deserve it! I tell you right now, our owner in Detroit has no clue of what he is f... doing. The only reason you're going down is because you have a two way contract. It's the only reason you're going down!* (Darchy, je ne te mentirai pas ! C'est de la merde cette histoire ! Tu ne mérites pas ça ! Je te le dis, notre propriétaire à Detroit n'a aucune idée de ce qu'il fait. La seule raison pour laquelle on te renvoie dans les mineures, c'est que tu as un contrat à deux volets et que les autres ont des contrats de la LNH! C'est la seule raison!)

À ses côtés, Feaster semblait estomaqué. Il regardait Tortorella en ayant l'air de dire: «Tu ne peux pas révéler à nos joueurs que nous sommes dans une position pareille!»

Je suis monté à bord de ma voiture et je suis rentré à la maison. J'étais abattu. J'avais les larmes aux yeux. Ma famille flottait littéralement sur un nuage et je m'en allais annoncer aux miens que je les quittais. Ma mère séjournait chez nous, ma femme était heureuse et nos enfants étaient bien installés. Comment pouvais-je leur apprendre une pareille nouvelle?

Quand j'ai révélé à Stéphanie que je venais d'être renvoyé dans les ligues mineures, elle n'en revenait pas. Je peux témoigner aujourd'hui de la force de caractère de ma femme, parce que ma carrière lui a fait vivre des périodes difficiles.

Quand Tortorella avait commencé à me parler dans son bureau lors de mon renvoi, j'avais été tellement saisi par la nouvelle que je n'entendais plus rien, comme si le volume avait soudainement été baissé au minimum. Il avait conclu notre entretien en disant:

— Occupe-toi de faire le travail de ton bord et je vais faire le mien. Je te garantis que si un gars connaît un mauvais match, il aura droit à un avertissement. Et si le même gars connaît un autre mauvais match, tu seras rappelé immédiatement.

J'avais entendu ce genre de discours tellement souvent que j'étais sorti de son bureau en me disant: «Ouais, ouais, tu peux toujours causer.»

Le lendemain, j'ai pris l'avion pour aller rejoindre l'équipe de Norfolk, qui disputait une série de quatre matchs à l'étranger (en Nouvelle-Angleterre) en une semaine. J'allais désormais jouer là-bas pendant que ma famille était installée en Floride. Et il me fallait en plus dénicher un autre appartement.

Pendant le trajet, j'essayais de comprendre quelle sorte de train venait de me frapper: «Qu'est-ce qui s'est passé? Comment j'ai pu me retrouver dans une telle situation de rêve et me faire tirer le tapis sous les pieds après deux semaines ? »

J'ai finalement rejoint l'équipe et j'ai amassé 10 points (3 buts et 7 passes) lors des 4 matchs de ce voyage. Après notre dernière rencontre, à Lowell, nous avions 11 heures d'autobus à faire pour rentrer à Norfolk.

Nous sommes arrivés à destination à 7 h le lundi matin et l'entraîneur nous a donné congé. Avec un coéquipier, j'ai ensuite passé la journée à chercher un appartement. Le cœur n'y était vraiment pas.

Le lendemain, alors que je me présentais à l'aréna pour l'entraînement de l'équipe, l'entraîneur-adjoint Darren Rumble est venu à ma rencontre.

— *Darchy, take it easy today. You'll be recalled after practice.* (Darchy, ménage tes forces aujourd'hui, tu seras rappelé après l'entraînement.)

Tortorella avait tenu parole. Le samedi soir précédent, mon ami Jason Ward avait connu un match ordinaire et « Torts » l'avait confiné au banc. Puis le lundi soir, Ward avait été à l'origine d'un revirement en fin de match qui avait provoqué la défaite du Lightning. J'avais regardé cette dernière rencontre à la télé et j'étais à mille lieues de m'imaginer que cette erreur allait provoquer mon rappel.

Ce mardi-là à Norfolk, l'entraîneur avait décidé d'axer la séance d'entraînement sur la couverture en zone défensive. Je m'écartais le plus possible des lignes de tirs pour éviter d'être blessé et compromettre mon retour à Tampa.

Une semaine après avoir été renvoyé dans la Ligue américaine, je suis rentré à la maison. Cette demeure que je n'avais presque pas eu la chance d'habiter. Je ne croyais jamais revoir ma femme et mes enfants aussi rapidement.

Le lendemain, le 21 novembre, nous affrontions les Rangers de New York à Tampa. Tortorella m'a utilisé au sein du troisième trio en compagnie de Chris Gratton et de Ryan Craig. Nous avons connu un bon match. Nous avons même récolté des points.

Puis deux matchs plus tard, Craig s'est déchiré un ligament croisé antérieur. Cette blessure a mis fin à sa saison et elle a confirmé ma place à Tampa jusqu'à la fin du calendrier.

Je sais que John Tortorella est un entraîneur contesté et que les médias ne le dépeignent pas souvent sous un jour favorable.

Mais depuis cette histoire, j'éprouverai du respect à tout jamais pour lui parce qu'il faisait exactement tout ce qu'il disait. Il passait de la parole aux actes. Tout ce que John Tortorella m'a dit lorsqu'il était mon entraîneur, je l'avais entendu de la bouche d'autres entraîneurs auparavant. La seule différence, c'est que Tortorella tenait parole.

Malheureusement, cette saison 2007-2008 a pris fin sur une mauvaise note pour notre formation.

En décembre, nous avons connu un passage à vide au cours duquel nous n'avons remporté qu'une victoire en 11 matchs. Le genre de léthargie qui compromet sérieusement les chances d'une équipe de participer aux séries. Nous sommes ensuite parvenus à remonter en selle, mais tout s'est définitivement écroulé à la mi-février et nous n'avons remporté que 6 de nos 24 derniers matchs de la saison.

À la fin de la course, nous étions derniers dans l'Est, à 23 points d'une place en séries éliminatoires.

Quelques semaines plus tard, John Tortorella a été congédié alors que de nouveaux propriétaires s'apprêtaient à prendre les commandes de l'organisation. Et ces nouveaux propriétaires, Oren Koules et Len Barrie, ont ensuite racheté le contrat de Jay Feaster, à qui il restait encore trois années de contrat à écouler.

Dans ces conditions, le fait que John Tortorella m'utilisait souvent plus de 20 minutes par match durant le dernier mois de la saison ne signifiait plus grand-chose. Aux yeux des nouveaux dirigeants de l'équipe, je ne valais pas plus que n'importe quel autre joueur de soutien.

Durant l'été 2008, j'ai donc signé avec les Sabres de Buffalo. Ces derniers m'avaient laissé entendre qu'ils allaient me rappeler dans la LNH quand le besoin s'en ferait sentir, mais ils m'ont laissé toute la saison dans la Ligue américaine, à Rochester. Quand notre entraîneur Kevin Dineen leur proposait mon nom lors d'un rappel, les Sabres préféraient à chaque fois miser sur un joueur plus jeune.

Puis en 2009, les Canadiens ont embauché Guy Boucher à titre d'entraîneur des Bulldogs de Hamilton. Ses adjoints étaient Martin Raymond et Daniel Lacroix.

J'avais des liens de longue date avec cette équipe d'entraîneurs. Quand j'évoluais à McGill, Martin Raymond était notre entraîneur en chef et Boucher était son assistant. Les deux avaient joué un rôle important dans ma progression d'hockeyeur.

Quand j'avais 13 ans, Boucher fréquentait le cégep avec ma sœur et je jouais parfois au hockey avec lui dans la rue, à Saint-Laurent. J'avais même assisté à son mariage. Nos liens remontaient aussi loin que cela.

Peu après sa nomination à Hamilton, Guy Boucher m'a offert de me joindre aux Bulldogs. Il était sur le point de faire ses débuts dans les rangs professionnels et la perspective de miser sur un vétéran en qui il avait confiance pesait sans doute dans la balance.

La LNH ne faisait alors plus partie de mes rêves. J'étais rendu à 33 ans et je savais que le CH m'embauchait pour contribuer au développement de ses jeunes espoirs. Mais en même temps, je me disais qu'avec un peu de chance, le Canadien allait peut-être me rappeler pour un match et me permettre de porter le chandail dont j'avais rêvé durant toute mon enfance.

— Tu ne dois pas considérer que tu es ici pour aider les jeunes! Tu dois rêver à la LNH comme les autres! avait insisté Boucher dans une de nos conversations.

Et en janvier 2010, alors que j'avais compté 16 buts en 32 matchs avec les Bulldogs, le téléphone a fini par sonner. Bob Gainey, qui voulait secouer quelques joueurs de soutien, m'a expliqué que j'allais disputer trois matchs et que ma condition allait ensuite être réévaluée.

Les choses ont bien tourné. Je suis finalement resté à Montréal jusqu'à la fin de la saison et nous avons connu un printemps magique qui nous a propulsés jusqu'en finale de la Conférence de l'Est.

C'est après cette saison, à 34 ans, que j'ai eu droit à mon premier vrai contrat de la LNH. Et j'ai finalement passé deux autres saisons complètes dans l'uniforme tricolore. Depuis le printemps 2012, je suis et je serai à tout jamais un ancien Canadien.

Quand je repense à mon parcours, je me dis qu'il est très difficile de ne pas croire au destin.

Si mon séjour en Allemagne s'était bien déroulé, et si je n'avais pas rencontré Steve Kasper par hasard dans les couloirs du Centre Bell au printemps 2006, je n'aurais jamais vécu cette extraordinaire période de ma vie.

Gilles Courteau

La route menant aux fonctions de commissaire de la LHJMQ a été plutôt sinueuse pour Gilles Courteau.

Au milieu des années 1970, il était reconnu pour son implication dans le baseball mineur de Trois-Rivières (ainsi que pour l'excellence des équipes qu'il dirigeait) lorsque son bon ami Gaston Leblanc l'a invité à se joindre à lui pour occuper les fonctions de statisticien des Draveurs, qui représentaient alors la cité de Laviolette dans la Ligue de hockey junior majeur du Québec.

«On nous offrait 250 $ chacun pour faire ce travail. Un premier paiement de 125 $ était prévu durant la période des fêtes, et on nous remettait la dernière tranche de salaire à la fin de la saison», raconte-t-il en souriant.

À l'époque, les Draveurs étaient dirigés par Michel Bergeron – dit le Tigre – qui était reconnu pour son bouillant caractère et qui n'était pas toujours commode.

Quand l'équipe jouait à l'extérieur de Trois-Rivières, c'était Gaston Leblanc ou Gilles Courteau qui devaient s'occuper de commander du poulet pour nourrir les membres de l'équipe après la partie.

Un bon soir, alors que les Draveurs subissaient une solide dégelée à Sherbrooke, Gaston Leblanc a commis l'erreur de commander 25 demi-poulets au lieu des 25 quarts de poulet habituels. Déjà furieux d'avoir perdu le match, Bergeron a explosé lorsque le livreur lui a présenté une facture plus élevée qu'à l'habitude.

— Qui est l'innocent qui a commandé des demi-poulets? a lancé le bouillant entraîneur à ses deux statisticiens.

222 • CONFESSIONS SPORTIVES

Comme aucun des deux ne répondait, Bergeron a servi un magistral coup de pied dans les 25 repas qui étaient empilés à la porte du vestiaire. Une fois la tempête calmée, Gaston Leblanc dégoulinait de sauce barbecue...

◉

Quand l'équipe est remontée à bord de l'autobus, Leblanc a annoncé à Courteau qu'il quittait les Draveurs :

— Je ne me ferai pas crier après pour 250 $ par année, a-t-il tranché.

Gilles Courteau est donc resté seul en poste jusqu'à la fin de la saison.

Durant cette même saison (en 1976-1977), la LHJMQ a décidé d'établir un bureau permanent à Québec. Et le directeur exécutif de la ligue, Paul Dumont, cherchait un employé polyvalent pour le seconder dans ses fonctions. Le patron de Courteau chez les Draveurs, Sylvain Cinq-Mars, l'a alors recommandé à Paul Dumont, et c'est ainsi qu'il a pu vraiment se familiariser avec les rouages administratifs du hockey junior majeur, en plus de côtoyer les personnages colorés qui dirigeaient les équipes à cette époque presque folklorique.

L'une des histoires que le commissaire de la LHJMQ a choisi de raconter concerne justement cette période de l'histoire de la ligue, durant laquelle les hommes qui tenaient les guides des équipes jouaient aussi dur durant les réunions que le faisaient leurs joueurs sur la patinoire. C'est un récit absolument savoureux !

◉

Après quelques années passées aux côtés de Paul Dumont, Courteau est devenu le directeur exécutif des Remparts de Québec au début des années 1980. Il a plus tard été promu au poste de directeur général de l'équipe.

En 1983-1984 et en 1984-1985, les Remparts appartenaient aux Nordiques de Québec. Et les succès aux guichets de l'équipe junior dérangeaient à ce point les dirigeants des Nordiques, qu'ils ont finalement décidé de mettre fin aux activités des Remparts. En 1985, Gilles Courteau est donc retourné à la permanence de la LHJMQ, cette fois à titre de directeur exécutif.

Moins d'un an plus tard – en février 1986 –, le président de la ligue, le docteur Guy Morissette, a remis sa démission durant une réunion des gouverneurs.

« Les gouverneurs m'ont alors nommé président par intérim. Et je suis en poste depuis ce jour-là », raconte-t-il.

Un intérim de presque 30 ans, ce n'est pas rien !

Le job de président (titre qui a plus tard été remplacé par celui de commissaire) ne lui a pas permis de se faire uniquement des admirateurs. (C'est d'ailleurs le sujet qu'il a choisi d'aborder dans sa seconde histoire.) Par contre, personne ne peut nier que la LHJMQ a connu un essor fabuleux sous la gouverne de Gilles Courteau.

Lorsque le commissaire est entré en fonction, la ligue comprenait 10 formations et il était possible d'assister à trois matchs de la LHJMQ au cours d'une même journée tellement les clubs étaient proches les uns des autres.

De nos jours, la LHJMQ est composée de 18 formations. Six d'entre elles sont basées dans les Provinces maritimes.

En 1993, quand le commissaire Courteau avait eu l'idée d'implanter une première concession dans les Maritimes (à Halifax), l'influent gouverneur du Titan de Laval, Georges Morissette, avait pris soin de le mettre en garde. Selon Morissette, ce projet répugnait tellement les gouverneurs des autres formations, que le commissaire mettait son poste en danger en l'endossant.

— Écoute, Gilles, j'vais te donner une information privilégiée. Les gars [les gouverneurs des autres équipes] pensent que tu es tombé sur la tête. Puis quand tu suggères des affaires de fous comme celle-là, les gars doutent que tu sois l'homme de la situation pour continuer à diriger la ligue. Ça a pas de bon sens ! Je te le dis, il te reste un peu de temps pour changer d'idée. C'est grave, ce qui est en train de se passer. Tu n'as pas de support. Tu es tout seul.

Le commissaire a tout de même décidé d'aller de l'avant. Il a d'abord réussi à convaincre les gouverneurs d'installer une concession à Halifax, puis une autre à Moncton en 1996.

Trois ans après la naissance des Mooseheads de Halifax, à la fin de la saison 1996-1997, le même Georges Morissette (dont l'équipe était désormais basée à Granby) a demandé à rencontrer Courteau pour lui annoncer que des hommes d'affaires du Cap-Breton souhaitaient acheter son équipe. Il voulait avoir l'assentiment du commissaire pour procéder à la transaction.

Pince-sans-rire, Courteau a répondu qu'il n'avait pas envie de présenter ce projet aux autres gouverneurs de la ligue.

— Pourquoi ça ne te tente pas de pousser ce dossier? avait questionné Morissette.

— Parce que si je fais ça, les gars vont me dire que ce sera fini et je ne serai plus commissaire. Ils vont me traiter de fou et ils me diront que ça n'a pas de bon sens. Si je soutiens un déménagement au Cap-Breton, ils vont me dire que je suis un innocent.

« La transaction a finalement eu lieu et les Morissette sont devenus les premiers propriétaires de la LHJMQ à vendre leur équipe pour une somme supérieure à un million de dollars. Installer des équipes dans les Maritimes n'était peut-être pas une idée si folle », souligne fièrement Gilles Courteau.

Lorsqu'il est arrivé en poste au milieu des années 1980, les concessions de la LHJMQ valaient environ 350 000 $. Elles peuvent aujourd'hui se vendre jusqu'à 4 millions de dollars et la ligue fracasse des records d'assistance presque tous les ans.

Des réunions folkloriques

La réunion des dirigeants de la LHJMQ la plus mémorable à laquelle j'ai assisté est survenue à la fin des années 1970, peu après ma première embauche à la permanence de la LHJMQ à Québec. Pour me familiariser avec le fonctionnement des opérations et pour m'aider à assimiler les dossiers, le directeur exécutif de la ligue, Paul Dumont, m'emmenait à toutes les réunions.

La rencontre dont je parle ici avait été convoquée au Château Montebello dans l'Outaouais. Il y avait toujours un décorum un peu plus strict quand nous nous réunissions à ce chic complexe de villégiature. Tout le monde s'y présentait tiré à quatre épingles et ce, même si nos réunions s'y tenaient durant des jours de week-end.

Rodrigue Lemoyne, le légendaire propriétaire et directeur général des Éperviers de Sorel, avait adopté une certaine routine lors de nos réunions. Vers 14 h 30, il quittait la table pour aller se chercher un verre de cognac. Il savourait ensuite son verre en marchant lentement autour de la table tout en écoutant les débats et les travaux qui s'y poursuivaient. Et lorsqu'il terminait son cognac, Lemoyne venait tout bonnement se rasseoir avec ses autres collègues.

Ce jour-là, pendant que Lemoyne savoure son cognac, une discussion musclée survient. Une vraie chicane comme on en voyait souvent à cette époque. En désaccord avec une position prise par Paul Dumont, Éric Taylor (directeur général du Canadien Junior) et Roger Poitras (gouverneur du Canadien Junior) se mettent à l'invectiver. Ils lui crient après, le traitent de radin et de vieux gratte-papier.

Éric Taylor est hors de lui. Il se lance dans un monologue particulièrement virulent, qu'il termine en formulant la menace suivante :

— Mon hostie de vieux gratte-papier, je vais poursuivre la ligue, mon crisse !

Rodrigue Lemoyne, qui assiste à la scène en trempant ses lèvres dans son cognac, se dirige alors calmement vers le siège occupé par Taylor et il se poste derrière lui. Le DG du Canadien Junior est toujours hors de lui et il continue à crier.

Lemoyne, qui était avocat, était un homme doué d'une intelligence supérieure. Il était extrêmement brillant. Mais en même temps, ce colosse était un bulldozer animé d'un instinct de bagarreur de rue. Il ne reculait devant personne.

En écoutant Éric Taylor poursuivre son laïus, le propriétaire des Éperviers de Sorel avale sa dernière gorgée de cognac. Il place ensuite sa coupe au-dessus de la tête de Taylor et… paf!, il écrase la coupe dans sa main, comme s'il s'agissait d'une vulgaire feuille de papier !

La coupe est en miettes. La main de Lemoye saigne abondamment. Et soudain, Éric Taylor se rend compte que le sang de Lemoyne lui coule sur le front. Autour de la table, c'est le silence total. Taylor, qui était un homme de petite taille, n'ose pas trop bouger.

Alors Lemoyne, sur un ton extrêmement calme, s'adresse à Taylor :

— Écoute-moi bien, le petit schtroumpf. Si jamais tu poursuis la ligue, c'est ton sang à toi qui va couler. M'as-tu compris ? On ne touche pas à ça, la LHJMQ !

À titre de nouvel employé, j'observe la scène et je suis sidéré. Je n'ai jamais été témoin d'une prise de bec semblable.

La déclaration de Lemoyne et la crise qui l'avait précédée ont créé un froid dans la salle. Toutefois, les travaux ont vite repris comme si rien ne s'était produit. Les autres dirigeants d'équipes connaissaient Lemoyne et ils le savaient capable du pire. Et ils savaient tous qu'il ne s'était pas livré à un spectacle lorsqu'il s'était adressé à Éric Taylor.

En plus de diriger les Éperviers, Rodrigue Lemoyne était l'avocat que la LHJMQ embauchait pour défendre ses intérêts quand des conflits de nature juridique se produisaient. C'est pourquoi il s'était permis, sans doute au figuré, de prévenir Taylor que « son sang allait couler » s'il osait traîner la ligue devant les tribunaux.

Plus tard lors du souper, Éric Taylor s'est plaint de la conduite de son homologue de Sorel auprès de ses collègues de la ligue.

— Lemoyne est un vrai malade ! s'est-il exclamé.

— Dans ce cas-là, ne le provoque pas. Et assure-toi de ne pas traîner la ligue dans la boue si tu es en désaccord avec quelque chose, lui a-t-il été répondu.

Un autre meeting mémorable a eu lieu à Drummondville durant la saison 1977-1978. C'était une réunion de directeurs généraux. Les Castors de Sherbrooke y étaient représentés par leur gouverneur et directeur général Georges Guilbault ainsi que par leur entraîneur Ghislain Delage. Le National de Laval était pour sa part représenté par son gouverneur et directeur général Jean « Johnny » Rougeau.

La réunion a lieu un lundi matin. Mais à Sherbrooke, le vendredi précédent, une bagarre générale est survenue entre les Castors et le National. Alors, quand Georges Guilbault arrive dans la salle, les dirigeants des équipes se mettent tous à parler de ce match, du travail des arbitres et de la gigantesque foire qui a éclaté.

Georges Guilbault semble ravi :

— C'était parfait ! Ç'a été un hostie de bon show ! C'était excellent ! commence-t-il.

Pour la réunion, on a aménagé plusieurs tables qui forment un grand U. Nous, les représentants de la ligue, sommes assis à la base du U alors que les délégués des équipes sont installés de chaque côté. Jean Rougeau est positionné en face de Georges Guilbault.

L'ex-étoile de lutte, qui fait 6 pieds 2 pouces et plus de 230 livres, est très contrarié par les propos de son homologue sherbrookois.

— Tu as trouvé ça excellent ? questionne Rougeau.

— Oui, c'était excellent ! Et tu surveilleras bien ça la prochaine fois qu'on ira jouer à Laval. Les gradins vont être pleins ! de rétorquer Guilbault.

— C'était de la cochonnerie, cette *game*-là ! proteste Rougeau.

— Non, non, non ! C'était pas de la cochonnerie. Il va falloir que tu t'ajustes ! C'était un bon spectacle…

— Non, je ne m'ajusterai pas ! C'était de la cochonnerie ! insiste Rougeau.

Le ton monte rapidement et la discussion s'envenime. Et à un certain moment, Rougeau décide qu'il en a suffisamment entendu. Il quitte sa chaise et bondit de l'autre côté de la table ! Il empoigne aussitôt Georges Guilbault d'une seule main, à la hauteur de la gorge. Il le soulève ensuite et, à bout de bras, il le presse contre le mur !

— Je sais pas si tu crois à la lutte, mon hostie, mais si y a d'la marde la prochaine fois que tu viens jouer chez nous, je vais te faire une prise du sommeil ! Et ça va prendre du temps en crisse avant que tu te réveilles !

Jean Rougeau tient toujours Georges Guilbault à bout de bras. Puis il le lâche d'un coup, sans prévenir. Comme un serpentin, le dirigeant des Castors s'effondre dès qu'il touche le sol.

Cet événement a pour effet de déclencher d'autres hostilités autour de la table. Après l'affrontement opposant Guilbault et Rougeau, ce sont Ron Racette (Cataractes de Shawinigan) et Michel Bergeron (Draveurs de Trois-Rivières) qui commencent à s'engueuler, encore une fois au sujet des bagarres.

Les injures pleuvent des deux côtés.

À mes côtés, le directeur exécutif de la ligue, Paul Dumont, s'impatiente.

— OK les gars, c'est assez ! commande-t-il.

Mais les belligérants ne l'écoutent pas.

Après un court moment, Dumont intervient de nouveau :

— OK, les gars ! C'est assez, sinon on ferme les livres !

L'engueulade se poursuit de plus belle.

Alors Paul Dumont me regarde.

— *That's it !* dit-il.

Nous remballons aussitôt nos affaires et nous quittons la salle pendant que les représentants des équipes continuent à s'insulter. Nous montons à bord de la voiture et nous nous arrêtons au restaurant pour dîner avant de rentrer à Québec.

À un certain moment, ceux qui s'engueulaient dans la salle de réunion se réveillent.

— Où est passé Dumont ? questionne l'un d'eux.

Le seul officier de la ligue encore présent dans la salle est John Horman. Ce dernier était un homme calme que tout le monde appréciait.

— Ça faisait trois ou quatre fois que Paul Dumont vous disait que c'était suffisant et vous ne l'avez pas écouté. La réunion est terminée, annonce Horman.

◉

Ces histoires illustrent à quel point on trouvait des personnages hauts en couleur au sein du bureau des gouverneurs de la LHJMQ à cette époque. Les intervenants se parlaient de façon très directe, sans faire de détours. Et souvent de manière plutôt crue.

Mais en même temps, la solidarité qui animait les dirigeants des équipes était extrêmement forte, ainsi que leur désir de bien faire les choses.

Par exemple, si un gouverneur prenait l'engagement de faire parvenir un document à la ligue pour la réunion suivante et qu'il ne respectait pas son mandat, il était aussitôt réprimandé par ses pairs.

— Hey, tu comprends pas qu'y faut que tu fasses parvenir le document? Qu'est-ce qu'y faut qu'on te fasse, hostie, pour que tu envoies le document? lui disaient-ils.

Il y avait parfois de la zizanie. Mais paradoxalement, quand ces personnages prenaient une décision ensemble, ils étaient tellement solidaires qu'il n'y avait plus rien pour les faire changer d'idée.

« Tu ressembles vraiment à Courteau ! »

Cette histoire se déroule à l'heure du lunch, il y a quelques années, alors que les bureaux de la LHJMQ étaient situés boulevard Roland-Therrien à Longueuil.

Les employés décident d'aller manger ensemble au restaurant et l'un d'eux passe à mon bureau pour m'inviter à me joindre au groupe. Comme je suis en train de terminer un appel téléphonique, je lui dis rapidement que je vais les rejoindre sous peu, mais j'oublie de noter le nom du restaurant qu'ils ont choisi.

À l'époque, il y avait trois restaurants où mes collègues de la ligue aimaient aller casser la croûte le midi. Les trois étaient des endroits sans prétention.

Alors je prends ma voiture et je me dirige vers le premier de ces trois restaurants, qui s'appelait L'Arrêt-Court. J'entre dans le resto et mes collègues n'y sont pas. Je reprends donc la route et je me rends à un deuxième restaurant. Mais ils ne s'y trouvent pas non plus. Le troisième endroit était un casse-croûte La Belle Province, tout près du palais de justice de Longueuil. Et quand je m'y présente, les employés n'y sont toujours pas.

Alors je me dis : « Tant pis, je mangerai tout seul ici. » Et je commence à faire la queue pour commander mon dîner.

Immédiatement devant moi dans la file, il y a un policier en uniforme. Le type mesure facilement 6 pieds 3 pouces et il est vraiment imposant. À un certain moment, il se retourne pour me parler.

— Excuse-moi. Toi, là, tu dois te faire achaler en crisse? me demande-t-il.

— Comment ça?

— Ça n'a pas d'hostie de bon sens comme tu ressembles à Courteau, dit-il.

— Ah oui? que je lui réponds, en faisant l'innocent.

— Ça n'a pas de sens de lui ressembler de même! Tu dois te faire achaler comme ça n'a pas de maudit bon sens, de renchérir le policier.

Son intérêt pour le commissaire de la LHJMQ me fait sourire, mais je ne vois pas où mon interlocuteur veut en venir. Alors j'essaie de le faire parler.

— Ça arrive parfois que je me fasse achaler, mais pas aussi souvent que vous pouvez le penser. Mais dites-moi, qu'est-ce qu'il a de spécial ce Courteau-là?

— Je l'haïs en hostie! Je suis impliqué dans le hockey mineur à Longueuil. Sais-tu qu'est-ce qu'il fait, Courteau, dans la vie? interroge le policier.

— Non.

— Il s'occupe de la Ligue de hockey junior majeur du Québec.

— Ah.

— Moi je suis impliqué dans le hockey mineur de Longueuil et je ne suis pas capable de le sentir, ce gars-là. Par les temps qui courent, Courteau veut ramener le hockey junior à Montréal. C'est lui, ce crisse-là, qui a sorti le hockey de Montréal et qui a déménagé ça dans les Maritimes! Les équipes de hockey junior valent maintenant des prix de fous et c'est juste l'argent qui compte pour lui! Il se fout des joueurs, il les envoie dans les Maritimes!

Plus le policier me parle de Gilles Courteau, plus il s'enflamme! J'essaie de l'interrompre pour lui révéler qui je suis, mais il ne me laisse pas placer un mot et il parle de plus en plus fort. Tout le monde dans le restaurant l'entend faire le procès de cet «écœurant» qui dirige la LHJMQ. Et il poursuit de plus belle:

— Écoute, si je suis à la maison en train de regarder les nouvelles avec ma femme, je change de poste dès que je vois apparaître sa face! J'suis pas capable! Hostie, ça sert à rien! Quand tu n'aimes pas quelqu'un, tu n'aimes pas quelqu'un. Je suis pas capable de voir ce gars-là, c'est un hostie de frais! Hé! Au hockey mineur, on avait organisé une réception et quelqu'un a proposé qu'on invite Courteau comme conférencier. Je leur ai dit: "Tabarnac, si vous emmenez ce gars-là icitte, vous ne me reverrez plus jamais!" Alors ils ne l'ont pas invité.

Le policier déteste tellement Gilles Courteau qu'il en oublie de passer sa commande. Quand la caissière lui demande ce qu'il veut manger, il lui fait signe d'attendre quelques secondes afin de pouvoir continuer à m'expliquer combien le commissaire de la LHJMQ l'horripile. Je croise les regards d'autres clients qui, sans me reconnaître, semblent sympathiser. Tout le monde dans le restaurant est en mesure d'entendre le monologue de celui qui vient de m'adopter comme confident.

Soudain, il fait une pause.

— Écoute, si t'es pas Courteau, tu dois être un avocat, toi? Le palais de justice est juste de l'autre côté de la rue…

— Non, je ne suis pas un avocat non plus.

Il finit ensuite par prendre possession de son lunch et il part s'asseoir dans le restaurant. Quand ma commande arrive quelques minutes plus tard, je choisis l'une des dernières places disponibles, en face du policier, un peu en diagonale. Et dès que je me rassois, il repart de plus belle!

— En tous cas, ça m'impressionne que tu te fasses pas plus achaler que ça, parce que tu lui ressembles en tabarnac!

Son plateau est devant lui tandis que sa casquette est posée sur la table voisine.

Soudain, une question lumineuse surgit à son esprit:

— Qu'est-ce que tu fais dans la vie? relance-t-il.

J'ai une carte d'affaires dans ma poche. Alors je la sors et je la lui remets en le regardant dans les yeux. En lisant ce qu'il y a sur la carte, il se donne une claque sur le front. Le coup est tellement violent que, au moment de l'impact, je suis convaincu qu'il vient de se fendre la peau. Mais il n'en est rien.

— Ça n'a pas d'hostie de bon sens! me dit-il.

— Je suis d'accord avec vous. Ça n'a pas de bon sens. En tous cas, il y a une chose de sûre ici cet après-midi: vous l'haïssez en maudit, Courteau!

Le visage du policier est complètement défait. La tournure des événements le rend visiblement mal à l'aise. Et tout le monde autour semble remarquer qu'il préférerait être ailleurs.

— S'cuse-moé! S'cuse-moé! répète-il de sa grosse voix.

Il en fait presque pitié.

— Non, non, c'est correct. Tout est beau, lui dis-je.

Puis, en essayant de se justifier, il s'enfonce le pied encore plus profondément dans la bouche:

— J'étais sûr que t'étais un avocat. J'étais sûr que Courteau ne viendrait jamais manger ici. Il est bien trop frais pour ça!

— C'est sûr! De la manière dont tu l'as décrit, il n'est pas ordinaire pantoute.

Rapidement, le policier remballe ensuite ses affaires et quitte le restaurant. En le voyant franchir la porte, une dame s'approche de ma table:

— L'art d'avoir l'air fou! À un certain moment, je me sentais tellement mal pour vous quand il criait dans le restaurant. Et surtout, je n'en reviens pas à quel point il haït ce gars qui s'appelle Courteau.

— Le pire, madame, c'est qu'il parlait au vrai Courteau!

Je viens tout juste d'apprendre que sur la Terre, il y a quelqu'un qui ne m'aime vraiment pas!

Éric Lucas

Entre le milieu des années 1990 et la fin des années 2000, Éric Lucas a été l'un des athlètes les plus admirés et les plus appréciés au Québec. Éternel négligé sur la scène de la boxe québécoise à ses débuts professionnels, il a su gravir les échelons un à un à force d'un travail patient et acharné. Lorsqu'on connaît son parcours de vie, sa réussite suscite encore plus l'admiration.

À l'âge de 15 ans, Éric ne fréquentait plus l'école. Il travaillait dans une usine de chaussures, au service de l'expédition. Ses tâches et ses perspectives d'avenir consistaient à remplir des boîtes et à préparer les envois aux clients.

« Je regrette aujourd'hui d'avoir interrompu mes études. Mais à l'époque, je n'avais pas d'intérêt pour l'école et ça se reflétait dans mes résultats. Et puis, je provenais d'une famille monoparentale. Ma mère n'était pas riche et le fait de travailler me permettait d'avoir un peu d'argent et de faire mes affaires. Je me sentais plus autonome de cette façon », confie-t-il.

À l'époque, si on lui avait annoncé qu'il allait un jour devenir champion du monde de boxe, il jure qu'il ne l'aurait jamais cru. Même dans ses rêves les plus fous, il ne se voyait pas au milieu d'un ring, acclamé par la foule, en train de soulever une immense ceinture. Pourtant, ce sport le passionnait. Chaque jour, dès qu'il finissait de travailler, il se dirigeait rapidement vers le club de boxe Georges-Vernot, dans le quartier Saint-Michel.

« J'ai beaucoup joué au hockey quand j'étais enfant. J'ai aussi découvert la boxe dès l'âge de 11 ans, quand un ami m'a fait visiter le club. J'ai alors boxé pendant une année, puis nous avons déménagé en milieu rural dans la Mauricie. Comme il n'y avait pas de club de boxe dans cette région, j'ai recommencé à jouer au hockey. Pendant cette période, la boxe me manquait beaucoup. Je livrais donc des combats à la maison, contre mon frère Sylvain. Nous utilisions des gants bon marché achetés chez Canadian Tire. »

Dès que sa mère est revenue s'installer à Montréal, trois ans plus tard, Éric s'est de nouveau précipité au club de boxe. Et il a recommencé à s'y entraîner comme s'il ne s'en était jamais absenté. Puis, rapidement, il a recroisé la route d'Yvon Michel, qu'il avait rencontré à l'âge de 11 ans, alors que l'entraîneur avait organisé une école de boxe dans la région de Sherbrooke.

« Quand j'ai revu Yvon, il était l'entraîneur en chef de l'équipe du Québec. Parmi ses protégés, il y avait Stéphane Ouellet, qui était une étoile montante de la boxe amateur au Canada. C'est à ce moment qu'Yvon m'a pris sous son aile et que j'ai commencé à m'entraîner au centre Claude-Robillard, où était basé le Centre de haute-performance de la Fédération québécoise de boxe », raconte-t-il.

Alors qu'ils étaient tous deux âgés de 15 ans, Ouellet et Lucas ont remporté le Championnat canadien juvénile dans leur catégorie respective. Ils sont alors devenus de bons amis et ils ont continué à parfaire leur apprentissage au sein de l'équipe québécoise de boxe amateur.

Six ans plus tard, en 1991, toujours appuyé par Yvon Michel, Stéphane Ouellet a décidé de mettre fin à une remarquable carrière amateur pour faire le saut dans les rangs professionnels. L'arrivée de Ouellet chez les pros était fébrilement attendue par les observateurs et la presse sportive, qui lui prédisaient un avenir brillant.

Éric Lucas, qui avait cheminé dans l'ombre de Ouellet durant toutes ces années, a alors décidé de monter à bord du train et de profiter de cette ouverture pour lancer sa carrière, qui s'annonçait toutefois beaucoup plus modeste. Au fil des ans, il a néanmoins fini par déjouer tous les pronostics en écrivant l'un des plus remarquables chapitres de l'histoire de la boxe canadienne.

Son histoire nous transporte dans les coulisses d'un combat de championnat du monde, en 2001, alors qu'il s'apprête à affronter l'Anglais Glenn Catley pour le titre des super-moyens du World Boxing Council (WBC).

Une chorégraphie parfaite

Ma carrière professionnelle n'était vieille que de quatre ans quand j'ai été invité à participer à mes premiers combats de championnat du monde. Je n'étais certainement pas assez aguerri pour espérer rafler un titre, mais les bourses étaient intéressantes. Et ces affrontements contre de grands champions me permettaient d'acquérir une précieuse expérience.

Le 13 janvier 1996, je me suis donc retrouvé à Saint-Étienne, en France, sur le même ring que Fabrice Tiozzo, le champion des mi-lourds du WBC (175 livres).

Tiozzo boxait dans une catégorie de poids supérieure à la mienne. Le jour du combat, j'avais l'air d'un ti-cul à côté de lui ! Il devait peser 20 livres de plus que moi et à peu près personne ne m'accordait une chance de franchir le troisième round. Mais j'étais jeune, confiant, et sans doute un peu inconscient de l'ampleur du défi qui s'offrait à moi.

Au troisième round, Tiozzo m'a effectivement expédié au plancher pour la première fois de ma carrière. Je me suis relevé instantanément, j'ai rassuré Yvon Michel et j'ai continué le combat jusqu'à la fin, même si le Français n'a jamais cessé de me marteler. Durant les derniers rounds, quand il me « pinçait » d'aplomb, je lui demandais de me frapper plus fort ! Dans les gradins, les partisans de Tiozzo scandaient mon nom et son entraîneur l'engueulait parce qu'il ne parvenait pas à mettre fin au combat.

Quelques mois après cette défaite honorable, le manager de Roy Jones Jr (qui était alors considéré comme le meilleur boxeur de la planète, toutes catégories confondues) a appelé Yvon Michel pour m'offrir un autre combat de championnat du monde.

Jones présentait alors une fiche immaculée de 31-0-0 et 27 de ses victoires avaient été remportées par K.O. Pire encore, 19 de ses 27 K.O. étaient survenus avant la fin du quatrième round.

— Trouve-moi une bonne raison pour laquelle tu accepterais de te battre avec ce gars-là, m'a demandé Yvon.

Le lendemain, je suis retourné le voir avec une réponse. D'un point de vue sportif, ce défi m'apparaissait comme une occasion de démontrer que j'avais du chien.

— Si je tombe avant la fin du quatrième, les gens diront que j'étais comme les autres. Mais si je boxe plus longtemps qu'eux, ça prouvera ma valeur!, ai-je plaidé auprès de mon entraîneur.

En deuxième lieu, la bourse de 100 000 $ constituait aussi une excellente raison d'accepter cette invitation! C'était une grosse somme pour moi, d'autant plus que je ne savais pas trop quelle allure allait prendre ma carrière.

Yvon a trouvé ma réponse intéressante. Et il a immédiatement contacté le clan de Roy Jones Jr pour accepter l'offre.

Le 15 juin 1996, sur le ring du Colisée de Jacksonville en Floride, je me suis donc retrouvé en face de la plus menaçante machine de boxe sur Terre. La couronne des super-moyens (168 livres) de l'International Boxing Federation était en jeu et le combat était télédiffusé par le réseau HBO sur l'ensemble du territoire américain.

La veille du combat, Larry Merchant, le réputé analyste de HBO, était venu me parler. Je n'étais pas très à l'aise en anglais, mais il était clair qu'il se foutait complètement de moi. À ses yeux, j'étais le type qui allait se faire liquider en une minute. Il me regardait de haut et il me donnait l'impression de discuter – froidement – avec moi parce qu'il était obligé de préparer son show du lendemain. Pour lui, j'étais de la chair à canon.

Peut-être Merchant n'avait-il pas tort sur ce dernier point, parce que durant cet affrontement, j'ai fait face à un barrage de 746 coups de Jones, dont 316 ont touché leur cible. Je me suis fait casser le nez et il m'a profondément entaillé le dessus de l'œil droit. Mais, à la surprise des commentateurs de HBO, je ne suis jamais tombé!

Au début du combat, George Foreman comparait cet affrontement à une course opposant une Porsche et un *pick-up*. Puis rendu au cinquième round, il m'assimilait au Canadien George Chuvalo, qui avait courageusement tenu le coup pendant 12 rounds contre Muhammad Ali en 1972.

Jones était incroyablement rapide. Je ne suis parvenu à le toucher que 90 fois durant notre face-à-face. Plus le combat avançait, plus les commentateurs américains s'inquiétaient du nombre de coups en puissance que j'encaissais.

Au 11ᵉ round, alors que j'avais franchi presque toute la distance, l'arbitre a demandé l'avis du médecin. Jugeant que la coupure au-dessus de mon œil était trop profonde, il a alors décidé de mettre fin au combat. J'étais furieux sur le coup. Mais quand j'ai constaté les dégâts en rentrant au vestiaire, j'ai compris sa décision.

N'empêche. J'étais resté debout et tout le monde était content. Roy Jones avait donné son spectacle et j'avais fait une grande découverte : je venais enfin d'apprendre quelle tournure allait prendre ma carrière ! Après avoir fait face à Tiozzo et Jones, je savais que j'étais capable d'encaisser les meilleurs coups et que j'allais un jour devenir champion du monde.

À ce moment, j'étais toutefois loin de m'imaginer les circonstances dans lesquelles j'allais remporter la plus prestigieuse des ceintures…

Après ces deux affrontements contre Tiozzo et Jones, j'ai dû patienter cinq longues années et disputer 15 autres combats afin d'obtenir une nouvelle chance de me battre pour l'obtention d'un titre mondial.

En 1999, une première occasion m'a filé entre les doigts quand le WBC m'a désigné pour disputer un combat éliminatoire contre l'Anglais Glenn Catley. Le gagnant de cet affrontement, tenu à Montréal le 10 décembre, allait ensuite obtenir le privilège de combattre pour l'obtention de la ceinture des super-moyens (168 livres ou 76,2 kilos).

Au moment du combat, Catley présentait une fiche de 24-3-0. Il n'était décidément pas un client facile. Sa main droite était percutante et les deux tiers de ses 24 victoires avaient été remportées par K.O. Mais bon, j'en avais vu d'autres.

Devant les amateurs montréalais, mon rendez-vous avec Catley s'est toutefois soldé par un résultat que je n'avais pas anticipé. Réussissant là où deux grands champions du monde avaient échoué, il m'a m'infligé la première défaite par K.O. de ma carrière. Alors qu'il restait 55 secondes à écouler au 12ᵉ round, voyant que j'étais en difficulté, l'arbitre a mis fin aux hostilités. Ce résultat a eu pour effet de repousser encore plus loin mon rêve.

Six mois après m'avoir vaincu à Montréal, Catley est allé en Allemagne pour croiser le fer avec le champion du monde, Markus Beyer. Et au 12e round, alors que le pointage était extrêmement serré, Catley s'en est encore tiré in extremis en infligeant un K.O. technique à l'Allemand, ce qui lui a permis de rentrer chez lui avec le titre et la ceinture.

Catley n'a toutefois pas été champion longtemps. Dès sa première défense du titre, contre Dingaan Thobela en Afrique du Sud, l'Anglais s'est fait jouer le même tour. Il menait aux points au 12e round quand Thobela l'a terrassé d'une droite qui l'a expédié au plancher. Lorsque l'arbitre a confirmé la victoire du Sud-Africain, il ne restait que sept secondes à écouler au combat !

Encore là, le règne de Thobela fut de courte durée. Le 15 décembre 2000, soit 105 jours après avoir disposé de Catley, Thobela est monté sur le ring du Centre Molson à Montréal pour faire face à Dave Hilton. Et au terme d'une véritable guerre de tranchées, Thobela a perdu sa ceinture par décision majoritaire.

Quelques mois plus tard, Hilton a écopé sept ans de prison et son titre lui a été retiré par le WBC. Il a alors été convenu que Catley et moi allions nous disputer le titre vacant, en Angleterre, dans un combat revanche. Toutefois, le promoteur anglais qui était censé présenter le combat n'a pas été en mesure de fournir les garanties financières exigées par la fédération. Les dirigeants du WBC ont donc rajusté le tir en déplaçant le combat à Montréal. Il a alors été convenu que ma route allait recroiser celle de Catley le 10 juillet 2001.

C'est à ce moment-là que mon entraîneur, Stéphane Larouche, a sorti un énorme lapin de son chapeau.

Avec Yvon Michel, Stéphane est sans contredit l'une des personnes qui ont le plus influencé le cours de ma carrière.

Dans tout ce qu'il fait, Stéphane est un maniaque des détails. Il y a plusieurs années, il était venu construire un patio chez moi. Il lui avait fallu pas mal de temps pour le compléter. Mais à la fin, tout était absolument impeccable. Il était extrêmement minutieux et il prenait tout le temps nécessaire pour vérifier et contrevérifier ses affaires.

Lorsqu'il est question de boxe, Stéphane agit de la même façon. Mais comme c'est sa spécialité, son niveau de minutie et son souci de bien faire les choses sont parfois assez hallucinants. Il regarde une très grande quantité de combats et décortique constamment les tendances et les stratégies des boxeurs. Avec le temps, il en est venu à percevoir une foule de détails qui font la différence dans un combat, de très fines nuances dont la plupart des gens du milieu ne se soucient même pas.

Et c'est exactement ce qui se produit quand nous commençons à nous préparer pour ce deuxième affrontement contre Catley.

Après avoir étudié les films des précédents combats de l'Anglais, Stéphane me convie à une séance de visionnement.

— Observe attentivement sa main gauche! me dit-il, un peu fébrilement.

Il m'explique alors que mon adversaire a développé une sorte de tic. Quand il se déplace ou lorsqu'il cherche des ouvertures dans la défense de ses adversaires, Catley porte constamment sa main gauche devant son visage pour se protéger. Toutefois, il ne maintient cette position que très brièvement. Aussitôt que sa gauche arrive à la hauteur de son menton, Catley l'abaisse au niveau de sa poitrine. Le mouvement est assez rapide mais il est presque aussi constant que celui d'un balancier. Il est donc très prévisible.

— Nous allons travailler sur un crochet de droite, m'annonce Stéphane. Nous allons travailler là-dessus et tu lui passeras ce crochet par-dessus sa gauche quand il baissera sa garde!

Le coup de poing que Stéphane a en tête pour battre Glenn Catley est un crochet de droite qui se lance à la hauteur de la tête, dans une sorte de mouvement circulaire. Il m'explique sa stratégie et je le vois s'enthousiasmer. Mais je suis loin d'être convaincu par ce plan de match. En fait, je n'y crois pas.

— Stef, ce coup est beaucoup trop long à lancer! Ça ne marchera pas! Catley va le voir venir. Tu le sais, depuis le début de ma carrière, je n'ai jamais eu beaucoup de succès avec les longs coups.

— Ben oui, ça va marcher! Catley répète toujours le même mouvement! C'est une simple question de *timing*: tu dois juste lancer ce coup-là au bon moment, insiste Stéphane.

Même si je respecte son opinion, je ne suis pas vendu à cette idée. En fait, je ne veux rien savoir de ce crochet de droite.

◉

Nous partons ensuite en camp d'entraînement à Altona, dans l'État de New York. C'est une petite municipalité située tout près de Plattsburgh et notre *cutman* Bob Miller y possède une sorte de ranch que plusieurs boxeurs utilisent pour tenir leurs camps d'entraînement.

L'endroit est assez isolé, en forêt. Et à part aller lécher les vitrines au centre commercial de Plattsburgh, il n'y a pas beaucoup de distractions dans la région. Et c'est parfait ainsi! Pendant que toute l'équipe vit dans la maison principale du domaine de Bob Miller, j'habite dans une roulotte que j'ai fait installer juste à côté. Après une rude journée d'entraînement, ça me permet de me retrouver dans mes petites affaires et de profiter d'une certaine quiétude.

Depuis notre arrivée, Stéphane ne cesse de revenir à la charge pour qu'on se mette à travailler son fameux crochet de droite. Il en est presque fatigant. À un certain moment, je n'en peux plus. Je suis tanné d'en entendre parler.

— OK, j'vais l'essayer aujourd'hui, ton hostie de coup de poing!

Pendant plusieurs jours, je commence donc à expérimenter ce crochet de droite quand je boxe avec mon partenaire d'entraînement, Kevin Pompey. Ce dernier est un boxeur professionnel qui a remporté 32 victoires au cours de sa carrière. À cette époque, Pompey est toutefois sur la pente descendante, mais il demeure un partenaire d'entraînement de qualité. Il a du métier et il sait ce qu'il fait sur le ring.

À un certain moment pendant le camp, je commence à trouver que Pompey fait pitié. Je le frappe tellement et il reçoit une telle quantité de crochets de droite à la tête qu'il en tremble. Au point où ça devient de plus en plus difficile pour lui de se servir un verre de lait normalement. Il est pour ainsi dire démoli.

Mon partenaire d'entraînement finit par nous faire une confidence:

— Ce coup de poing-là me fait vraiment mal, dit-il.

C'est à cet instant que je comprends que Stéphane a véritablement découvert un filon intéressant. C'est dommage pour Pompey, mais nous avons un travail à faire. Nous voulons remporter le championnat du monde et, à partir de là, le long crochet de droite devient une priorité à l'entraînement.

Pendant deux mois, Stéphane me fait répéter ce mouvement des milliers de fois : quand je frappe dans les mitaines, quand je frappe sur le sac et quand je mets les gants avec Pompey. C'en est presque une obsession. Inlassablement, tous les jours, nous tentons de peaufiner ce crochet.

Plus je progresse et plus Stéphane s'enthousiasme :

— Si tu pinces Catley avec ce crochet, il va tomber au sol tellement rapidement que tu vas devoir te tasser et sauter par-dessus lui pour l'éviter ! prédit-il.

Une semaine avant le grand rendez-vous, tous les membres de l'équipe sont réunis dans la cuisine du domaine de Bob Miller. Stéphane Larouche se lève et, à la blague, il commence à faire la narration de mon affrontement contre Catley. Dans son scénario, qui est extrêmement enlevant, je deviens champion du monde après avoir envoyé mon adversaire au tapis à l'aide de notre fameux crochet de droite.

Je vois la même chose que lui ! De toute ma vie, jamais je n'ai autant visualisé une séquence que celle-là !

Le soir du 10 juillet, Catley et moi nous retrouvons enfin sur le ring. C'est ma chance. Si je le bats, je serai enfin champion du monde. Et si je perds, une telle occasion ne se représentera peut-être jamais.

Le combat est extrêmement difficile. Après cinq rounds, les trois juges nous ont presque à égalité. Toutefois, j'attaque constamment Catley de manière à le faire tourner sur sa gauche, ce qui me permet de l'atteindre régulièrement, et solidement, avec ma main droite.

Au sixième round, il flanche. Je l'expédie deux fois au tapis, dont une fois à l'aide du fameux crochet que Stéphane et moi avons tellement travaillé à l'entraînement.

Quand le septième round débute, Catley est encore ébranlé par ses deux chutes. Dans mon coin, Stéphane m'a bien souligné que notre client est sur le point de tomber et que le temps est venu d'en finir. Il ne faut surtout pas lui permettre de retrouver son aplomb.

Je suis fébrile. Je veux l'achever et soulever ma ceinture! Tout ce que j'ai en tête, c'est ce crochet de droite que je dois passer par-dessus sa main gauche pour mettre fin aux hostilités. Mais j'essaie trop… Je le pourchasse et je ne suis pas assez patient. Je lance ma droite alors que l'ouverture n'est pas vraiment là. Pas encore…

Vers le milieu du round, je finis par me calmer. Visiblement, Catley essaie d'écouler le temps pour se donner une chance de retrouver un peu d'énergie. Puis, avec une minute à écouler, il baisse sa garde.

Dès que l'ouverture se fait, mon réflexe est instantané. Avant même que je songe à utiliser mon crochet de droite, le coup explose instinctivement et mon gant s'écrase sur la mâchoire de Catley, qui s'effondre au tapis en une fraction de seconde, inconscient. Juste comme il s'étend au sol, je saute au-dessus de lui pour l'éviter.

Cette fois, c'est fini! L'Anglais ne se relèvera pas. Après le compte de dix, il reste étendu au sol pendant une bonne minute avant d'être ramené dans son coin par le médecin et ses entraîneurs.

Je suis enfin champion du monde! Un poing en l'air, je cours autour du ring en criant victoire! L'instant est d'autant plus magique qu'il s'est produit exactement, dans les moindres détails, de la façon dont Stéphane l'avait planifié. C'est toute une sensation de terminer un combat de cette manière!

J'ai disputé plusieurs autres combats enlevants au cours de ma carrière. Et chaque fois, mon entraîneur me préparait en fonction de certaines situations susceptibles de survenir sur le ring. Mais cet affrontement contre Catley fut la seule occasion où nous avons pu travailler sur LE coup de poing qui allait faire la différence.

J'ai vécu tout un trip en raflant le titre de cette façon et je n'oublierai jamais ce moment-là.

Michel Therrien

À la fin des années 1980 et au début des années 1990, Michel Therrien était technicien chez Bell Canada. Son travail consistait à grimper dans des poteaux, de 7 h à 16 h, pour brancher ou réparer des lignes téléphoniques.

« Je souffrais du vertige, se souvient-il. Ce n'est pas compliqué d'imaginer à quel point j'aimais mon travail ! »

Après quatre saisons passées à titre de défenseur dans les rangs professionnels mineurs (dont une saison en Europe), Therrien avait de plus en plus de difficulté à envisager l'avenir avec les salaires que touchaient les hockeyeurs de son rang. Comme il était en train de fonder une famille, il se dit que le temps était venu de trouver un emploi plus stable. C'est ainsi qu'il s'était retrouvé chez Bell.

Toutefois, la passion du hockey coulait toujours dans ses veines.

« Quand j'étais joueur, je me rappelle que j'analysais constamment ce qui se déroulait sur la patinoire. Chez les Chevaliers de Longueuil, dans les rangs juniors, Jacques Lemaire était mon entraîneur et je discutais souvent de stratégie avec lui. D'ailleurs, je lui parle encore régulièrement », dit-il.

En 1990-1991, une première expérience dans l'univers du coaching s'est présentée à Therrien lorsqu'on lui a confié le poste d'adjoint au nouvel entraîneur en chef du Titan de Laval (de la LHJMQ), Jean-Maurice Cool. Au départ, il considérait son poste d'assistant comme un loisir qui avait en plus l'avantage de lui procurer un revenu d'appoint.

« Ça me donnait la chance de rester associé au monde du hockey et d'enseigner à des jeunes. Ça me passionnait vraiment », confie-t-il.

◉

Surnommés les « Dalton des temps modernes », les frères Morissette (Jean-Claude, Jocelyn, Léo-Guy, Régis, Georges, Carol et Pierre) en étaient alors à leurs premières années comme propriétaires du Titan. Et ils n'étaient pas très patients.

« Jean-Maurice Cool a été congédié après seulement 10 rencontres. Par la suite, François Lacombe a remplacé Cool jusqu'aux fêtes. Et il s'est aussi fait congédier », raconte Therrien.

Un troisième entraîneur, Claude Therrien, est venu compléter la saison 1990-1991. Puis, au début de la campagne suivante, le jeu de la chaise musicale s'est arrêté sur Bob Hartley, que Michel Therrien a secondé pendant deux ans.

En 1993, quand Hartley a quitté le Titan pour faire le saut chez les professionnels, les frères Morissette n'étaient toujours pas convaincus que Therrien – qui n'avait pas encore 30 ans – avait le bagage nécessaire pour prendre les commandes. Ils ont donc confié leur équipe à Jacques Laporte. Ce dernier venait de connaître beaucoup de succès à la barre de l'équipe junior A de Joliette.

« Les Morissette hésitaient à me nommer entraîneur en chef parce que je n'avais jamais occupé un tel poste auparavant. Pour faire mes classes, j'ai donc quitté le Titan pour accepter le poste que Jacques Laporte avait laissé vacant à Joliette. »

Les Dalton des temps modernes étant toujours aussi rapides sur la gâchette, Laporte a été remercié après seulement 11 rencontres au début de la saison 1993-1994, et cela même si son équipe présentait une fiche gagnante.

« Laporte est donc retourné à Joliette et je suis revenu à Laval en tant qu'entraîneur en chef. C'est là que tout a commencé pour moi. Nous avons atteint la finale de la Coupe Memorial dès ma première année, et c'est à compter de là que j'ai véritablement commencé à songer à faire une carrière d'entraîneur », raconte Michel Therrien.

En tout, ce dernier a passé quatre ans à titre d'entraîneur en chef dans la LHJMQ, et ses équipes ont atteint la ronde finale à ses trois premières années. En 1995-1996, à la barre des Prédateurs de Granby, il a d'ailleurs fini par remporter la fameuse coupe Memorial qui lui avait filé entre les doigts à ses débuts. Cet événement a marqué l'histoire du hockey québécois. Cela faisait alors 26 ans qu'une équipe de la LHJMQ n'avait pas soulevé le trophée emblématique du hockey junior majeur canadien.

En 2000-2001, après quelques saisons passées dans la Ligue américaine (et seulement sept ans après avoir mérité la confiance des Morissette), Michel Therrien est devenu l'entraîneur en chef du Canadien de Montréal. Il n'avait alors que 37 ans.

« Ce que je retiens de mon parcours, ce sont les sacrifices qu'il faut faire lorsqu'on est jeune et qu'on choisit de tenter sa chance dans le monde du hockey. Par exemple, pendant mes années dans la LHJMQ, j'échangeais systématiquement mes vacances chez Bell contre des journées de congé afin de pouvoir accompagner mon équipe dans les villes les plus éloignées. Ça signifiait que pendant toutes ces années, j'occupais simultanément deux emplois et je n'avais pratiquement jamais de vacances. Souvent, les gens ne réalisent pas tout ce qu'il faut sacrifier pour atteindre un niveau plus élevé », souligne-t-il.

Michel Therrien est parvenu à atteindre la LNH parce qu'il était passionné. Il se dit aussi extrêmement reconnaissant envers les mentors qui ont cru en lui et qui l'ont bien entouré. Outre la famille Morissette, il y a eu Réjean Houle qui lui a donné l'occasion de faire le saut dans les rangs professionnels et de se faire valoir dans l'organisation du Canadien. Craig Patrick a fait la même chose chez les Penguins de Pittsburgh, sans oublier Marc Bergevin, qui l'a ramené chez le Canadien en 2012.

« Ce sont des personnes importantes pour moi parce qu'elles m'ont donné une chance. Tout au long de mon parcours, je me suis toujours efforcé de ne pas laisser tomber ceux qui avaient cru en moi », insiste Therrien.

Doté d'un tempérament bouillant, l'entraîneur du Canadien a choisi de raconter quelques anecdotes illustrant que les colères d'après-match peuvent quelquefois prendre une tournure inattendue. Il nous replonge aussi au cœur de la saison historique des Prédateurs de

Granby, au printemps 1996. À cette époque, les bagarres sont toujours considérées comme étant essentielles dans le monde du hockey, et les frères Morissette viennent justement d'acquérir un nouveau protecteur pour leur équipe : un certain Georges Laraque.

Prisonniers à Bridgeport

Nous sommes le dimanche 16 novembre 2003. Je viens à peine d'entreprendre ma première saison à la barre du club-école des Penguins de Pittsburgh, les Penguins de Wilkes-Barre/Scranton (Pennsylvanie).

Nous connaissons un début de saison en dents de scie. Notre fiche se situe à peine au-dessus de la barre de ,500 et, pour la première fois, nous venons d'encaisser deux défaites consécutives. En plus, lors de ces deux revers, notre attaque a été totalement blanchie.

Notre équipe est en route pour Bridgeport où nous devons affronter la filiale des Islanders de New York en fin d'après-midi. Je m'attends à une solide performance de la part de nos joueurs. Il nous faut recommencer à remporter des matchs et je ne veux surtout pas voir mon équipe sombrer dans une série de défaites.

Or, c'est tout le contraire qui se produit. Nous jouons affreusement et les Islanders finissent par nous battre au compte de 3 à 2 en prolongation. Ça nous fait trois revers de suite et rien n'indique que nous sommes sur le point de nous en sortir.

Après la rencontre, je ne fais pas de scène dans le vestiaire. C'est inutile. Les joueurs savent qu'ils n'ont pas bien joué et ils voient clairement à quel point je suis furieux. Je m'adresse donc à eux très brièvement et je retraite avec mon adjoint, Mike Yeo, vers un petit bureau réservé aux entraîneurs. Cette pièce est adjacente au vestiaire.

Le résultat me déçoit, certes. Mais c'est surtout la manière dont nous avons disputé cette rencontre qui me fâche.

Mike Yeo me précède dans le bureau des entraîneurs. Et après y être entré à mon tour, je claque la porte de toutes mes forces. « BANG ! »

Mike et moi passons ensuite le match en revue, et nous nous défoulons joyeusement.

— Cr…! As-tu vu comment Untel a joué?

— Puis celui-là? As-tu vu comment il a réagi sur tel jeu? Ça n'a pas de bon sens!

Nous parlons fort. Nous sommes déçus, et à peu près aucun de nos joueurs ne trouve grâce à nos yeux. Dans le vestiaire, nos joueurs nous entendent tempêter, et plusieurs sont inquiets.

Après avoir ventilé un peu et identifié tout ce qui nous a déplu dans cette rencontre, Mike et moi explorons quelques pistes de solution. Nous décidons ensuite de vider les lieux. Les joueurs vont bientôt commencer à quitter le vestiaire, les préposés sont en train de charger l'équipement à bord de l'autobus, et nous avons à faire un trajet d'environ trois heures et demie pour rentrer à la maison.

Je m'empare alors de la poignée de porte pour quitter la pièce, mais je suis incapable de l'ouvrir. Surpris, je tire un peu plus fort mais rien n'y fait. J'y vais alors de toutes mes forces mais la porte, vraiment massive, refuse toujours de bouger.

Mike et moi essayons alors de comprendre ce qui se passe. Puis un court examen de la situation nous fait réaliser que le mécanisme de la serrure s'est brisé sous la force de l'impact quand j'ai claqué la porte.

Nous sommes prisonniers de notre bureau, qui a presque la taille d'un placard.

— Voyons, cr…!

Après avoir vainement poussé et frappé dans la porte de toutes nos forces, nous sommes pris d'un interminable fou rire. La situation est totalement ridicule et nous ne pouvons rien y faire. Nous nous résignons ensuite à appeler de l'aide. Mais les préposés de l'aréna ne peuvent rien faire pour nous. Il n'y a aucune solution pour l'instant. Il faudra faire venir un serrurier pour pouvoir rentrer à Wilkes-Barre.

Mais voilà, c'est dimanche et nous sommes en pleine heure du souper! Comme tout le monde, les serruriers profitent aussi d'une agréable soirée en famille. Les préposés de l'aréna ont beau chercher, ils sont incapables de dénicher un spécialiste pour nous tirer d'impasse.

Après un bon moment, la moitié des joueurs patientent à bord de l'autobus. L'autre moitié est agglutinée devant la porte de notre bureau. Les joueurs sont curieux de voir comment nous parviendrons à sortir de là.

Mike Yeo et moi ne rions plus. Nous nous demandons ce que les joueurs vont penser de nous quand cette foutue porte finira par s'ouvrir. Et nous savons pertinemment qu'ils sont en train de se payer une pinte de bon sang à nos dépens.

Les préposés de l'aréna parviennent finalement à joindre un serrurier, et après environ une heure et demie d'attente, ce dernier réussit enfin à nous rendre notre liberté. Nous avons l'air de deux innocents en quittant la pièce. Et nous sommes dans nos petits souliers quand nous rejoignons nos joueurs à bord du bus.

Ce qui s'est produit à Bridgeport le 16 novembre 2003 s'est avéré une sorte de métaphore de ce qui nous attendait contre cette équipe au cours des mois suivants. Les Sound Tigers nous ont «peinturés dans un coin» et ils ont aiguisé notre patience jusqu'à la fin.

En saison régulière, même si tous nos matchs se soldaient par des pointages de 2 à 1 ou 3 à 2, Bridgeport semblait toujours trouver une nouvelle façon de nous battre. En huit affrontements, nous ne les avons vaincus que deux fois.

Et le hasard a voulu que nous les retrouvions sur notre route au premier tour éliminatoire. Cette guerre de tranchées a nécessité sept matchs, dont cinq se sont réglés en prolongation.

Après quatre rencontres, nous accusions un recul de 1-3 et nous faisions face à l'élimination. Personne ne nous accordait de chance de nous en sortir. En sept décennies, seulement dix équipes de la Ligue américaine étaient parvenues à combler un tel recul en séries éliminatoires.

Mais nous avons réussi à nous tirer de cette impasse et à remporter les trois matchs suivants. Le septième duel s'est soldé par un pointage de 2 à 1... en prolongation.

◉

Le hockey est un sport hautement émotif. Et après certains matchs, la colère m'a parfois fait commettre des gestes que j'ai regrettés et que je me suis juré de ne jamais répéter. Claquer cette grosse porte à Bridgeport était l'un de ceux-là.

Un autre épisode semblable m'était arrivé durant la saison 1997-1998, à mes débuts dans la Ligue américaine. Je dirigeais alors le club-école du Canadien, qui était basé à Fredericton.

Après une rencontre au cours de laquelle nous avions réellement mal joué, je m'étais emparé de l'énorme cruche de Gatorade qui traînait au milieu du vestiaire. Et par dépit, je l'avais renversée sur le plancher avant de sortir.

Un peu plus tard, en quittant l'amphithéâtre, j'avais aperçu notre valeureux gérant de l'équipement, Patrick Langlois, qui tentait tant bien que mal de nettoyer mon dégât et de remettre le tapis en état.

Plein de remords, j'étais rentré chez moi en me disant que ça ne se reproduirait plus jamais.

◉

Au fil des ans, j'ai donc développé une certaine aversion pour les sautes d'humeur qui ont pour effet d'endommager le mobilier ou de défigurer les lieux où les membres de l'équipe vivent ensemble.

À l'époque où je dirigeais les Penguins de Pittsburgh (de 2006 à 2009), le gardien Marc-André Fleury était parfois assez colérique. Par dépit, après un résultat décevant, il lui arrivait d'atteindre le point d'ébullition et de lancer diverses pièces d'équipement.

Un soir, nous avions dû le retirer du filet parce qu'il connaissait une partie difficile. Et en faisant son entrée dans notre vestiaire du Mellon Arena, Fleury avait lancé son bâton dans un mur, tel un javelot. Il en avait résulté un gros trou.

Nous avions plusieurs jeunes joueurs au sein de l'équipe à cette époque. Et ça faisait quelques fois que je constatais des dégâts de ce genre dans notre *clubhouse*. Et je me demandais toujours : « Voyons, qu'est-ce qui est arrivé là ? » La crise de colère de Fleury et les dégâts qui en avaient résulté étaient en quelque sorte la goutte qui faisait déborder le vase.

Le lendemain, je croise notre gérant de l'équipement, Dana Heinze.

— Coudon, qu'est-ce qui s'est passé dans le vestiaire?

— C'est "Flower" qui a lancé son bâton, me répond-il.

Je convoque immédiatement une réunion d'équipe et je demande à Dana d'y assister.

Dana était un excellent gérant de l'équipement. Le vestiaire des Penguins était toujours impeccable et le moindre objet y était rangé avec soin. C'était sa plus grande fierté.

Une fois tous les joueurs installés pour la réunion, je m'empare d'un bottin téléphonique et, devant tout le monde, je le remets à Marc-André Fleury.

— Tu as 48 heures pour faire réparer ce trou. Trouve quelqu'un pour faire ces réparations. Ce n'est pas à Dana de faire ça. Son vestiaire, c'est sa fierté. Respecte-le, lui ai-je calmement demandé.

Marc-André a fait amende honorable. Il a déniché un spécialiste de la rénovation et, 48 heures plus tard, la réparation était faite.

Je n'avais pas crié. Je voulais simplement faire comprendre à nos jeunes joueurs qu'il était important de respecter ceux qui travaillaient dur pour que l'environnement de l'équipe leur soit agréable.

Il n'y a plus jamais eu de dégâts dans le vestiaire par la suite.

La dernière pièce du puzzle

Lorsqu'il a été admis au panthéon de la LHJMQ au printemps 2013, Jean-Claude Morissette a fièrement déclaré que, lorsqu'il était directeur général, ses équipes étaient toujours prêtes à aller au combat et qu'elles n'étaient jamais intimidées.

Cette déclaration trouve tout son sens lorsqu'on se replonge dans le dernier droit de la saison 1995-1996.

Cette saison-là, le clan Morissette (qui possédait le Titan du Collège Français de Laval) s'était scindé. L'un des frères de la famille, Léo-Guy, était devenu l'unique propriétaire du Titan tandis que les autres avaient pris possession de la concession des Bisons de Granby, qu'ils avaient cependant rebaptisée les Prédateurs.

Les frères Morissette étaient arrivés à Granby avec un noyau de joueurs talentueux qui provenait du Titan. À titre d'entraîneur en chef, ils s'étaient aussi assurés de m'inclure dans ce déménagement.

Le fait d'additionner le noyau du Titan à celui qui était déjà en place à Granby avait tout de suite transformé les Prédateurs en équipe de premier plan. Et cette intuition s'est rapidement vérifiée puisque nous avons occupé le premier rang du classement général du premier jusqu'au dernier jour de la saison.

En janvier, Jean-Claude Morissette et ses frères sont sur le pied de guerre. Il est clair que nous avons une chance de remporter la coupe du Président et de nous qualifier pour le tournoi à la ronde de la Coupe Memorial.

Depuis 26 ans, aucune équipe québécoise n'a remporté la coupe Memorial. Les derniers à l'avoir fait sont les Remparts de Québec, qui alignaient alors Guy Lafleur. Rapatrier ce trophée au Québec est une obsession pour toute l'organisation. Nous étions passés très près de réussir l'exploit deux ans plus tôt et nous sommes prêts à tout pour mettre fin à cette gênante séquence infructueuse.

Mais pour participer au tournoi de la Coupe Memorial, il nous faut d'abord remporter la coupe du Président. Et pour remporter la coupe du Président, il faut nous assurer de pouvoir vaincre les Olympiques de Hull, qui connaissent eux aussi une saison hors du commun.

Les Olympiques sont aussi talentueux que nous. Mais en ce qui a trait à la robustesse, ils jouissent d'un net avantage : ils misent sur Peter Worrell, un géant de 6 pieds 7 pouces qui pèse 230 livres et qui intimide à peu près tout le monde sur les patinoires de la LHJMQ. Quand nous affrontons les Olympiques, Worrell ne se gêne pas pour rudoyer nos joueurs et nous ne sommes pas en mesure de le remettre à sa place.

Le 19 janvier 1996, Jean-Claude Morissette et son frère Georges règlent donc cet irritant en concluant une transaction avec le Laser de Saint-

Hyacinthe. Ils font l'acquisition de Georges Laraque, qui est l'un des rares poids lourds capables de s'occuper de Worrell. Nous sommes certains que Laraque est la pièce qui manque à notre casse-tête.

À l'époque, Laraque fait 6 pieds 4 pouces et pèse environ 230 livres. Jean-Claude Morissette répète souvent que pour battre l'ennemi, il faut se lever une heure plus tôt que lui et se coucher une heure plus tard. Et c'est exactement ce qu'il vient de faire en cédant deux joueurs ainsi qu'une importante somme d'argent pour sortir Laraque de Saint-Hyacinthe !

Le jour de la transaction, l'autobus du Laser de Saint-Hyacinthe est en route pour Val-d'Or, où cette formation doit affronter les Foreurs durant la soirée. Les frères Morissette dépêchent donc un émissaire pour intercepter le bus du Laser à Mont-Laurier, ce qui permet à Laraque de rejoindre notre équipe à Drummondville, au beau milieu d'un match que nous sommes en train de livrer aux Voltigeurs.

Laraque arrive au centre Marcel-Dionne entre la première et la deuxième période. Il se change en vitesse et, sans avoir droit à une période d'échauffement, il se joint au match. Dès qu'il pose les patins sur la patinoire, il jette les gants et livre un furieux combat à Joël Thériault. Encore plus gros que Laraque, Thériault est le joueur le plus puni de la LHJMQ. En 1995-1996, il ne passera pas moins de 573 minutes au cachot !

Notre nouvelle acquisition réussit une entrée fracassante.

Les semaines passent et nous nous engageons dans le dernier mois de la saison.

Sur notre calendrier, le dimanche 11 février est encerclé au crayon rouge. Les Olympiques de Hull, qui nous talonnent au sommet de la division Lebel, seront alors nos visiteurs au centre Léonard-Grondin. À travers la LHJMQ, tout le monde parle de cet affrontement à venir entre les deux superpuissances de la ligue. Aussi, les observateurs savent que nous avons acquis Laraque pour contrer Peter Worrell. Et tous s'attendent à les voir jeter les gants durant ce match.

Pour notre équipe, ce duel est une occasion rêvée de « préparer » les séries éliminatoires.

Durant toute la semaine précédente, je prépare donc mon équipe avec grand soin pour cet important match. Et après chaque séance d'entraînement, je réunis les joueurs dans un coin de la patinoire. Pour les motiver, je leur parle des confrontations individuelles qu'ils devront remporter durant ce fameux match.

Par exemple, je rappelle à Benoît Gratton (l'un de nos centres) qu'il aura le meilleur marqueur des Olympiques (Martin Ménard) dans le visage durant toute la soirée. Je passe systématiquement en revue toutes les confrontations prévues pour ce match. Toujours dans la même veine, deux jours avant cette fameuse rencontre, devant tout le monde, je rappelle à Georges Laraque que Peter Worrell se retrouvera inévitablement sur son chemin.

— Ouais, je vais être prêt, répond-il, sur un ton très peu enthousiaste.

La réaction de Laraque me laisse perplexe. Je sais que ses coéquipiers ont besoin de se sentir en confiance pour affronter les Olympiques. Alors, avant l'exercice du lendemain, j'explique à Laraque que je ferai un discours semblable au terme de la séance. Et j'insiste :

— Le match va avoir lieu demain. C'est demain que ça va se passer ! Alors, assure-toi d'être totalement convaincant !

— OK, répond-il.

Après la séance d'entraînement, je recommence à passer les affrontements individuels en revue. Et quand arrive le tour de Georges, il en met beaucoup plus que le client en demande. On voit immédiatement qu'il n'est pas sincère. Il casse son bâton dans la baie vitrée en criant :

— J'vas lui en câl… une !

Et quand il termine son laïus, il me regarde et lance :

— C'était-tu correct, Mike ?

La mise en scène est cousue de fil blanc. L'effet est totalement raté.

Le jour du match, constatant que Laraque n'est pas très motivé pour cet événement crucial, je le convoque à mon bureau deux heures avant la mise au jeu initiale. Et je décide de changer de méthode.

Il s'assoit et je commence par lui expliquer tout ce que représente la mégatransaction que les Morissette ont conclue pour l'obtenir. Puis nous entrons dans le vif du sujet. Et la tournure de la conversation le prend un peu par surprise.

J'explique à Laraque que ses coéquipiers s'attendent à ce qu'il se batte contre Worrell. Je lui dis que je sais qu'il est fort et que je sais que ce combat contre Worrell finira par arriver. Et je souligne que c'est un combat qu'il n'a pas le droit de perdre. Je lui souligne même qu'un combat nul serait inacceptable.

Jusque-là, lui et moi sommes sur la même longueur d'ondes.

Ensuite, je lui parle des hommes forts qui l'ont précédé au sein de nos équipes. J'évoque le souvenir de Gino Odjick, de Sandy McCarthy et de Sylvain Blouin. Et je lui explique pourquoi, à mes yeux, ces joueurs étaient de véritables durs. Et j'enchaîne :

— Entre toi et moi, Georges, je sais que tu es très fort. Mais je sais aussi tu n'es pas un vrai *tough*. Je pense que Worrell est plus *tough* que toi. Je regarde d'où vient Worrell (il était aussi originaire de Montréal) et le passé qu'il a connu. Et pour moi, ce gars-là est un vrai dur.

Laraque sourcille. Il n'est visiblement pas d'accord avec ce qu'il entend. Et je renchéris :

— Mon rôle d'entraîneur, c'est de te protéger et de protéger l'équipe. Nous sommes à Granby ce soir et c'est moi qui bénéficierai du dernier changement. Je suis capable de gérer mes affaires, alors je ne te ferai pas jouer en même temps que Worrell pour ne pas que tu paraisses mal.

Cette fois, Laraque est assommé par ce qu'il entend. Il ne comprend pas comment je peux lui tenir un discours pareil. Il est assis au bout de sa chaise et un coulis de bave commence à s'échapper de sa lèvre inférieure tellement il est renversé.

— Tu comprends pas… commence-t-il.

Mais je l'interromps tout de suite :

— Ben oui, je comprends !

Et il m'interrompt à son tour :

— Je suis bien plus *tough* que lui !

— Ben non, t'es pas plus *tough* que lui. Tu peux dire ça à tes chums, Georges, mais pas à moi. Je les connais, les vrais *tough*. Mais toi, t'en es pas un. T'es un bon gars, un bon vivant. Mais être *tough*, c'est pas dans toi. Tes chums dans la chambre ont l'impression que t'es capable de te pogner contre Worrell. Mais toi et moi, nous savons que non. Mais c'est correct. Je vais te protéger et les gars vont être contents pareil. Et puis, j'imagine que ça ne brassera pas trop. Je pense que Worrell ne brassera pas trop nos gars même si tu n'es pas sur la patinoire en même temps que lui.

Laraque ne veut absolument pas éviter Worrell. Il conteste ma position. Il insiste pour que je le fasse jouer en même temps que lui. Il est abasourdi par mon discours et il essaie de me ramener à la raison.

Alors nous continuons à argumenter. Il veut absolument affronter Worrell. Il mord à pleines dents dans l'hameçon que je lui avais tendu !

L'air indigné, je bondis alors de ma chaise et je lance par terre tout ce qui se trouve sur mon bureau.

— Tu veux pas m'écouter ! Je vais te dire une chose : t'es mieux d'y régler son cas, à Worrell, parce que tu vas avoir affaire à moi ! Tu nous laisses tomber ! Tu m'écoutes pas ! Tu fais à ta cr… de tête, encore une fois ! Sors de mon bureau !

En temps normal, Georges Laraque était un boute-en-train dans le vestiaire. Avant les matchs, il était toujours détendu et il faisait des pitreries. Mais ce soir-là, il est assis devant son casier, sans bouger, et il semble perdu dans ses pensées.

Notre capitaine, Francis Bouillon, fait irruption dans mon bureau.

— Qu'est-ce qui se passe avec Georges ? demande-t-il.

— Inquiète-toi pas, Frank, il est prêt !

Le match que nous attendions tous commence enfin. Il y a près de 3 400 spectateurs entassés dans les gradins du centre Léonard-Grondin.

Worrell ne fait pas partie de l'alignement de départ des Olympiques. J'appelle alors mon premier changement pendant que le jeu se déroule parce que je ne veux pas que Worrell saute sur la patinoire et qu'il se mette à malmener nos joueurs sans que notre Georges y soit aussi.

J'explique donc à Laraque que si jamais il se retrouve sur la patinoire et que Worrell n'y est pas, il doit rapidement revenir au banc.

— OK, répond-il.

Alors Laraque saute sur la glace mais l'entraîneur des Olympiques n'envoie toujours pas Worrell dans la mêlée. Je crie à Georges de revenir au banc mais il poursuit sa présence comme si de rien n'était. Quand il revient au banc, il est à bout de souffle. Puis, presque immédiatement, un arrêt de jeu survient. Cette fois, les Olympiques délèguent Worrell sur la patinoire pour la mise au jeu.

Je regarde Georges, qui pompe l'huile et qui cherche son air. Je ne peux pas le renvoyer dans la mêlée dans cet état. Toutefois, dès qu'il aperçoit Worrell, il enjambe la bande pour aller s'installer au cercle des mises au jeu.

— Non, Georges! que je lui crie.

Trop tard. Il poursuit tout de même son chemin.

Et ce qui devait arriver arrive.

Worrell et Laraque jettent les gants et se dirigent calmement à l'écart des autres joueurs pour s'affronter. Et ils se livrent un furieux combat, que notre nouveau joueur remporte haut la main.

Notre équipe prend alors son envol. Et nous malmenons les Olympiques, qui quittent Granby après une retentissante défaite de 7 à 2. Si leur gardien n'avait pas livré une performance extraordinaire ce soir-là, nous les aurions probablement vaincus par 10 buts.

Désormais certaine qu'elle n'a aucune faiblesse, notre équipe termine le calendrier régulier avec énormément d'aplomb. Nous remportons ensuite la coupe du Président. Et le 19 mai, nous secouons le monde du hockey en rapatriant la coupe Memorial au Québec.

Philippe Boucher

Quand on l'écoute raconter ses premières aventures dans la LNH, Philippe Boucher donne l'impression d'avoir vécu une enfance extrêmement tranquille, sans histoire même, dans son petit village de Saint-Apollinaire.

Philippe n'était âgé que de 19 ans quand il a fait le saut chez les Sabres de Buffalo en 1992. N'ayant jamais vécu à l'extérieur du cadre familial auparavant, il avait alors eu la bonne idée de louer une maison de ville en compagnie de Keith Carney, un vétéran dans la mi-vingtaine. Il comptait beaucoup sur Carney pour lui enseigner les rudiments de la vie d'un jeune athlète professionnel responsable : payer les factures, s'alimenter sainement, prévoir le lavage et le ménage, ainsi de suite.

« Au début de la saison, j'avais remarqué que Keith surveillait de près notre consommation d'électricité. Il s'assurait notamment de baisser le chauffage quand nous quittions la ville pour quelques jours », raconte-t-il.

Peu après le début de la campagne, Keith Carney a malheureusement été renvoyé dans les ligues mineures. Et Philippe s'est retrouvé fin seul dans son appartement du centre-ville de Buffalo, alors que tous ses coéquipiers habitaient la banlieue.

Au début de l'hiver, pendant que l'équipe profitait d'une pause de quatre jours, il a décidé de rentrer à Québec pendant 48 heures pour visiter sa mère. Et avant de partir, il a bien pris soin d'abaisser le chauffage au minimum comme son mentor le lui avait enseigné.

« Quand j'ai quitté Buffalo, il devait faire -5 °C. Mais quand je suis arrivé à Saint-Apollinaire, il y a eu une vague de froid tellement intense que les tuyaux de l'appartement de ma mère ont gelé. Il faisait environ 30° C sous zéro. Je regardais ça et je me disais que ce n'était sans doute pas joli à Buffalo.

« Quand je suis revenu à Buffalo deux jours plus tard, j'avais tout juste le temps de passer à la maison pour faire ma valise. Nous avions une séance d'entraînement en matinée et nous partions immédiatement en voyage pour quatre jours. Quand je suis arrivé en face de chez moi, la porte du garage était ouverte et il y avait un torrent de deux pieds de large qui s'écoulait de la maison ! Les tuyaux avaient cédé au deuxième étage et l'eau avait défoncé les deux planchers avant d'envahir le garage. Les dommages étaient considérables », se souvient-il, encore incrédule d'avoir pu autant manquer d'expérience.

Pourtant, beaucoup plus que la très grande majorité des jeunes de son âge, Philippe Boucher en avait déjà beaucoup appris sur les difficultés de la vie.

À l'âge de 13 ans, son petit univers a dramatiquement basculé quand son père, Jean-Claude, a subi un accident vasculaire cérébral qui l'a handicapé pour la vie.

« Mon père a passé deux ans complets à l'hôpital après cet AVC, en plus d'une année dans un centre de rééducation, raconte-t-il. Il n'a jamais pu retravailler et il n'a jamais pu m'accompagner à l'aréna durant cette période.

« À partir de ce moment-là, mon oncle André et ma tante Louisette sont devenus des personnes très importantes dans ma vie. Ils sont venus épauler ma mère pour m'aider à poursuivre mon chemin dans le monde du hockey. En fait, je n'aurais jamais atteint la LNH si ces trois-là ne m'avaient pas soutenu. »

Après cette période difficile, les parents de Philippe Boucher ont convenu de se séparer. Peu importe la maladie de son père, cette situation aurait fini par survenir, estime-t-il. Malgré l'aide dont bénéficiait son père (de la part de membres de la famille et du CLSC), Philippe a dû apprendre à s'occuper de lui, notamment en l'aidant à se nourrir et à se laver.

«On apprend la persévérance dans l'adversité. Et j'estime avoir appris ce qu'était la persévérance au contact de mon père, qui n'a vraiment pas eu une vie facile. Il a d'abord combattu l'alcoolisme lorsqu'il était plus jeune et il a réussi à le vaincre. Il s'est ensuite battu contre la maladie toute sa vie. Plusieurs années après l'AVC qui l'avait handicapé, il a livré une longue bataille à un cancer qui a fini par l'emporter à 68 ans. On parle ici de durs combats qui ont duré de longues années. Pourtant, il ne s'est jamais plaint et il ne s'est jamais apitoyé sur son sort. La persévérance est le plus précieux héritage que mon père m'a légué», affirme-t-il avec conviction.

Cet héritage s'est avéré extrêmement précieux. L'histoire que Philippe a choisi de partager nous plonge au cœur des rouages décisionnels de la LNH. Elle illustre à quel point la carrière d'un athlète tient à peu de chose et à quel point son destin aurait pu être différent si, envers et contre tous, il ne s'était pas férocement débattu pour sortir de l'oubli.

Le hockey est un business

Mon histoire s'étale sur une période de deux ans. Elle commence à Nashville le 2 avril 1999, le jour où j'ai vu pleurer Larry Robinson.

Je porte les couleurs des Kings de Los Angeles et Larry est notre entraîneur en chef. Il nous reste seulement huit matchs à disputer au calendrier régulier et, de toute évidence, nous ne participerons pas aux séries éliminatoires. Nous venons de perdre quatre de nos cinq dernières rencontres et nous occupons le dixième rang de la Conférence de l'Ouest. Les deux équipes qui nous devancent au classement ont des priorités de six et sept points.

Toute l'équipe traverse une sorte de torpeur et Larry cherche une manière d'alléger l'atmosphère. Il nous annonce donc qu'il n'y aura pas d'entraînement sur glace aujourd'hui. Il y a deux courts de basketball en face de notre hôtel. Alors, au lieu de nous rendre à l'aréna, il nous invite à traverser la rue et à nous délier les muscles en jouant au basket. Pour ajouter au caractère récréatif de la journée, notre entraîneur se joint à la partie.

Quelques minutes après le début du match, notre gardien d'avenir Jamie Storr tente de ravir le ballon à Larry Robinson. Toutefois, Storr trébuche sur un pied de notre entraîneur et se tord une cheville. La blessure est sérieuse. La saison de Storr est terminée.

Sur le coup, nous ne savons rien de la gravité de l'entorse que vient de subir Storr. Pendant que les soigneurs de l'équipe s'occupent de lui, notre match de basket se poursuit donc comme si de rien n'était. Et quelques minutes plus tard, il m'arrive exactement la même chose qu'à notre jeune gardien : je me tords une cheville et ça fait vraiment mal.

Deux joueurs sérieusement blessés dans un match de basketball amical… Pour une équipe qui éprouve déjà sa large part de problèmes, c'est un bilan assez embarrassant, merci.

Larry Robinson est l'une des meilleures personnes que j'ai rencontrées dans le monde du hockey. C'est un homme sincère, un homme vrai. Un peu plus tard, quand il rencontre les journalistes à notre hôtel pour son point de presse quotidien, l'ampleur des dégâts est connue. Et notre entraîneur est incapable de retenir ses larmes. Il s'en veut d'avoir accidentellement blessé son jeune gardien, et il s'en veut sans doute aussi d'avoir organisé cette partie de basket.

À compter de ce moment, ma carrière devient un enfer.

Les médecins me disent que je pourrai peut-être terminer la saison si je suis capable de faire abstraction de la douleur. Mais je devrai passer sous le bistouri à la fin du calendrier.

Aux yeux des médecins des Kings, ma blessure est extrêmement facile à soigner. Il se trouve que j'ai un « naviculaire surnuméraire » sur la face intérieure de mon pied droit. C'est un os supplémentaire qui ne devrait pas se trouver là et qui se déplace quand je fais certains mouvements brusques. C'est chaque fois extrêmement douloureux.

À la fin de la saison, je me fais donc opérer. Les chirurgiens coupent mon tendon et retirent l'os surnuméraire de mon pied. Ils rattachent ensuite mon tendon et je rentre à Québec pour poursuivre ma période de rééducation et mon entraînement en prévision de la saison 1999-2000.

Cette intervention chirurgicale de routine tourne cependant au cauchemar. Quand le camp d'entraînement de la saison suivante débute, je suis toujours incapable de chausser les patins. Dès que je tente un mouvement latéral, la douleur est insupportable.

Le spécialiste qui m'a opéré est maintenant d'avis qu'il doit me reconstruire le pied et déplacer mon talon (!) pour chasser la douleur. Il ne peut toutefois me garantir que je pourrai rejouer au hockey.

Je suis stupéfait.

Après deux diagnostics invraisemblables, mon agent Pat Brisson m'envoie chez un autre spécialiste de Los Angeles, qui constate que le chirurgien qui m'a opéré a simplement oublié un éclat d'os sous mon tendon.

— On va le retirer et ton problème sera facilement réglé, m'annonce-t-il.

Ce verdict est confirmé par le spécialiste de l'Association des joueurs.

Je retourne donc sur la table d'opération pour corriger ce «léger» oubli. Dans les faits, cela signifie que ma saison 1999-2000 est terminée. Après quelques matchs de remise en forme dans les ligues mineures, je ne dispute qu'une seule rencontre dans la LNH cette saison-là: le 7 avril 2000, plus d'un an après la partie amicale de basketball de Nashville.

Mais au moins, je suis guéri! Ce cauchemar est enfin derrière moi. Je n'ai que 27 ans et je sais qu'il me reste encore de nombreuses saisons à disputer.

Je passe donc l'été à m'entraîner comme un forcené afin d'être prêt à reprendre le collier en 2000-2001. Je prends même l'initiative de passer un mois à Los Angeles durant la saison estivale afin de m'entraîner sous la supervision d'Andy O'Brien, un préparateur physique renommé qui travaille en compagnie de plusieurs grandes vedettes du monde du hockey.

Mon oncle, André Paquette, et l'un de mes bons amis, Sylvain Marion, acceptent de venir passer quelques jours à Los Angeles et de m'accompagner pour ce périple. Nous décidons de faire le trajet Québec-Los Angeles en voiture, ce qui nous permet de découvrir le paysage en même temps.

262 • CONFESSIONS SPORTIVES

Pendant ce long trajet, Pat Brisson me contacte pour m'annoncer que les Kings viennent de me soumettre deux offres de contrat. La première offre comporte un salaire garanti d'environ 500 000 $ dans la LNH. La seconde offre prévoit un salaire de 850 000 $ dans la LNH. Par contre, un second volet prévoit que je ne toucherai que 75 000 $ si on me renvoie dans les ligues mineures.

— Je te conseille de choisir la première offre, insiste Pat Brisson. Le salaire prévu dans le premier scénario est moindre, mais ce contrat forcera les Kings à te faire jouer dans la LNH. Le hockey est un business. Si tu acceptes la deuxième offre, l'équipe pourrait te renvoyer dans les mineures pour faire des économies. Réfléchis à ça et je rappellerai les Kings quand j'aurai ta réponse.

À notre hôtel, je reçois par fax une copie des deux offres de contrat. Ensuite, mon oncle André, Sylvain Marion et moi reprenons la route en discutant des options qui sont sur la table.

Objectivement, ma situation dans la LNH est la suivante : je suis un défenseur offensif qui compte sept saisons d'expérience. Mais paradoxalement, notamment en raison de mes blessures, je n'ai jamais disputé une saison de 82 matchs dans cette ligue.

Il est extrêmement difficile pour un défenseur de faire carrière dans la LNH en misant uniquement sur son talent offensif. Il faut exceller dans tous les aspects du jeu. Sinon, à moins de soutenir l'attaque de manière phénoménale, le défenseur offensif est condamné à se battre continuellement pour garder sa place dans l'alignement.

Cependant, quand je reçois ces offres contractuelles de la part des Kings, je suis extrêmement confiant. Mon entraînement va à merveille et je vois le verre à moitié plein. «J'ai de l'expérience! Je suis capable de jouer dans cette ligue! Je vais choisir le contrat à deux volets et je vais leur prouver que je peux me tailler un poste régulier», me dis-je.

Tout le monde a déjà pris une décision semblable au cours de sa vie. Le genre de geste que l'on fait de plein gré pendant qu'une petite voix nous murmure à l'oreille : «Il me semble que quelque chose cloche…»

◉

Au mois de septembre, je me présente au camp d'entraînement. Je dispute un match préparatoire – qui se déroule bien – et tout de suite après, les Kings me renvoient dans les ligues mineures.

Après un match !

Je m'en mords les doigts. Cet automne-là, deux recrues talentueuses (le Suédois Andreas Lilja et le Slovaque Lubomir Visnovsky) convoitent des postes à la ligne bleue des Kings. Les deux sont excellents et les deux coûtent moins cher que moi. Pat Brisson m'avait pourtant prévenu : le hockey est un business.

Les Kings me demandent de me rapporter à leur club-école de la Ligue américaine, mais je refuse d'y aller. À cette époque, la Ligue internationale existe toujours et les équipes de ce circuit alignent généralement des joueurs un peu plus âgés et un peu plus aguerris. Plusieurs équipes de la LIH sont intéressées par mes services. Mais au lieu d'aller jouer à Houston ou Chicago, j'opte pour Winnipeg. J'estime que le fait de jouer dans un véritable marché de hockey améliorera mes chances de relancer ma carrière.

Alors que je m'attendais à toucher un très bon salaire chez les Kings, je me retrouve dans l'uniforme du Moose du Manitoba. Je sais parfaitement que je suis dans ce merdier parce que j'ai choisi la mauvaise option contractuelle. Mon année d'inactivité a aussi permis à d'autres défenseurs de se faire valoir.

Néanmoins, je choisis de me retrousser les manches et de forcer les Kings à me rappeler. Le Moose est alors dirigé par Randy Carlyle (qui a plus tard été l'entraîneur des Ducks d'Anaheim et des Maple Leafs de Toronto). Carlyle est un ancien défenseur étoile et il a déjà remporté le trophée Norris. C'est une bonne occasion d'approfondir mes connaissances et d'améliorer l'aspect défensif de mon jeu.

Les semaines et les mois passent. Je m'investis à fond. Je travaille avec ardeur à chaque séance d'entraînement et je compile des statistiques intéressantes. Je suis le premier marqueur de la Ligue internationale chez les défenseurs, et je suis le premier ou le second marqueur de mon équipe.

Malgré cela, les Kings m'ignorent systématiquement quand ils ont besoin de renfort. Ils rappellent des défenseurs qui traversent une mauvaise passe ou des défenseurs qui ne contribuent à peu près jamais à l'attaque.

J'encaisse le coup chaque fois. Et en même temps, mon niveau de frustration s'accentue. La situation m'apparaît terriblement injuste.

Je commence à recevoir des offres de la part d'équipes européennes. Et j'envisage sérieusement la possibilité de faire le saut là-bas. À plusieurs reprises, toutefois, ma femme et mon agent me rappellent à l'ordre.

— Tu n'as jamais rêvé d'aller jouer en Europe ! Ton rêve, c'est la LNH ! Alors n'abandonne pas, plaide ma femme.

À l'époque, il est extrêmement rare qu'un joueur ayant décidé de s'expatrier en Europe parvienne à retrouver un poste dans la LNH. Pat Brisson me conseille de réfléchir très sérieusement aux conséquences d'un tel geste.

Je décide donc de persévérer et d'attendre que les Kings finissent par me faire signe. Mais après quelques semaines, un autre défenseur se blesse. Et encore une fois, la direction de l'équipe décide d'en rappeler un autre.

J'en ai plein mon casque ! Je m'empare du téléphone et j'appelle mon agent.

— Les Kings eux-mêmes me disent qu'ils ne te rappellent pas à cause de ton salaire ! L'argent est la seule raison pour laquelle tu ne joues pas dans la LNH, me répète Pat Brisson.

— Alors appelle-les ! Dis-leur que je réalise que j'ai commis une erreur. Dis-leur que je vais jouer gratuitement s'il le faut ! Je vais même payer mon transport pour aller rejoindre l'équipe s'ils me rappellent ! Je vais y aller à pied ou en autobus, peu importe !

Pendant que Pat communique avec les Kings pour leur annoncer que je suis prêt à renégocier mon contrat à la baisse, le Moose du Manitoba s'envole à destination de Salt Lake City pour y jouer deux matchs. Nous disputons toujours des programmes doubles dans cette ville.

Quand j'arrive à ma chambre d'hôtel à Salt Lake, une enveloppe m'attend sur le bureau. Elle contient un nouveau contrat assorti d'une baisse salariale de 50 %. Les Kings me proposent le salaire minimum de la LNH. Je le signe tout de suite et je le renvoie par fax.

Et quand nous revenons à Winnipeg après notre périple, comme par magie, les Kings me rappellent !

◉

Nous sommes rendus à la fin de janvier. Je rejoins les Kings à Los Angeles et je passe deux semaines avec l'équipe. Mais durant cette période, l'entraîneur Andy Murray ne m'utilise pas une seule fois.

Je ne peux rien dire. Je donne tout ce que j'ai lors des entraînements et j'essaie de faire ma place, mais Murray ne me fait pas jouer.

Et le 16 février, alors que l'équipe dispute un match au Minnesota, les Kings m'annoncent que je suis renvoyé dans les mineures.

Sylvain Blouin, un de mes anciens coéquipiers dans les rangs juniors, porte les couleurs du Wild du Minnesota. Nous allons finir la soirée ensemble dans un restaurant et nous buvons quelques bières. Mon cochambreur, le gardien Steve Passmore, vient aussi de se faire renvoyer dans les ligues mineures. Il nous accompagne au restaurant.

Il est 2 h quand Steve Passmore et moi rentrons à notre chambre d'hôtel. Je dois me rendre à l'aéroport à 5 h pour rentrer à Winnipeg. De son côté, Passmore doit aussi partir très tôt pour rejoindre son équipe à Chicago. Ça ne vaut donc pas la peine de dormir. Nous regardons un peu les nouvelles à la télé, puis nous jasons de tout et de rien. À 5 h, je quitte Passmore et je rentre à Winnipeg.

Je retrouve ma femme et mon fils le samedi 17 février au cours de la matinée. Ça fait presque trois semaines que je ne les ai pas vus. Je passe quelques heures avec eux et je joue avec mon fils. Puis je les quitte de nouveau pour me rendre à l'aréna, puisque le Moose du Manitoba dispute un match contre les Vipers de Detroit en fin d'après-midi.

Quand j'arrive à l'aréna, je suis cerné jusqu'aux joues. Je n'ai pas dormi de la nuit.

— Es-tu capable de jouer ? me demande Randy Carlyle.

— Bien sûr que je peux jouer. Je suis ici pour jouer au hockey.

Le match commence, et j'en arrache un peu. Parce que je suis fatigué, je prends quelques mauvaises décisions en première période. Je rate aussi quelques tirs sur réception.

Depuis le début de ma carrière, je suis reconnu pour la qualité de mon tir sur réception. C'est mon arme offensive favorite. Quand j'étais enfant, je pouvais passer cinq heures à la patinoire extérieure, tout seul, à me faire des passes à l'aide de la bande et à décocher des tirs sur réception. J'ai tellement répété ce geste au cours de ma vie que j'ai la conviction qu'il est ancré quelque part dans mon code génétique.

Mais durant ce match, ça ne fonctionne pas.

Quand je rentre au banc, Randy Carlyle me tombe dans la face.

— *You and your f... one timer!* me lance-t-il. (Toi et ton crisse de tir sur réception!)

Il m'engueule à qui mieux mieux. Et à compter de cet instant précis, c'en est trop. Malgré tous mes efforts, j'encaisse déception sur déception depuis des mois. J'ai accepté une baisse de salaire substantielle et les Kings ne m'ont pas fait jouer. Je suis mort de fatigue et mon coach des ligues mineures me crie par la tête. La marmite explose.

— *F... you, Randy!*

L'entraîneur et moi commençons à nous invectiver à pleins poumons devant tout le monde. Tous les spectateurs voient ce qui est en train de se passer au banc de notre équipe.

La première période se termine quelques minutes plus tard. Un entraîneur adjoint vient me parler pour tenter de me calmer mais je ne veux rien entendre. Je suis furieux! En marchant en direction du vestiaire, je fracasse mon bâton, je lance mon casque et mes gants par terre, et je me précipite vers le bureau de Randy Carlyle. J'ai des larmes de rage dans les yeux. Je ne vois plus clair.

Quand je claque la porte en entrant dans la pièce, Carlyle est debout derrière son bureau. Pendant un très court instant, il semble surpris. Il voit clairement que je n'entends pas à rire. Puis il passe rapidement en mode autodéfense. Fort comme un cheval, il me saisit par les épaules, me soulève et m'assoit fermement sur une chaise.

— Attends une minute! ordonne-t-il.

Là, mon entraîneur semble vraiment de mauvaise humeur. Il tourne la tête vers sa gauche pour s'adresser à quelqu'un. Je n'avais pas réalisé qu'il n'était pas seul dans son bureau. Je me retourne à mon tour et je vois Mark Chipman, le propriétaire du Moose, qui est là en compagnie de sa femme et de ses enfants.

La famille Chipman (qui possède maintenant les Jets de Winnipeg) quitte rapidement la pièce. Et là, je me sens vraiment mal. Et je pleure encore de rage.

◉

— Qu'est-ce que tu viens de faire là ? me demande Carlyle, incrédule.

— Je suis écœuré ! J'ai tout fait ce qu'il fallait et ça marche pas…

Je lui raconte toutes les frustrations que je vis depuis le camp d'entraînement. Randy Carlyle a passé sa vie dans le monde du hockey. Il en a vu d'autres et il comprend parfaitement ce qui se passe. Malgré tout ce qui vient de se produire entre lui et moi, j'éprouve un grand respect pour cet entraîneur. Il sait que je déploie tous les efforts possibles pour retourner dans la LNH. Et je sais qu'il essaie de m'aider. Depuis le début de la saison, il m'a même vanté auprès d'autres équipes de la LNH afin de les inciter à réaliser une transaction pour acquérir mes services.

Je finis par me calmer. Puis nous revenons brièvement sur notre engueulade au banc et sur l'esclandre que je viens de faire dans son bureau.

— Qu'est-ce que je fais ? me demande-t-il.

— Tu ne peux plus me faire jouer, Randy. Je t'ai manqué de respect et je m'en excuse sincèrement. Ce que j'ai fait n'avait aucun bon sens.

— Je comprends ce que tu ressens, répond-il.

Nous convenons ensemble que je passerai le reste du match sur le banc. Je rejoins ensuite mes coéquipiers au vestiaire.

◉

Le match se poursuit.

En troisième période, le pointage est de 1 à 1. Et avec environ quatre minutes à disputer, nous bénéficions d'un avantage numérique à 5 contre 3.

Carlyle sait que je suis un spécialiste des avantages numériques. Et comme son équipe vient de perdre 9 de ses 10 dernières rencontres, il juge probablement que la victoire est plus importante que notre récente querelle. Il s'approche et me donne une tape sur l'épaule.

— Vas-y! ordonne-t-il.

Nous nous installons dans la zone des Vipers et nous commençons à nous échanger la rondelle. Je refile le disque à un coéquipier au fond de la zone. La rondelle continue de circuler et elle finit par aboutir sur le bâton de mon partenaire à la ligne bleue, qui me l'envoie de nouveau. La passe est parfaite. Je n'ai pas le temps de réfléchir, mon code génétique prend le dessus et je décoche aussitôt un puissant tir sur réception.

BING!

Le bruit de la rondelle qui heurte le poteau résonne dans l'amphithéâtre.

Sur le banc, mes coéquipiers ont tous en mémoire la sérieuse prise de bec qui m'a opposé à Carlyle en première période. Ils sont pliés en deux. Ils n'en reviennent pas que j'aie eu le culot de décocher un autre tir sur réception dès ma première présence. Beau joueur, Carlyle part à rire lui aussi.

Nous finissons par remporter le match au compte de 2 à 1. Mais malgré ce résultat, ma relation avec Randy Carlyle devient un peu plus froide, ce que je comprends parfaitement.

Après cette rencontre, un journaliste de Winnipeg vient me demander comment s'est passé mon séjour à Los Angeles. Les médias locaux suivent de près les activités des Kings parce que leur entraîneur en chef, Andy Murray, est originaire du Manitoba.

En toute franchise, je réponds au journaliste:

— *Andy Murray told me "hi" when I got there and "goodbye" when I left.* (Andy Murray m'a dit "bonjour" quand je suis arrivé et il m'a dit "au revoir" quand je suis parti.)

Le lendemain, nous quittons Winnipeg pour aller disputer un match à Cincinnati. Mais quand nous débarquons à Cincinnati, Randy Carlyle vient à ma rencontre. Son approche est encore teintée d'une certaine froideur.

— Tu as été rappelé par les Kings. Bonne chance, dit-il.

Je saute à bord du premier vol et je me rends à Edmonton, où les Kings doivent affronter les Oilers. Et dès que je rejoins l'équipe, Andy Murray m'interpelle. Il n'est visiblement pas de bonne humeur.

— Viens ici! me lance-t-il.

— Qu'est-ce qu'il y a?

— Est-ce que tu savais que je suis originaire de la région de Winnipeg?

— Je n'étais pas certain. Pourquoi?

— Parce que ce que tu as dit au journaliste là-bas n'était pas vrai! Je ne t'ai pas seulement dit "bonjour" et "au revoir"!

Il vient de toucher le point sensible. Je suis vraiment choqué. Et je décide de vider mon sac.

— Ah, non? Qu'est-ce que tu m'as dit d'autre, exactement? Tu ne m'as jamais parlé quand j'étais avec l'équipe et tu ne m'as jamais fait jouer! Puis revenons au début si tu me le permets. Tu m'as fait jouer un seul match au camp d'entraînement et tu m'as renvoyé dans les mineures! Une *game*! Et tu trouves ça juste? Je comprends que j'ai fait une erreur en signant le mauvais contrat, je comprends tout ça. Mais là, tout ce que je te demande c'est de me donner un autre match. Donne-moi une *game*! Après ça, je vais m'en aller. Je m'en irai jouer en Europe, ou je ferai n'importe quoi d'autre!

Andy Murray m'écoute plaider ma cause.

— C'est beau. Tu vas l'avoir, ton match, me promet-il.

Ce soir-là, je regarde les Kings affronter les Oilers sur la passerelle de la presse. Et ils se font rosser au compte de 5 à 0. L'attaque va mal. L'équipe vient d'encaisser un second blanchissage de suite.

Après le match, Murray vient à ma rencontre et il me regarde droit dans les yeux en m'annonçant:

— Tu vas jouer ton match après-demain à Calgary. Tu es bien mieux d'en profiter!

Ce fameux soir, mon nom figure sur l'alignement partant. Je dispute presque toute la rencontre aux côtés de Mathieu Schneider.

En deuxième, alors que nous détenons une avance de 1 à 0, Murray m'emploie en avantage numérique. J'inscris un but. Et nous finissons par remporter le match au compte de 2 à 0.

⊙

Après ce match, je ne suis plus jamais retourné dans les ligues mineures. J'ai disputé les 22 parties qui restaient à écouler au calendrier des Kings et j'ai passé toute la saison suivante avec eux. Puis en 2002, je les ai quittés pour porter les couleurs des Stars de Dallas, où j'ai passé six années absolument mémorables. En 2007, j'ai même eu l'honneur de représenter mon équipe au match des étoiles de la LNH.

Deux ans plus tard (en 2008-2009), alors que j'en étais à ma dernière campagne chez les professionnels, les Stars m'ont échangé aux Penguins de Pittsburgh afin de m'offrir une ultime chance de remporter la coupe Stanley. De toute manière, il était clair que les Stars n'allaient pas participer aux séries cette saison-là.

Et le 12 juin 2009, même si je ne participais pas au match décisif, j'ai réalisé le plus grand rêve de ma vie quand j'ai enfin soulevé ce précieux trophée avec mes coéquipiers.

⊙

Tout ce qui s'est produit entre le match de basketball de Nashville et mon retour chez les Kings de Los Angeles a considérablement influencé le cours de ma vie. Si je n'avais pas vécu cet épisode, je ne serais jamais devenu le père, l'entraîneur ou le directeur général que je suis aujourd'hui.

J'ai dû me battre pendant deux ans pour regagner ma place et mon statut dans la LNH. Mais mon amour du hockey était plus fort que tout.

Quand je repense à cet instant où Andy Murray est venu me tendre une dernière perche pour m'en sortir, je me dis souvent que je ne serais jamais parvenu à la saisir si j'avais baissé les bras pendant ces quatre mois passés à Winnipeg.

Ce séjour m'a fait revenir à l'essentiel. J'ai alors redécouvert l'importance de s'investir à 100 % tous les jours dans tout ce que nous accomplissons et l'importance de garder l'esprit ouvert afin de pouvoir progresser. Pour espérer réussir, il faut payer le prix.

J'ai revu Randy Carlyle et Mark Chipman plusieurs fois au fil des ans. Et à chaque occasion, nous avons bien ri en nous remémorant la fois où j'avais fait irruption dans le bureau. La vie d'un athlète professionnel est parfois pleine de surprises.

Maintenant que je suis devenu l'entraîneur et le directeur général des Remparts de Québec, je me suis donné pour mission de faire profiter les jeunes des expériences que j'ai vécues.

Étienne Boulay

De son propre aveu, Étienne Boulay a ressenti une sorte de choc culturel lorsqu'il s'est joint aux Alouettes de Montréal à titre de recrue en 2006.

« C'était étrange quand je suis arrivé chez les pros parce que je provenais du programme de l'Université du New Hampshire, où on entretenait une mentalité de cols bleus. Les entraîneurs de UNH privilégiaient le travail acharné, ils voulaient que les joueurs développent une attitude de durs travailleurs disciplinés qui se présentent tous les jours avec leur boîte à lunch », raconte-t-il.

Chez les Alouettes, le légendaire entraîneur Don Matthews dirigeait son équipe autrement.

En 2006, celui que l'on surnommait « The Don » était âgé de 67 ans et il en était à sa septième organisation dans la Ligue canadienne de football. Il avait tout vu au cours de sa longue carrière et il estimait que son rôle d'entraîneur ne consistait pas à jouer les chaperons. Il tenait ses hommes pour responsables de leurs actions et il leur donnait beaucoup de latitude.

Matthews disait :

— *I don't give a f... if you do drugs. I don't care if you play high or drunk. As long as you produce. The rest is your life. You can do what the f... you want.* (Je me fous totalement que vous consommiez des drogues. Ça me passe cent pieds au-dessus de la tête si vous jouez sous l'influence de la drogue ou de l'alcool. Tant que vous faites le travail sur le terrain, le reste vous appartient. C'est votre vie.)

Les Alouettes de Don Matthews ne se gênaient donc pas pour faire la fête.

Matthews, un ancien marine, servait aussi des discours très colorés à son équipe lorsqu'elle disputait des matchs sur la route.

— *Men, this isn't a business trip. It's a f... commando raid! We are Barbarians! We're gonna go out there and we're gonna drink their water, we're gonna beat their ass and we're gonna take over their city!* (Messieurs, ce n'est pas un voyage d'affaires que nous entreprenons. C'est une attaque de commando! Nous sommes des barbares! Nous allons boire leur eau, nous allons leur botter le cul et nous allons virer leur ville à l'envers!)

Les Alouettes étaient incroyablement dominants au début de la saison 2006.

«Nous avions remporté nos deux matchs présaison et les sept premiers matchs du calendrier. Nous remportions tous nos matchs. Et après nos victoires à l'étranger, Matthews revenait sur son discours d'avant-match», se rappelle Boulay.

— *Did everybody get a sip of water?* (Est-ce que tout le monde a bu de l'eau?)

— *Yeah!*

— *Did we beat their ass?* (Leur avons-nous botté le cul?)

— *Yeah!*

— *Now, go out there and have a good time!* (Maintenant, allez vous amuser!)

«À partir de ce moment-là, l'équipe quittait le stade et ça n'avait aucun bon sens. Les joueurs se retrouvaient dans plusieurs bars de la ville et ils célébraient solide. Le lendemain matin, alors que nous montions à bord de notre autobus pour nous rendre à l'aéroport, la parade des jeunes femmes qui défilaient dans le lobby de l'hôtel avait parfois des allures de *Walk of shame*. Matthews riait quand des jeunes femmes quittaient l'hôtel les cheveux un peu ébouriffés, portant la même robe que la veille et tenant leurs souliers à talons hauts dans leurs mains.

«Matthews aimait que ses joueurs fassent la fête ensemble. Il voulait que ses hommes tissent des liens à l'extérieur du terrain et qu'ils forment une équipe unie.»

Après cette série de sept victoires, les Alouettes de 2006 ont connu une léthargie de six défaites consécutives. Et tant bien que mal, ils ont fini par remporter trois de leurs cinq dernières rencontres, pour boucler la saison avec une fiche ordinaire de 10 victoires et 8 défaites. Et le 19 novembre, ils se sont inclinés en finale de la coupe Grey, au compte de 25 à 14, face aux Lions de la Colombie-Britannique.

La saison suivante, Don Matthews a été remplacé par Mark Trestman. Et au contraire de son prédécesseur, ce Trestman était nettement plus pointilleux quant à la discipline et la conduite de ses joueurs.

« Ce passage des rangs universitaires aux rangs professionnels m'a servi une grande leçon. J'ai vite appris que dans le monde du sport professionnel, il n'y a plus personne qui te tient par la main. Tu dois t'occuper de tes affaires et t'arranger pour être en mesure de jouer. Si tu as le malheur d'être jeune et influençable, une carrière peut rapidement mal tourner », soutient-il.

La carrière d'Étienne, qui a été marquée par un passage dans l'organisation des Jets de New York (NFL) en 2008 et par deux conquêtes de la coupe Grey avec les Alouettes, a pris fin en 2012 alors qu'il portait l'uniforme des Argonauts de Toronto. Il était âgé de 29 ans lorsqu'il a raccroché ses souliers à crampons pour faire carrière dans le monde des médias.

Étienne a choisi de raconter une hallucinante et hilarante histoire survenue à l'un de ses anciens coéquipiers, qui avait justement décidé de faire la fête sur la route. Et avec humour, il raconte ce que ressentent parfois les bas salariés du sport professionnel au contact de coéquipiers qui ont eu la chance de mettre la main sur le gros lot.

Courir tout nu, la nuit, à Edmonton

Je ne peux dévoiler l'identité de l'ancien coéquipier à qui cette histoire fabuleusement drôle est survenue. D'abord, parce qu'il s'agit d'un ancien Alouette avec lequel je m'entendais très bien. Et surtout parce que cet ancien coéquipier est aujourd'hui marié et père de famille.

Vers la fin des années 2000, avant de se joindre aux Alouettes, Mark (prénom fictif) portait les couleurs d'une équipe de l'Ouest. Et un soir, après avoir disputé un match à Edmonton, Mark rencontre une jeune femme qui est aussi de passage dans cette ville et qui séjourne dans un hôtel situé à quatre ou cinq coins de rue de l'hôtel où loge l'équipe.

276 • CONFESSIONS SPORTIVES

Quand une équipe de la Ligue canadienne de football dispute une rencontre à l'étranger, les après-matchs prennent souvent des allures de party. Puisque les équipes opèrent avec des budgets serrés et n'ont pas les moyens de transporter leurs joueurs à bord de vols nolisés, les joueurs et tout le personnel passent la plupart du temps la nuit sur place en attendant le vol commercial du lendemain. Cela fait en sorte que, le soir venu, un grand nombre de joueurs festoient dans les bars.

Mark et la jeune femme font connaissance et prennent quelques verres. Puis ils décident de terminer la soirée ensemble. Et comme Mark partage sa chambre d'hôtel avec un coéquipier, ils choisissent de rentrer à l'hôtel qu'occupe la jeune femme. Ils sont tous deux un peu ivres et ils ont envie de faire la fête. Une fois arrivés à leur chambre, ils ne perdent pas de temps et surviennent les inévitables rapprochements.

Il est trois ou quatre heures du matin. Bien étendu sur le lit de sa compagne, Mark est totalement détendu et il apprécie pleinement sa soirée. Il suggère donc à sa partenaire de boire encore un peu de vin, ce à quoi elle acquiesce. Et pour garder le tout au frais, il se porte volontaire pour aller chercher de la glace à l'étage. Il enroule donc une serviette autour de sa taille et il s'empare du seau à glace.

— Je reviens tout de suite, chuchote-t-il.

Mark mesure quelque chose comme 6 pieds 4 pouces et pèse plus de 250 livres. Vêtu d'une serviette d'hôtel, l'armoire à glace quitte la chambre, referme la porte derrière lui et s'engage dans le long corridor à la recherche d'une distributrice à glace. Après quelques minutes, il se rend compte que la machine se trouve à l'étage inférieur. Il emprunte donc l'escalier et finit par trouver ladite machine.

Une fois remonté à l'étage, une question fondamentale surgit dans sa tête :

— F…! Quel était le numéro de la chambre où je me trouvais ?

Mark est vêtu d'une serviette d'hôtel. Il a un seau de glaçons entre les mains. Il y a plusieurs dizaines de chambres à l'étage et toutes les portes sont identiques. Il n'a aucune foutue idée de l'endroit où il se trouvait quelques minutes plus tôt. Il n'a pas son téléphone cellulaire ni son portefeuille.

Et le plus drôle : il ne peut même pas descendre à la réception pour demander de l'aide parce qu'il ne sait pas le nom de la fille !

◉

Les idées se bousculent dans la tête de Mark. Il commence à paniquer. Il décide alors de se fier à son sens de l'orientation et de cogner à quelques portes dans l'espoir de retrouver sa conquête (et ses affaires). Mais après avoir réveillé deux ou trois clients de l'hôtel, la réalité le heurte de plein fouet : il est bel et bien perdu, presque nu, au cœur d'un grand hôtel d'Edmonton !

Il panique encore davantage. Il arpente le corridor et se demande si, en bout de ligne, il était bel et bien remonté au bon étage avec son seau de glaçons. Il change alors d'étage et se mêle encore plus. Ses interminables recherches deviennent d'autant plus laborieuses.

Découragé, il jette un coup d'œil à sa montre. Et les choses se compliquent davantage.

« Crisse ! L'autobus de l'équipe va quitter l'hôtel dans une demi-heure pour se rendre à l'aéroport ! Il faut que je parte d'ici au plus sacrant ! »

◉

Il est encore très tôt mais de plus en plus de gens commencent à circuler dans l'hôtel. Il y a des employés qui déposent les journaux devant les portes des clients ou qui glissent les additions sous les portes de ceux qui terminent leur séjour. Les clients les plus matinaux commencent à quitter leur chambre.

Mark se cache dans les coins de couloirs, il se sent comme une bête traquée. Il finit par s'engager dans la cage d'escalier mais lorsqu'il arrive au rez-de-chaussée, il se rend bien compte qu'il ne pourra quitter l'hôtel par la grande porte. Il y a trop de gens dans le lobby.

Il se dirige donc vers une sortie de secours. Et avant d'ouvrir la porte, il prend son courage à deux mains. « Je n'ai pas le choix ! », se dit-il.

Pieds nus, la taille couverte d'une serviette blanche, il s'engage alors dans un mégasprint pour franchir les quatre grands pâtés de maison qui le séparent de l'hôtel où loge l'équipe. Les gens qui voient le colosse passer en trombe sursautent. Certains rigolent. Des automobilistes klaxonnent sur son passage.

Malgré l'invraisemblable situation dans laquelle il se trouve, Mark continue de réfléchir pendant qu'il court. Il se dit qu'à cette heure, l'autobus de son équipe est certainement déjà garé devant l'hôtel. Et il se dit que malgré l'urgence de la situation, il ne peut pas prendre le risque de se présenter ainsi à l'entrée principale.

« Les coachs ou les dirigeants de l'équipe vont me voir et ils vont me congédier sur-le-champ », craint-il.

Il décide donc de cogner à la porte d'une sortie de secours dans l'espoir que quelqu'un l'entende. Et après quelques minutes, un jeune employé de l'hôtel lui ouvre. L'employé semble fort étonné de tomber sur un géant à moitié nu.

— *Dude*, je sais que ça semble bizarre mais je te jure que j'ai une chambre ici ! Je suis avec les Alouettes de Montréal et il faut absolument que j'aille chercher mes affaires.

Mark monte ensuite à sa chambre, où son cochambreur se trouve encore. Il s'habille rapidement mais il n'a toujours pas son portefeuille, ni son cellulaire. Il est dans la merde jusqu'au cou.

Pendant ce temps, à bord de l'autobus de l'équipe, les nouvelles vont vite et son histoire commence à se répandre. Ses coéquipiers se moquent joyeusement de son malheur.

L'équipe arrive finalement à l'aéroport. Et juste quand les joueurs commencent à franchir les contrôles de sécurité, le gérant de l'équipement vient à la rencontre de Mark. Il semble avoir quelque chose d'urgent à lui signaler.

— Mark ! Il y a une fille là-bas, et elle dit qu'elle te connaît. Elle veut absolument te voir avant qu'on franchisse la sécurité.

Mark se retourne et il aperçoit sa conquête de la nuit précédente. Elle tient un sac dans lequel s'entassent les effets personnels qu'il avait laissés dans la chambre d'hôtel. Il est sauvé ! Et sa bienfaitrice trouve la situation fort amusante.

— Écoute, je te jure que je n'ai pas essayé de me sauver, commence-t-il, pour tenter d'expliquer son incroyable aventure.

— J'espère bien que tu ne t'es pas sauvé! Toutes tes affaires étaient dans ma chambre! Je me suis endormie peu après que tu sois parti chercher de la glace. Et quand je me suis réveillée, je me suis dit que tu t'étais sans doute perdu. J'ai essayé de te rejoindre à ton hôtel mais tu n'y étais pas.

Elle lui remet ses affaires et elle lui glisse un bout de papier dans la main.

— Voici mon nom et mon numéro. Si ça te tente, rappelle-moi quand tu passeras dans mon coin!

Le monde du sport au salaire minimum

Quand je suis arrivé dans la Ligue canadienne de football en 2006, mon contrat prévoyait un salaire de 39 000 $. Je venais alors de terminer mes études et je n'avais pas eu le temps d'accumuler des économies. J'habitais donc chez mes parents.

Les choses se sont un peu améliorées au cours de l'année et j'ai fini par toucher environ 75 000 $, car j'avais quelques revenus de commandites. J'ai aussi eu droit à des bonis parce que nous avons participé aux séries éliminatoires et parce que j'ai remporté le titre de recrue de l'année.

Tout le monde s'entendra pour dire que dans l'univers démesuré du sport professionnel, un salaire de base de 39 000 $ est dérisoire. Et j'étais en quelque sorte aux premières loges pour m'en rendre compte.

Chez les Alouettes, je m'entendais particulièrement bien avec Davis Sanchez qui était un vieux de la vieille. Sanchez était de neuf ans mon aîné. C'était un demi de coin canadien talentueux qui avait connu ses meilleures années dans la Ligue canadienne à l'époque où il n'y avait pas encore de plafond salarial. Il s'était donc tapé plusieurs saisons à des salaires de 200 000 $ ou 300 000 $. Et cela, sans compter ses deux années passées dans la NFL, avec les Chargers de San Diego.

Au sein de l'équipe à cette époque, on retrouvait aussi le demi offensif Robert Edwards.

En 1998, Edwards avait été un choix de première ronde dans la NFL avec les Patriots de la Nouvelle-Angleterre. Et dès la saison suivante, il avait amassé 1 115 verges au sol, ce qui lui avait valu une invitation au week-end du Pro Bowl à Hawaï. Mais durant cette fin de semaine, alors qu'il participait sur la plage à un match de *touch football* (une activité promotionnelle organisée par la NFL), Edwards s'était littéralement détruit un genou. Cette blessure, qui avait changé le cours de sa carrière, lui avait toutefois permis d'encaisser une compensation de plusieurs millions.

Le jeune frère de Robert Edwards, Terrence, jouait aussi avec nous à cette époque. Il avait amorcé sa carrière à titre de receveur de passes dans la NFL et il gagnait beaucoup plus que moi chez les Alouettes.

Cette histoire commence alors que nous sommes à l'aéroport et que nous nous préparons à aller disputer un match à l'étranger. On vient cependant d'apprendre que l'appareil ne sera pas prêt à temps et qu'il y aura un délai. Histoire de tuer le temps, Davis Sanchez me lance une invitation :

— Viens-t'en, Étienne, on va jouer aux cartes !

Je m'installe donc avec Sanchez et les deux frères Edwards, et nous commençons une partie de poker. Et puisque nous n'avons pas de jetons, nous jouons avec de vrais billets de banque. Mes partenaires ont les poches pleines. Tour à tour, les trois sortent une intimidante et très épaisse liasse de billets de 100 $ et de 50 $. Comme j'ai décidé de jouer, je sors une enveloppe qui contient mon per diem pour le voyage, en plus des quelques dollars que j'avais déjà. J'ai entre 500 $ et 600 $ en ma possession.

Et soyons clair : je n'ai absolument pas l'intention de dépenser toute cette somme pendant le voyage. Je gagne tellement peu d'argent que j'essaie d'économiser sur mon per diem quand l'équipe voyage.

La partie tourne rapidement au cauchemar. Si je dépose une mise de 50 $ sur la table, le joueur suivant renchérit avec une mise de 500 $ que je ne peux évidemment pas suivre. Continuellement, je suis donc obligé de jeter mes cartes et de regarder mes trois partenaires se disputer les impressionnantes sommes qui se trouvent sur la table. Et je me demande pourquoi j'ai décidé de me joindre à eux pour disputer cette foutue partie de cartes.

Après avoir joué plusieurs mains, on annonce que notre appareil sera prêt dans quelques minutes. Nous décidons quand même de disputer une dernière main avant l'embarquement.

Je reçois mes cartes et mon jeu n'est pas mauvais. Je décide de jouer le tout pour le tout.

— *All in !*

J'essaie d'avoir l'air confiant en déplaçant tout mon argent vers le centre de la table. Mes partenaires savent que je n'ai pas les mêmes moyens financiers qu'eux. Et en me voyant prêt à risquer tout ce que j'ai, je me dis qu'ils croiront que j'ai un jeu en béton.

Mais à ma grande surprise, les trois décident d'égaler ma mise. Le risque de perdre 500 $ ne les émeut pas une seconde. Il y a maintenant 2000 $ sur la table.

Mon cœur palpite. Je commence à suer. Et je me dis : « Tabarnac, je suis fait à l'os. »

Mais quand nous abattons nos cartes, c'est moi qui ai le meilleur jeu ! Je gagne !

Au même moment, on nous appelle à la porte d'embarquement. Je n'ai pas encore eu le temps de réaliser ce qui vient de se passer. J'ai été sauvé par la cloche ! Mon cœur palpite encore.

Je ramasse tout l'argent qu'il y a sur la table. De toute ma vie, je n'ai jamais eu autant de *cash* dans mes poches. Et je monte à bord de l'avion en remerciant le ciel.

◉

Quand je suis arrivé au sein de l'organisation des Jets de New York en 2008, je me suis retrouvé exactement dans le même genre de situation. À la seule différence que les salaires de la NFL se situaient dans une autre stratosphère.

Chez les Jets, j'avais signé un contrat au salaire minimum, soit 295 000 $ par saison. Mais comme j'avais été relégué à l'équipe de réserve, je touchais beaucoup moins d'argent que cela.

Les joueurs de l'unité défensive des Jets m'avaient bien accepté à mon arrivée. Ils savaient que je provenais de la Ligue canadienne et pour souligner leur appréciation, certains d'entre eux me disaient : « *You're not White, you're French.* » (À mes yeux, tu n'es pas un Blanc, tu es un francophone.) Cela semblait faire une grande différence pour eux que je ne sois pas un Blanc américain.

Il arrivait donc que les joueurs des Jets m'invitent à diverses activités sociales.

— Hey, Étienne, qu'est-ce que tu fais en fin de semaine ?

— Rien, pourquoi ?

— On s'en va à Miami. Viens-tu avec nous ?

— Euh…

— On va noliser un avion, ça coûte 8 000 $ chacun.

— Ah. Maintenant que j'y pense, j'avais quelque chose de prévu pour le week-end.

Entre les deux ligues, l'écart salarial n'a aucune commune mesure.

Un autre soir, les demis défensifs et plusieurs joueurs de l'unité défensive décident de m'inviter à souper dans un grand restaurant de Manhattan.

Je suis assis à côté de Darrelle Revis, qui est l'un des meilleurs demis de coin de la NFL et qui dispute la deuxième saison d'un contrat de six ans d'une valeur totale de 36 millions de dollars. Nous sommes une douzaine de joueurs autour de la table. Avant même de commander le repas, je réalise une fois de plus à quel point je suis loin de la réalité de la Ligue canadienne.

Nous passons la soirée à boire et manger. Et quand vient le moment de partir, le serveur dépose une seule addition sur la table. L'addition s'élève à plus de 7 000 $.

J'ai alors l'intention de jeter un coup d'œil à la facture afin de savoir à combien s'élève ma part. Mais juste comme cette idée me traverse l'esprit, Revis s'empare de l'addition et il lance :

— OK, carte de crédit tout le monde !

Je me dis alors que nous allons diviser le montant en 12 parts égales, ce qui représente tout de même une note plutôt salée. Mais je me dis que ce n'est pas si pire que cela et que je dois me plier aux us et coutumes de l'équipe.

Après avoir récolté les cartes de crédit de tout le monde, Darrelle Revis retire sa casquette et il y dépose toutes les cartes.

— La dernière carte qui reste paiera le souper, annonce-t-il.

Le cœur me fait trois tours! Je suis quasiment en train de composer le numéro de VISA sur mon cellulaire pour leur demander d'augmenter ma limite de crédit!

En fait, j'ai une limite de crédit suffisante pour payer la note mais je sais pertinemment que si ma carte est la dernière à sortir de cette foutue casquette, il me faudra une éternité pour rembourser ce repas. Et je commence sérieusement à paniquer.

Revis sort les cartes une à une. Les autres joueurs assis autour de la table attendent de voir qui sera l'heureux élu. La situation les amuse. Ceux qui récupèrent leur carte la rangent sans la moindre émotion.

Ma carte est la quatrième à être pigée. Et je suis le seul à avoir festoyé quand elle est sortie.

— Oh yeah!

La vie de bas salarié dans le sport professionnel n'est pas de tout repos.

Remerciements

Chez nous, la rédaction d'un livre est en quelque sorte devenue une affaire de famille. Ainsi, *Confessions sportives* n'aurait jamais vu le jour si la femme de ma vie, Chantal Léveillé, n'avait pas repris du service afin de relire, commenter et participer à la correction de chacune des histoires qui m'ont été confiées.

Je salue aussi nos quatre grands enfants, Kémili, Érika, Adam et Simon, qui en sont venus à trouver normal d'avoir à la maison un parent dont l'esprit est constamment ailleurs. J'espère qu'ils apprécieront le produit fini !

Par-dessus tout, les 19 personnalités qui ont accepté de se raconter dans cet ouvrage ont droit à mon infinie reconnaissance. Je les remercie pour leur confiance ainsi que pour les sympathiques moments que nous avons passés ensemble au cours de la dernière année. Au final, ce livre est un superbe cadeau collectif qu'ils offrent à ceux et celles qui les ont acclamés et encouragés depuis leurs débuts.

Enfin, je tiens à redire toute mon affection à André Gagnon, à Alexandrine Foulon ainsi qu'à toute l'équipe des Éditions Hurtubise, qui ont gentiment et patiemment veillé à ce que ce projet se réalise dans les meilleures conditions. Que dire, sinon que je me considère choyé et privilégié d'avoir pu de nouveau collaborer avec vous.

Table des matières

Prologue   7

Alain Vigneault   9
Stéphane Dubé   19
Jean-Philippe Darche   39
Ian Laperrière   53
Pat Brisson   61
Stéphane Larouche   79
Marc Bergevin   99
Michel Laplante   113
Benoît Groulx   131
Anthony Calvillo   151
Guy Boucher   163
Jocelyn Thibault   177
Patrick Carpentier   191
Mathieu Darche   203
Gilles Courteau   221
Éric Lucas   233
Michel Therrien   243
Philippe Boucher   257
Étienne Boulay   273

Remerciements   285

Suivez-nous

Achevé d'imprimer en avril 2014
sur les presses de Marquis-Gagné
Louiseville, Québec